TypeScript

Nociones fundamentales

Felix Billon
Sylvain Pontoreau

ISBN: 978-2-409-04732-9
Edición original: 978-2-409-04126-6

Ediciones ENI

P° Ferrocarriles Catalanes, 97-117, 2a pl. of. 18
08940 - Cornellà de Llobregat (Barcelona)

Tel: 934 246 401
Fax: 934 231 576

e-mail: info@ediciones-eni.com
http://www.ediciones-eni.com

Autores: Félix BILLON, Sylvain PONTOREAU
Edición española: Luis Ignacio Abad Olmos
Colección **Recursos Informáticos** dirigida por Émilie VILLETORTE

Prefacio

Este libro dedicado al lenguaje TypeScript está dirigido principalmente a lectores que ya hayan utilizado un lenguaje de programación. Un conocimiento básico del lenguaje JavaScript puede ser un plus para su lectura; sin embargo, no es un requisito previo para comprender los diferentes conceptos estudiados en él.

El objetivo de este libro es proporcionarte todos los conceptos esenciales para desarrollar un proyecto con TypeScript. El libro se centra en las capacidades del lenguaje y, por tanto, no contiene recomendaciones sobre el uso de frameworks del lado del cliente, como Angular, Vue.js, React.js... o frameworks del lado del servidor, como Express.js, Nest.js, TypeORM... Sin embargo, para poder implementar los ejemplos, todo el código presentado en los capítulos se creó con Node.js como contexto de ejecución. Estos ejemplos son, en su mayoría, válidos en un navegador. Toman la siguiente forma:

```
function fn() {
  var firstName = "Evelyn";

  // Log: Evelyn
  console.log(firstName);
}

// Compilation Error TS2304:
// Cannot find name 'firstName'.
console.log(firstName);
```

La mayoría de los ejemplos contienen comentarios que especifican el resultado esperado en la terminal o el error de compilación arrojado por TypeScript.

Este libro fue escrito con la versión 5.0 de TypeScript, por lo que no contiene información sobre las capacidades agregadas en versiones superiores del lenguaje.

El primer capítulo sienta las bases necesarias para el resto del libro. Presenta la historia, los conceptos fundamentales, cómo funciona TypeScript, y finaliza con la instalación de un entorno de desarrollo con Visual Studio Code, necesario para ejecutar los diferentes ejemplos.

Los capítulos 2 a 9 detallan las capacidades del lenguaje, así como los paradigmas que se pueden utilizar con él (programación orientada a objetos, programación funcional). La lectura de estos capítulos es fundamental para comprender plenamente lo que se presenta en el último capítulo: realizar un proyecto con Node.js en forma de pasos que permitan implementar el código. Este proyecto también es una oportunidad para implementar TypeScript con varias bibliotecas de Node.js, mientras propone enriquecer su funcionamiento utilizando las capacidades del lenguaje y varios patrones de diseño (MVC, Repository, inyección de dependencias).

Contenido

Podrá descargar algunos elementos de este libro en la página web de Ediciones ENI: **http://www.ediciones-eni.com**.
Escriba la referencia ENI del libro **RIT2TYP** en la zona de búsqueda y valide. Haga clic en el título y después en el botón de descarga.

Capítulo 2
Tipos e instrucciones básicas

Capítulo 3
Programación orientada a objetos

Capítulo 4
Módulos

Capítulo 5
Genericidad

Capítulo 8
Sistema de tipo avanzado

Capítulo 1
Introducción

1. Un poco de historia

Todo comenzó en octubre de 2012, cuando se hizo pública oficialmente la versión 0.8 del lenguaje TypeScript después de dos años de desarrollo interno en Microsoft. El equipo de desarrollo estaba dirigido por *Luke Hoban* y *Anders Hejlsberg*. Este último es conocido por haber participado en el origen de Turbo Pascal, así como de su sucesor, Delphi. Tras incorporarse a Microsoft en 1996, se hizo cargo del diseño de .NET Framework y del lenguaje C#. Hoy es el principal arquitecto del lenguaje TypeScript.

Cuando se lanzó, el lenguaje no fue un éxito rotundo. De hecho, la popularidad del lenguaje JavaScript estaba en auge y su ecosistema de herramientas crecía exponencialmente. Después del lanzamiento de Node.js en 2009, surgieron muchos frameworks frontend (del lado del cliente) (Backbone en 2010, Ember en 2011, AngularJS en 2012...).

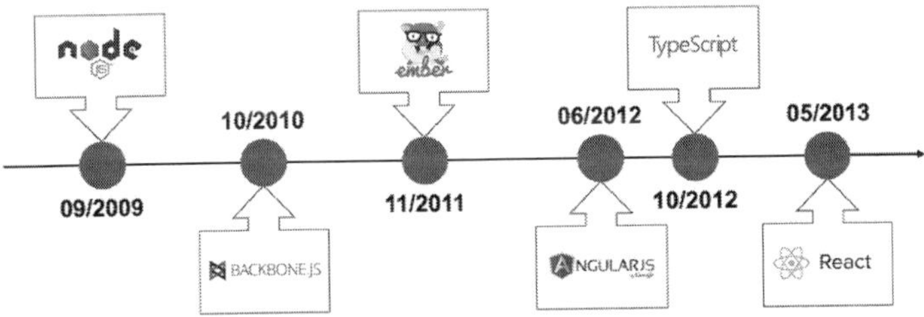

A partir de entonces, buena parte del desarrollo de las aplicaciones web se traslada al lado del cliente en el navegador y están surgiendo muchas herramientas para facilitar su escalabilidad y mantenibilidad. Estas herramientas satisfacen necesidades específicas:

- Ejecución de pruebas (Karma, Mocha, Jest…)
- Lanzamiento de tareas (Grunt, Gulp...)
- Gestión de dependencias (NPM, Bower, Jspm...)
- Empaquetador de aplicaciones (Browserify, Webpack, Rollup...)

Es difícil encontrar un lugar entre todas estas nuevas herramientas, de modo que TypeScript queda relegado a un segundo plano.

La versión 1.0 se lanzó en abril de 2014 y anunció un punto de inflexión: se podrían aceptar contribuciones de la comunidad. Para facilitar este cambio, el proyecto migró de CodePlex (la antigua plataforma de alojamiento de proyectos de código abierto de Microsoft) a GitHub en julio de 2014.

Observación

Adquirida por Microsoft en junio de 2018, GitHub es, desde hace varios años, la plataforma más utilizada para gestionar el código de proyectos de código abierto.

Desafortunadamente, eso no bastará para que TypeScript tenga éxito. El lenguaje aún adolece de falta de madurez y todavía no está completamente integrado en el ecosistema de herramientas de JavaScript. Por tanto, su uso se considera difícil y poco intuitivo, en particular por:

- El compilador, que no es lo suficientemente eficiente y no tiene compilación de código fuente incremental. Esto se vuelve problemático cuando se desarrollan aplicaciones web con mucho código fuente (la compilación incremental solo se aplica a archivos que han sido modificados y, por lo tanto, optimiza el tiempo de ejecución de un compilador).

- Integración en el IDE (*Integrated Development Environment* o entorno de desarrollo integrado en español), por entonces limitado y que ofrece muy pocas características interesantes. En ese momento, una de las pocas integraciones efectivas de TypeScript era con Visual Studio. Sin embargo, solo permitía el uso de la versión de TypeScript integrada en el IDE de Microsoft. Las actualizaciones de la versión del lenguaje eran demasiado restrictivas porque estaban vinculadas a la versión de Visual Studio, por lo que fue necesario aplicar actualizaciones de Visual Studio para obtener una versión más nueva de TypeScript. La única alternativa era Atom (un editor de texto creado por GitHub). Más ligero que Visual Studio, tenía ciertas funciones avanzadas a través de un complemento desarrollado por la comunidad (autocompletado, importación de módulos, devolución de errores de TypeScript...).
- La integración de bibliotecas JavaScript, demasiado difícil y poco intuitiva. TypeScript necesita archivos específicos que permitan tipar el código JavaScript procedente de bibliotecas (consulte la sección ¿Por qué TypeScript? - Tipado estático). La gran mayoría de estos archivos están escritos por la comunidad y, en 2014, la comunidad aún no era lo suficientemente grande como para cubrir todas las bibliotecas de JavaScript disponibles.
- La falta de documentación para explicar cómo integrar el lenguaje en frameworks frontend populares en ese momento (jQuery, AngularJS, React, Ember...).
- La falta de integración con el ecosistema de herramientas de JavaScript. Al igual que los IDE, TypeScript comenzó a integrarse en determinadas herramientas mediante complementos, pero la mayoría de ellos no se podían utilizar con el lenguaje en ese momento.

A pesar de este difícil comienzo, a finales de 2014 se producirá un punto de inflexión para el lenguaje. El equipo de AngularJS se encuentra entonces en París durante la conferencia *ng-europe* y anuncia que está trabajando en una nueva versión del framework que se desarrollará con un lenguaje fuertemente inspirado en TypeScript: AtScript. Este último incluirá varias características que faltan en TypeScript, especialmente anotaciones e introspección.

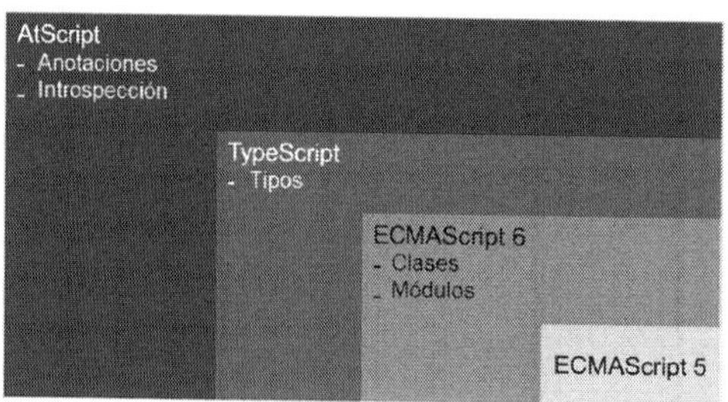

Posteriormente, el equipo de Angular se acercará al de TypeScript y en marzo de 2015 anunciará la redacción de la nueva versión del framework con el lenguaje de Microsoft. Posteriormente, la comunidad Angular recomendará utilizar TypeScript como lenguaje de referencia para simplificar la migración de aplicaciones a la nueva versión del framework. Este anuncio tendrá un impacto muy significativo en el lenguaje, que posteriormente verá aumentar su popularidad.

En septiembre de 2016 se lanzaron la versión 2.0 de Angular y la versión 2.0 de TypeScript. El lenguaje ha avanzado mucho desde la versión 1.0 y cabe destacar tres mejoras importantes:

- El rendimiento del compilador se ha quintuplicado.
- La integración de la mayoría de las bibliotecas JavaScript ahora es posible gracias al trabajo de la comunidad, que ha producido una cantidad importante de archivos de definición. A partir de la versión 2.0 de TypeScript, resulta muy raro no tener un archivo de definición para tipar una biblioteca JavaScript. Además, se ha revisado y simplificado el sistema de importación de bibliotecas escrito en JavaScript.
- La integración de TypeScript está presente en casi todos los IDE, en particular en Visual Studio Code, que se está convirtiendo, en el mismo período, en el editor de referencia para los desarrolladores web.

Desde entonces, TypeScript ha disfrutado de una popularidad creciente e ininterrumpida. El año 2017 confirmará esta tendencia. Google hará de TypeScript un lenguaje utilizado oficialmente de forma interna en algunos de sus proyectos (Google Analytics, Firebase, Google Cloud...) y se recibirán muchos comentarios positivos sobre la migración de aplicaciones a TypeScript (Slack, Reddit, Lyft...).

Desde 2018, el auge del lenguaje ha continuado y varios proyectos importantes de JavaScript han anunciado sus intenciones de migrar a TypeScript (Vue.js, Yarn, Jest, etc.). El anuncio más importante se refiere a la reescritura del framework Vue.js, que ha tenido un gran impacto, ya que significa que dos de los tres frameworks frontend que dominan el mercado (React, Angular, Vue) están escritos en TypeScript.

En el momento de escribir este libro, TypeScript está en la versión 5.0. En diez años, el lenguaje habrá pasado del desconocimiento total al éxito indiscutible. Hoy en día, es utilizado por muchas empresas de todo el mundo para desarrollar proyectos a gran escala.

2. ECMAScript

TypeScript es un superconjunto de JavaScript:

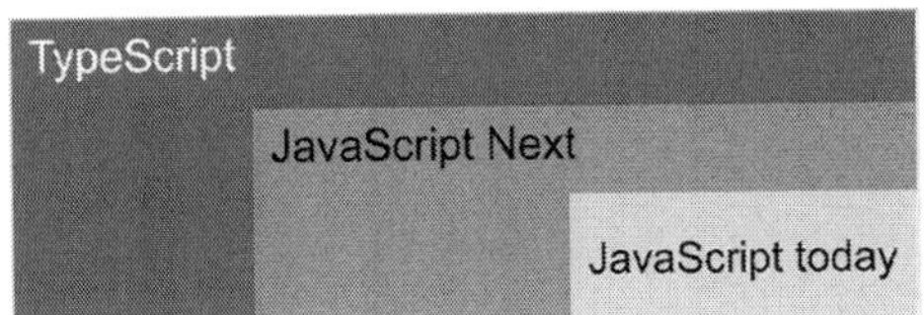

Esta oración es importante porque significa que una línea de JavaScript es equivalente a una línea de TypeScript (lo contrario no es cierto). El diagrama anterior muestra que TypeScript le permite utilizar la próxima versión de JavaScript por adelantado.

Si TypeScript se basa en JavaScript, es imposible aprenderlo sin interesarse por este último y, más concretamente, por su estándar: ECMAScript. Está gestionado por una organización, ECMA, que se encarga de redactar y publicar especificaciones, al igual que el W3C (que produce, en particular, estándares web como HTML, CSS y Web API). Dentro de ECMA, hay varios grupos de trabajo, en particular TC39, que produce la especificación ECMAScript. Es una especificación que puede implementarse mediante lenguajes de scripting. El más conocido de ellos es JavaScript, pero el estándar ECMAScript se ha implementado en el pasado en otros lenguajes como JScript o ActionScript. Por tanto, es importante recordar que ECMAScript no es un lenguaje, sino una especificación.

Además de conocer el estándar ECMAScript, es importante comprender también cómo funcionan los navegadores (Google Chrome, Mozilla Firefox, Microsoft Edge...). JavaScript es un lenguaje interpretado; esta tarea se delega al navegador, que incorpora un motor, también llamado máquina virtual (como la JVM en Java). Este motor debe implementar la especificación ECMAScript para poder interpretar correctamente el código JavaScript. Esto significa que, cada vez que se actualiza la especificación, las empresas que desarrollan un navegador deben actualizarlo con una nueva versión del motor JavaScript que implemente la última especificación ECMAScript.

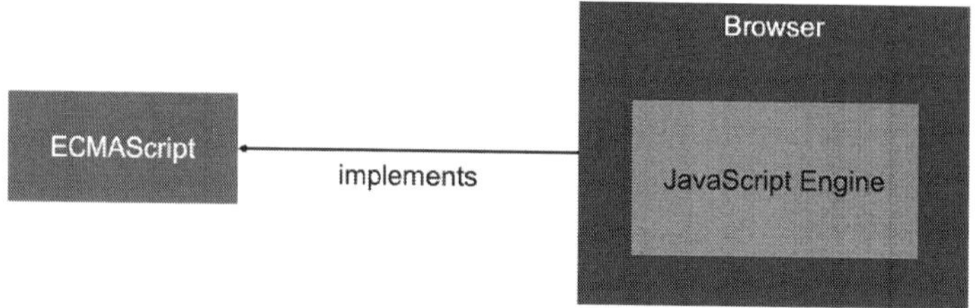

La primera versión de ECMAScript se lanzó en 1997 y sentó las bases para la especificación. La segunda versión salió al año siguiente y solo proponía una reorganización del documento. No ofrecía ninguna funcionalidad nueva. En 1999, ECMAScript 3 trajo muchas características innovadoras, incluyendo:

- Gestión de excepciones con la llegada de bloques `try` y `catch`.
- Mejor soporte para expresiones regulares.
- Formato de los números.

Durante los siguientes ocho años, TC39 trabajó en una nueva versión extremadamente ambiciosa. El grupo quiere modernizar la programación JavaScript agregando muchos conceptos, como clases, interfaces, paquetes, tipado estático opcional... Por desgracia, en ese momento (2008), el lenguaje JavaScript estaba restringido al uso secundario en aplicaciones web. Se limita principalmente a configurar animaciones o ejecutar solicitudes AJAX (JavaScript *asíncrono y XML*). La mayor parte del desarrollo de aplicaciones se realiza en el lado del servidor. El TC39 considera que es demasiado complicado, para un lenguaje entonces considerado de segunda categoría, integrar todas estas innovaciones. Además, requeriría un esfuerzo considerable por parte de los proveedores de navegadores para actualizar su motor JavaScript.

La versión 4 de ECMAScript, y TC39 se centra en la versión 5, que corresponderá a una actualización de ECMAScript 3.

Esta nueva versión trae relativamente pocas características nuevas, que incluyen:

- Modo estricto.
- Descriptores de acceso `get` y `set`.

Dado que el desarrollo de las TI se produce en un mundo en constante evolución, el interés en JavaScript se reactivará a partir de 2009 gracias a:

- El lanzamiento de la primera versión estable de Chrome en diciembre de 2008. Este navegador presenta un nuevo motor JavaScript particularmente eficiente y eficaz: V8. Tres años después, Chrome se convertirá en el navegador más utilizado del mundo.
- La creación, por parte de *Ryan Dahl*, de una herramienta diseñada en torno al motor V8 y que permite ejecutar código JavaScript en el lado del servidor: Node.js. Esta tecnología despertará el interés de muchos desarrolladores y posteriormente proporcionará herramientas básicas de JavaScript.
- La popularización de la biblioteca jQuery, especialmente ligada al aumento de la complejidad de las interfaces y las experiencias de los usuarios en la Web. Muchos desarrolladores del lado del servidor se centrarán en el lado del cliente para crear aplicaciones web enriquecidas con JavaScript.

Posteriormente, van surgiendo nuevos frameworks de JavaScript, como Backbone, Ember o AngularJS. A diferencia de la generación anterior de frameworks/bibliotecas, que se centraba en la simplificación y extensión de la funcionalidad en torno a la manipulación del DOM, esta nueva generación ofrece la creación/estructuración de aplicaciones del lado del cliente. Permiten crear aplicaciones JavaScript de mayor tamaño, ofrecer una experiencia de usuario de mejor calidad y optimizar los recursos dedicados al servidor (la parte renderizada se gestiona en el lado del cliente, la generación del código HTML ya no es responsabilidad del servidor). Estas aplicaciones tienen un nombre: *Single Page Application* (Aplicación web de una sola página) o, más comúnmente, SPA.

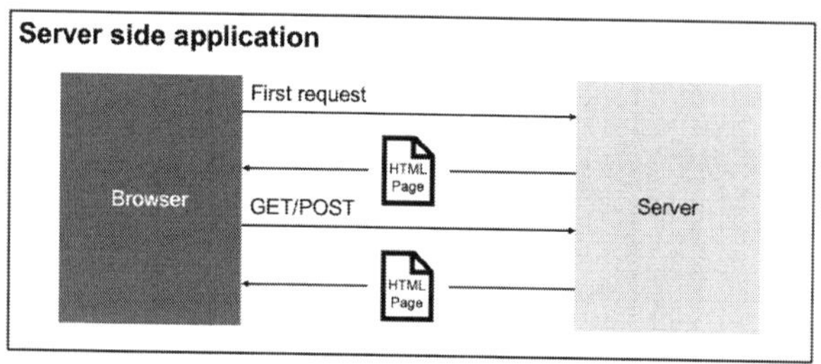

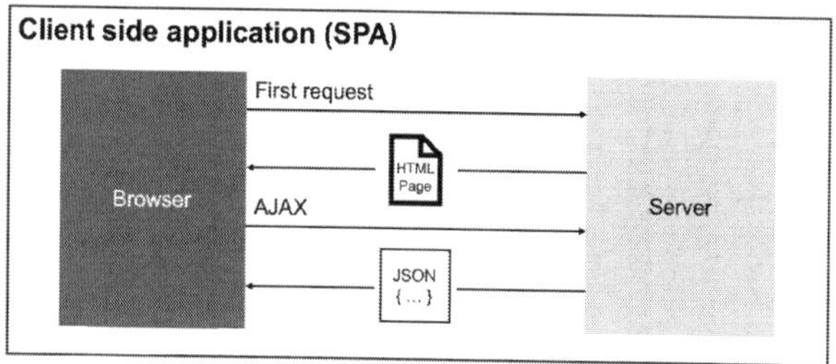

JavaScript pasa entonces de ser un lenguaje de segundo orden a un lenguaje de primer orden. La comunidad sigue creciendo y, en apenas unos años, el lenguaje se ha convertido en uno de los más utilizados por los desarrolladores. Entonces es obvio que el estándar ECMAScript 5 ya no cumple con las expectativas; JavaScript debe evolucionar para volverse más moderno.

En 2015, se lanzó ECMAScript 6. Esta nueva versión trae una gran cantidad de características nuevas (muchas de ellas provienen de ECMAScript 4), entre las que se incluyen:

- Clases.
- Funciones flecha.
- Desestructuración.
- Promesas.
- El `Map/Set`.
- Símbolos.
- Iteradores.
- Generadores.

Observación

La mayoría de estas nuevas características se detallarán más adelante en este libro.

A partir del lanzamiento de ECMAScript 6, TC39 decidió lanzar una nueva versión cada año. Estas versiones son, por tanto, más pequeñas (en cuanto a novedades), pero más regulares. Esto facilita la integración en los navegadores e implica una tasa de actualización más sostenida que en el pasado. Además, la numeración de la versión cambia. Ahora se basará en el año de lanzamiento, lo que rompe con la gestión incremental de versiones anteriores de ECMAScript. Para no crear confusión, ECMAScript 6 se llama ECMAScript 2015 (ES2015).

3. ¿Por qué TypeScript?

Antes de instalar cualquier herramienta o sumergirse en la arquitectura de TypeScript, es importante comprender sus dos funcionalidades principales: tipado estático y transpilación.

3.1 Transpilación

TypeScript le permite utilizar el JavaScript del mañana y ofrece transpilar el código. Pero ¿qué es la transpilación?

Este término designa un modo específico de compilación. En la mayoría de los casos, la compilación consiste en transformar el código fuente escrito con un lenguaje de programación en un programa ejecutable. La transpilación es diferente y más específica. Permite traducir el código fuente de un programa escrito en un primer lenguaje a un programa equivalente escrito en un segundo lenguaje que tenga el mismo nivel de abstracción. Por lo tanto, el compilador TypeScript compilará el código fuente de un proyecto en JavaScript. Además, puede hacer esto apuntando a versiones anteriores de JavaScript.

Uno de los beneficios de la transpilación es que facilita seguir la evolución de nuevas versiones de ECMAScript sin preocuparse por la versión del navegador que se utilizará para ejecutar el programa.

TypeScript, a través de su compilador, puede convertir el código a una versión inferior de JavaScript que será compatible con navegadores más antiguos o con aquellos que aún no han implementado el último estándar ECMAScript (esto se denomina downgrade). Esta es una ventaja interesante para las empresas que no siempre tienen la capacidad de mantenerse al día con las actualizaciones (algunos activos de TI son muy grandes y su migración es costosa). Esto también es una ventaja para los sitios dirigidos al público en general. Todavía hay muchos usuarios que navegan por la web con navegadores obsoletos. Por último, las nuevas funciones especificadas por el estándar ECMAScript pueden tardar varios meses en estar disponibles en los navegadores. En consecuencia, cuanto más reciente sea la versión de ECMAScript utilizada, más limitada resultará la compatibilidad. Sin embargo, muchos desarrolladores quieren utilizar las últimas novedades en lenguajes para poder tener un código actualizado y lo más optimizado posible. En definitiva, los transpiladores nacieron para superar estos problemas. Además, TypeScript no es el único transpilador disponible; cabe destacar Babel en particular, que es muy popular en la comunidad de JavaScript.

Observación

Cuidado con no confundir transpilación y Polyfill. Los Polyfills son scripts que emulan funciones que no están implementadas en un navegador. Por tanto, su objetivo es similar al de la transpilación, pero no lo realizan de la misma manera. Un Polyfill se evalúa en tiempo de ejecución; si el navegador no implementa la funcionalidad, la definirá.

A continuación se muestra un diagrama para ilustrar la diferencia de funcionamiento:

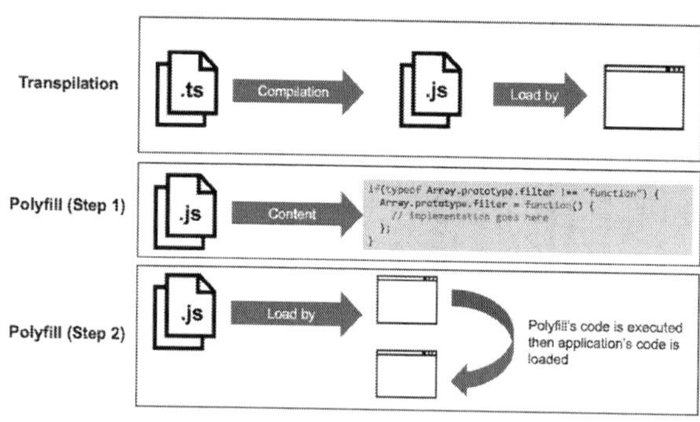

TypeScript se puede configurar para que apunte a una versión de ECMAScript al traducir. Para hacer esto, debe especificar esta versión a través de la opción de compilación: `target`.

Ejemplo:

```
class Employee {
  firstName: string;
  age: number;
  constructor(firstName: string, age: number) {
    this.firstName = firstName;
    this.age = age;
  }
}

const employee1 = new Employee("Evelyn", 34);
```

En este primer ejemplo, se define una clase `Employee` y se asigna una instancia de la clase a una variable declarada con la palabra clave `const`. Los conceptos de `class` y `const` solo existen desde ECMAScript 2015.

Observación

Estos dos conceptos se analizarán en detalle más adelante en el libro. Solo se utilizan aquí para ilustrar cómo funciona la transpilación.

Este código se puede transpilar a ECMAScript 5 mediante TypeScript. Para hacer esto, será necesario utilizar la opción de compilación `target` con el valor `es5`.

Ejemplo:

```
var Employee = /** @class */ (function () {
    function Employee(firstName, age) {
        this.firstName = firstName;
        this.age = age;
    }
    return Employee;
}());
var employee1 = new Employee("Evelyn", 34);
```

Después de transpilar a la versión ECMAScript 5, el código se convirtió para usar una función constructora encapsulada en un IIFE (*Immediately Invoked Function Expression*, o en español: expresión de función de ejecución inmediata). También notamos que la palabra clave `const` ha sido reemplazada por la palabra clave `var`. Este código cumple con las especificaciones ECMAScript 5 y, por lo tanto, es compatible con una gama más amplia de navegadores.

La transpilación con TypeScript no consiste solo en convertir código a una versión anterior de ECMAScript. El lenguaje también tiene sus propias funcionalidades que el compilador convierte en código JavaScript. Este es especialmente el caso, por ejemplo, de las enumeraciones (consulte el capítulo Tipos e instrucciones básicas).

3.2 Tipado estático

Una de las primeras preguntas que podemos hacernos es: ¿por qué utilizar tipos en su código JavaScript? De hecho, esta es una pregunta relevante, porque JavaScript es un lenguaje de tipado dinámico (los tipos se determinan durante la interpretación del programa). TypeScript ofrece un tipado estático. Los tipos de variables los especifica el desarrollador o se determinan durante la fase de compilación (por lo tanto, antes de la ejecución del programa). Hay varias razones para utilizar el tipado estático:

- Permite encontrar errores de forma temprana. Algunos errores se informarán durante la compilación, y no en tiempo de ejecución. El ejemplo típico es el uso de un método cuyo nombre está mal escrito y, por tanto, no existe a nivel de objeto. Sin el paso de compilación, tendría que ejecutar el script en un navegador para que se informara el error. Con TypeScript, el compilador informa el error directamente en el IDE, ¡lo que ahorra un tiempo considerable!

Ejemplo (Visual Studio Code):

```
any
Property 'toLocaleLowercase' does not exist on type '"Evelyn"'. Did you mean
'toLocaleLowerCase'? ts(2551)
lib.es5.d.ts(489, 5): 'toLocaleLowerCase' is declared here.
Peek Problem   Quick Fix...
const firstName = "Evelyn";
const firstNameLower = firstName.toLocaleLowercase();
```

- Mejora la experiencia del desarrollador. Aunque este punto es discutible (los tipos a veces pueden hacer que la lectura del código sea más compleja), en la mayoría de los casos es útil conocer de antemano los tipos esperados (como los parámetros de función o el tipo de retorno de un método).

Ejemplo (Visual Studio Code):

```
import { toLower } from "./utils";

(alias) function toLower(param: string): string
import toLower
toLower;
```

- Ayuda a reducir la cantidad de errores. Algunos estudios muestran que el uso del tipado estático de TypeScript puede reducir la cantidad de errores en un proyecto en un 15 %. No obstante, esto no convierte a TypeScript en una herramienta milagrosa y no lo exime de implementar buenas prácticas de desarrollo (*Extreme Programming, Code Review*...).
- Trasciende la funcionalidad de los IDE. El uso conjunto de un compilador y del tipado estático permite a TypeScript ofrecer un conjunto de características que a menudo son más limitadas para JavaScript (ejemplo: autocompletado, navegación de código, refactorización...). Dentro de su arquitectura interna, TypeScript cuenta con un bloque de construcción que facilita la implementación de estas funcionalidades dentro de los IDE (consulte la sección La arquitectura de TypeScript).

Ejemplo (Visual Studio Code):

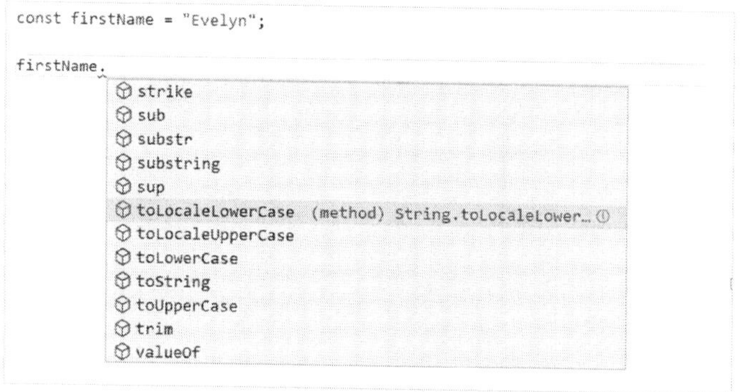

```
const firstName = "Evelyn";

firstName.
```

■ Observación

Es importante recalcar que el sistema de tipado de TypeScript solo es útil en tiempo de compilación. Todas las funciones relacionadas con tipos no producen código JavaScript después de la compilación.

4. Los entresijos del tipado

4.1 Archivos de definición

TypeScript aplica un tipado estático a todo el código. Pero ¿qué pasa si queremos utilizar una biblioteca externa escrita en JavaScript y que, por tanto, no contiene tipado? Los archivos de definición están ahí para satisfacer esta necesidad.

Estos archivos (con la extensión `.d.ts`)describen los tipos correspondientes al código JavaScript que se utilizará. Para usar una biblioteca externa escrita en JavaScript en un proyecto que emplea TypeScript, debe recuperar el archivo de definición asociado con esta biblioteca. Una vez recuperada, la biblioteca se vuelve utilizable como si estuviera escrita en TypeScript y permite tener todas las funcionalidades integradas en el IDE (autocompletado, informe de errores, documentación en el editor...).

Observación

Los archivos de definición se utilizarán en el capítulo Un primer proyecto con Node.js.

Queda una pregunta: ¿cómo proporciona TypeScript el tipado en las funciones nativas de JavaScript?

Ejemplo (Visual Studio Code):

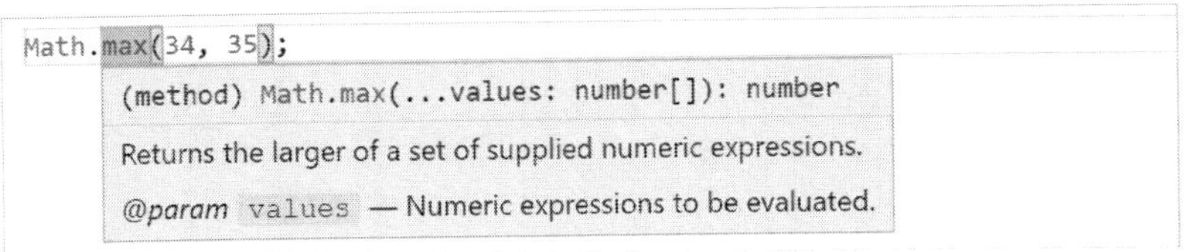

```
Math.max(34, 35);
    (method) Math.max(...values: number[]): number
    Returns the larger of a set of supplied numeric expressions.
    @param values — Numeric expressions to be evaluated.
```

El ejemplo anterior utiliza el objeto `Math`, que está definido de forma nativa en JavaScript. TypeScript interpreta correctamente este objeto y los tipos esperados. Además, Visual Studio Code ofrece autocompletado y documentación relacionada con este objeto, incluso si no se ha instalado ninguna definición para tipar el objeto. En realidad, TypeScript utiliza un archivo de definición que se incluye con el compilador. Llamado `lib.d.ts`, este archivo, en realidad, está compuesto por varios archivos de definición, cada uno con un alcance bien definido (ejemplo: `lib.es5.d.ts` para interoperabilidad con ECMAScript 5, `lib.dom.d.ts` para API relacionadas con la manipulación del DOM...). La opción de compilación `lib` le permite seleccionar los archivos de definición que compondrán los `lib.d.ts` utilizados por el compilador.

Observación

Las opciones de compilación se han abordado varias veces desde el comienzo de este capítulo sin haberlas explicado concretamente. Los detalles sobre las opciones básicas se verán en la sección Opciones de compilación.

4.2 Tipado estructural

Para comprender el sistema de tipos de TypeScript, es necesario entender la diferencia entre un sistema de tipos estructural (*Structural Typing*), un sistema de tipos nominal (*Nominal Typing*) y el *Duck Typing*. Estos sistemas permiten determinar la equivalencia y compatibilidad entre dos tipos.

En los sistemas de tipos nominal, los nombres de las declaraciones (interfaz, clases, etc.) tienen un impacto directo en la compatibilidad entre dos tipos. Un objeto de una clase denominada A no se puede asignar a un objeto de una clase denominada B incluso si estas dos clases tienen exactamente las mismas propiedades/métodos. Cuando se crean objetos de tipos anónimos, el compilador nombra estos tipos anónimos según las propiedades que poseen. Luego, utiliza estos nombres para comprobar la compatibilidad entre objetos. Lenguajes como C#, Java, PHP y C++ utilizan este sistema de tipos.

Ejemplo (C#):

```
public class Person
{
  public string Name { get; set; }
  public int Age { get; set; }

  public string GetInformation()
  {
    return this.Name + " - " + this.Age;
  }
}

public class Employee
{
  public string Name { get; set; }
  public int Age { get; set; }

  public string GetInformation()
  {
    return this.Name + " - " + this.Age;
  } }

var person = new Person();
var employee = new Employee();
```

```
person = employee; // Error: Types not compatible
employee = person; // Error: Types not compatible
```

En los sistemas de tipos estructurales, un tipo se define por su estructura y no por su nombre. Esto significa que un objeto de una clase llamada A se puede asignar a un objeto de una clase llamada B si A tiene al menos todas las propiedades/métodos de B. La evaluación de la compatibilidad entre dos tipos se realiza en tiempo de compilación y los lenguajes de tipo estructural utilizan el tipado estático. Lenguajes como TypeScript, Haskell, Go o Elm utilizan este sistema de tipos.

Ejemplo (TypeScript):

```
class Person {
  name: string;
  age: number;
}

class Employee {
  name: string;
  age: number;
  founder: boolean
}

let person = new Person();
let employee = new Employee();

person = employee; // OK

// Compilation Error TS2741:
// Property 'founder' is missing in type 'Person' but required
// in type 'Employee'.
employee = person;
```

El sistema de tipado de TypeScript tiene, entonces, un impacto equivalente en los tipos anónimos.

Ejemplo:

```
let person: {
  name: string;
  age: number;
} = {
  name: "Evelyn Miller",
  age: 34
};

let employee: {
  name: string;
  age: number;
  founder: boolean
};

// OK
person = employee;

// Compilation Error TS2741:
// Property 'founder' is missing in type '{ name: string; age:
// number; }' but required in type '{ name: string; age: number;
// founder: boolean; }'.
employee = person;
```

En este ejemplo, el compilador de TypeScript acepta que el objeto `employee` se asigne al objeto `person` porque este último tiene todas las propiedades de `employee`. Pero, por otro lado, genera un error cuando se asigna `person` al objeto `employee` porque `person` no tiene la propiedad `founder` definida al tipar el objeto `employee`.

Duck Typing está muy cerca del tipado estructural y hace referencia a la prueba del pato: «Si veo un pájaro que vuela como un pato, grazna como un pato y nada como un pato, entonces llamo pato a ese pájaro». Nuevamente, la estructura de un tipo es más importante que su nombre. La diferencia con el sistema de tipo estructural es que la compatibilidad se evalúa en tiempo de ejecución. Por lo tanto, los lenguajes que utilizan *Duck Typing* son tipados dinámicamente. Lenguajes como JavaScript, Ruby, Python utilizan este sistema de tipos.

5. La arquitectura de TypeScript

Una buena comprensión de la arquitectura de TypeScript le permitirá aprenderla correctamente, pero también comprender mejor su funcionamiento interno.

He aquí un diagrama que muestra la arquitectura macroscópica de TypeScript:

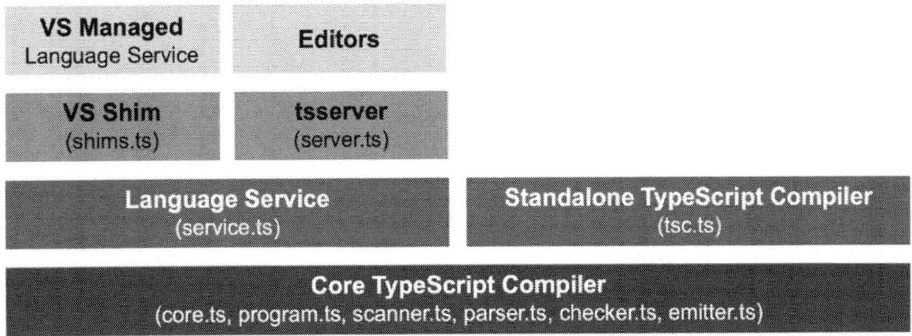

5.1 Core TypeScript Compiler

El *Core TypeScript Compiler* es el ladrillo que representa el compilador TypeScript. Es la pieza central de su arquitectura y su función es controlar y transpilar el código fuente. El compilador TypeScript se compone de elementos que se encuentran en la mayoría de los compiladores y cada uno de los cuales tiene un uso (`Scanner`, `Parser`, `Binder`, `Emitter`...).

Dos archivos son particularmente importantes:

- `checker.ts`: verifica el código y puede devolver errores.
- `emitter.ts`: transpila el código a JavaScript.

Para poder activar la compilación, el Core *TypeScript Compiler* necesita saber qué archivos compilar y las opciones de compilación. En la arquitectura TypeScript, esta información la proporciona el *Languaje Service* (servicio de lenguaje) o el *Standalone TypeScript Compiler* (compilador independiente de TypeScript).

5.2 Standalone TS Compiler

El *Standalone TypeScript Compiler* es una herramienta disponible en la línea de comandos (*Command Line Interface*), que le permite proporcionar al compilador una ruta a los archivos para compilar, así como opciones de compilación.

Esta herramienta está disponible después de instalar TypeScript en su entorno de desarrollo a través del alias `tsc` (consulte la sección Entorno de desarrollo).

5.3 Language Service

El *Language Service* se dedica a integrar TypeScript en los entornos de desarrollo. Este servicio está disponible después de instalar TypeScript y proporciona un conjunto de funciones que luego pueden ser utilizadas por los IDE (autocompletado, navegación de código, refactorización...). El servicio también ofrece asistencia para el desarrollo en forma de *Quick Fixes*.

Estos últimos ayudan a enriquecer la experiencia del desarrollador al ofrecer tareas automatizadas que resuelven un problema detectado en el código escrito en TypeScript (ejemplo: eliminar una variable no utilizada que fue detectada por el *Language Service*).

Este servicio es extensible y también permite agregar nuevas capacidades de análisis (ciertos plug-ins lo amplían, como Angular, Vue.js, GraphQL...).

5.4 Opciones de compilación

Como se indicó anteriormente, el compilador de TypeScript utiliza opciones de compilación. Estas influyen en cómo el compilador analiza y compila el código.

Se pueden proporcionar de diferentes formas:

- A través de la terminal especificando los argumentos cuando se utiliza el *Standalone TypeScript Compiler*.
- A través de un archivo de configuración que será leído por el *Standalone TypeScript Compiler*.

Se prefiere la segunda solución porque TypeScript tiene alrededor de cien opciones de compilación. Este archivo puede ser inicializado por el *Standalone TypeScript Compiler* mediante el argumento `--init`. Luego contendrá opciones activadas por defecto, así como gran parte del resto de las opciones de compilación comentadas con su respectiva documentación. Entre las opciones activadas por defecto, estas son las que resulta imprescindible conocer:

- `target`: define la versión de ECMAScript de destino. TypeScript transpilará la funcionalidad a la versión ECMAScript seleccionada.
- `module`: define el estándar del módulo de destino (consulte el capítulo Módulos).
- `strict`: permite activar subopciones que refuerzan el control de los tipos.

Esto último es muy importante porque reduce significativamente la cantidad de errores que pueden ocurrir durante la ejecución del programa. Por lo tanto, habilitar la opción de compilación `--strict` es esencial en cualquier proyecto TypeScript. Implícitamente, provoca la activación de varias subopciones de compilación, como por ejemplo:

- `--strictFunctionTypes`: cambia la forma en que el compilador controla el tipo de parámetros de una función.
- `--alwaysStrict`: activa el modo *strict* en todos los archivos compilados.

Observación

El modo strict (que no debe confundirse con la opción `--strict` del compilador TypeScript) fue estandarizado por ECMA en 2009 en la versión ECMAScript 5. Se activa mediante la instrucción «`use strict`». Esto le indica al intérprete de JavaScript que es necesario analizarlo de una forma más restrictiva. Uno de los principales impactos es el cambio de ciertos errores llamados silenciosos (no se genera ninguna excepción) a errores explícitos (se lanza una excepción). En TypeScript, el compilador hace explícitos estos llamados «errores silenciosos», lo que luego genera un error de compilación. Desde ECMAScript 2015, el modo estricto se aplica automáticamente en clases y módulos.

Otras opciones de compilación habilitadas por la opción `--strict` se cubrirán en los próximos capítulos.

6. Entorno de desarrollo

6.1 Node.js

Node.js proporciona todas las herramientas necesarias para desarrollar una aplicación con TypeScript; por lo tanto, lo primero es instalarlo.

Node.js se puede descargar desde el sitio web oficial del proyecto: http://nodejs.org. Hay dos categorías de versiones disponibles:

- La versión estable, llamada LTS (*Last Stable Release*).
- La versión actual (esta última contiene las últimas funciones de Node.js).

Cualquiera que sea la versión que elija, no afectará la instalación de TypeScript. Una vez instalado Node.js, el comando `npm` estará disponible desde la terminal para administrar los paquetes de Node.js.

Observación

Un administrador de paquetes es una herramienta para administrar las dependencias de su proyecto. Los hay para todos los lenguajes: C# -> NuGet, Java -> Maven, PHP -> Composer, Ruby -> Gem... NPM es el administrador de paquetes para aplicaciones JavaScript.

Antes de continuar, es necesario verificar que Node.js y NPM sean accesibles desde la terminal. Para hacer esto, simplemente introduzca los siguientes comandos:

```
node -v
npm -v
```

El resultado de ejecutar estos comandos debería mostrar el número de versión de ambas herramientas.

Observación

Si un mensaje de error indica que uno de los dos comandos no existe, es probable que la herramienta en cuestión falte en la variable de entorno «`path`» del sistema operativo.

6.2 Visual Studio Code

Visual Studio Code (también llamado VSCode) es un editor de código lanzado en abril de 2015 y desarrollado por Microsoft. Este editor multiplataforma y de código abierto (su código está disponible en GitHub: https://github.com/topics/visual-studio-code) se ha convertido en pocos años en uno de los entornos de desarrollo más populares entre los desarrolladores. Visual Studio Code es fácil de usar, altamente personalizable y desarrollado con TypeScript. Por lo tanto, tiene un muy buen soporte para el lenguaje (también se incluye una versión de TypeScript en el editor). Visual Studio Code es el editor al que se ha dado preferencia al escribir este libro, por lo que es necesario instalarlo antes de continuar. Se puede descargar desde el sitio web oficial del proyecto: https://code.visualstudio.com/

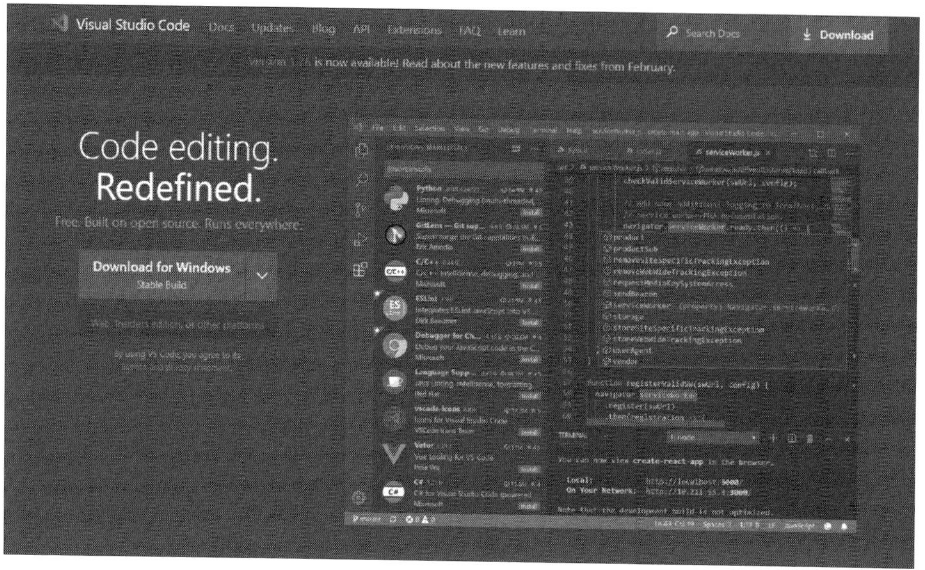

De entrada, Visual Studio Code ofrece relativamente pocos menús. Además de la barra de menú, tiene seis partes bien diferenciadas:

- 1- **Explorador**: en esta parte se realizará la gestión de archivos y la escritura de código.
- 2- **Búsqueda**: esta parte está dedicada a buscar dentro de todo lo que se ha cargado en el explorador.
- 3- **Control del código fuente**: Visual Studio Code ofrece la posibilidad de utilizar un cliente gráfico para Git.
- 4- **Depuración**: toda la configuración del depurador y el inicio de una sesión de depuración están disponibles en esta parte del editor.
- 5- **Extensiones**: esta parte le permite gestionar extensiones (acceso al catálogo, instalación...).
- 6- **Configuración**: da acceso a toda la configuración de Visual Studio Code.

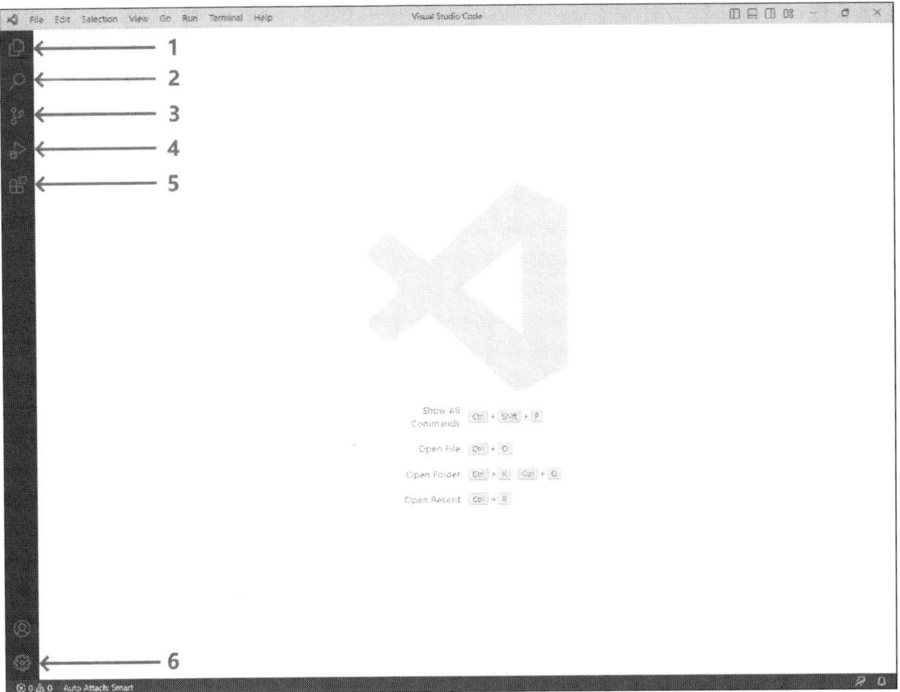

Además de estas diferentes partes, Visual Studio Code contiene un conjunto de comandos que le permiten ejecutar tareas dentro del editor (ejemplo: **formatear el código fuente, iniciar el depurador, hacer zoom en el editor**...).

Se puede acceder a la interfaz de inicio de comandos a través del botón **Configuración** (el marcado con el número 6 en la imagen anterior) o mediante un atajo de teclado:

- Para Windows/Linux: [Ctrl][Mayús] **P**
- Para macOS: [Comando][Mayús] **P**

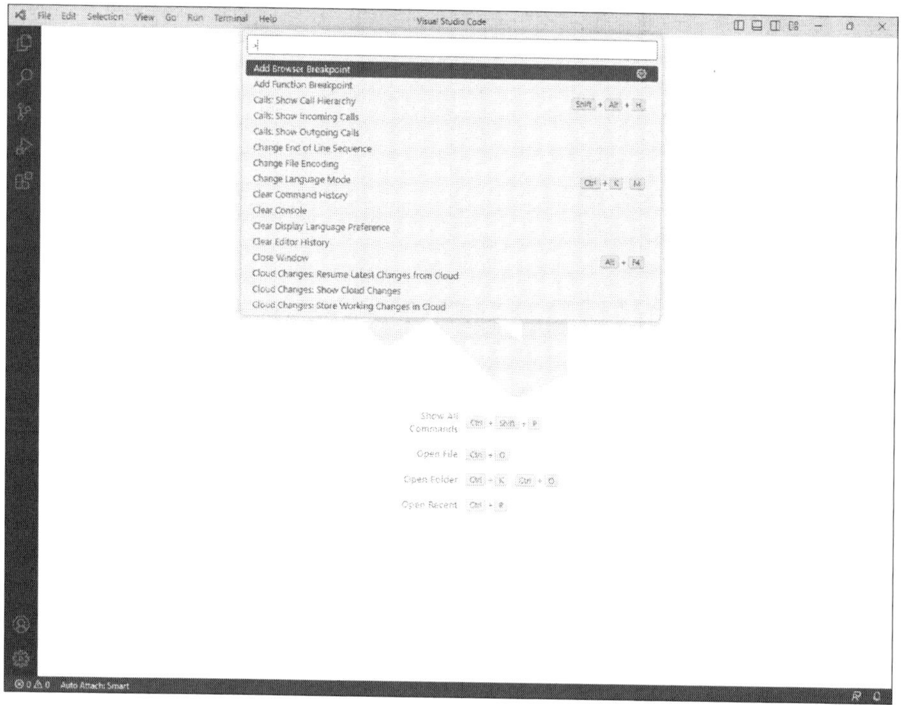

Antes de comenzar a desarrollar con TypeScript, es necesario tener algunos conocimientos básicos sobre cómo funcionan el explorador y el depurador.

El explorador se divide en varias partes:

- 1- **El explorador de código**: este se divide en tres partes. La primera parte (*Open Editors*) enumera los archivos abiertos en el editor de texto. La segunda parte (*File Explorer*) representa la estructura de árbol del directorio o espacio de trabajo que se abrió con Visual Studio Code. La última parte (*Outline*) contiene el árbol de símbolos contenidos en el archivo abierto actualmente los tipos de símbolos varían según el tipo de archivo abierto).
- 2- **El editor de texto**: es en esta parte donde se escribirá el código.
- 3- **Los Quick Fixes**: están disponibles en el editor de texto y se representan por un «?» junto al número de línea de código. Proporcionan asistencia en el desarrollo, así como acceso a funcionalidades de «*Refactoring*» del código (refactorización en español).

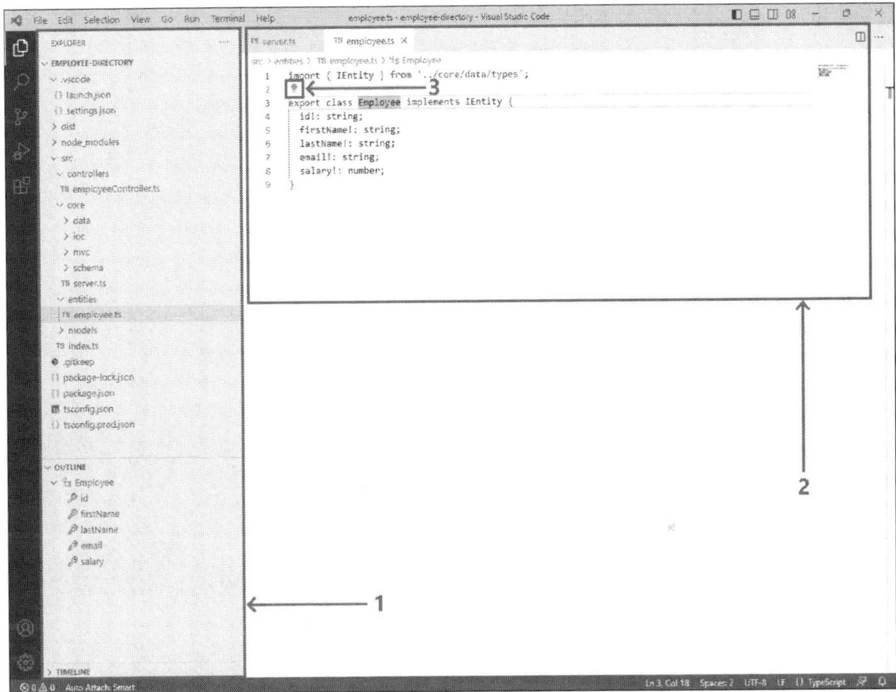

La interfaz dedicada al depurador contiene tres partes importantes:

- 1- **La barra de inicio**: permite iniciar una sesión de depuración. Se pueden crear varias configuraciones de depuración en Visual Studio Code; se deberá elegir la deseada a través de una lista desplegable antes de iniciar la sesión.
- 2- **Acceso a la configuración de depuración**: si no hay ninguna configuración disponible, Visual Studio Code ofrecerá crear una nueva. De lo contrario, se abrirá el editor de configuración.
- 3- **El editor de configuración**: aquí es donde se añadirán y editarán las diferentes configuraciones.

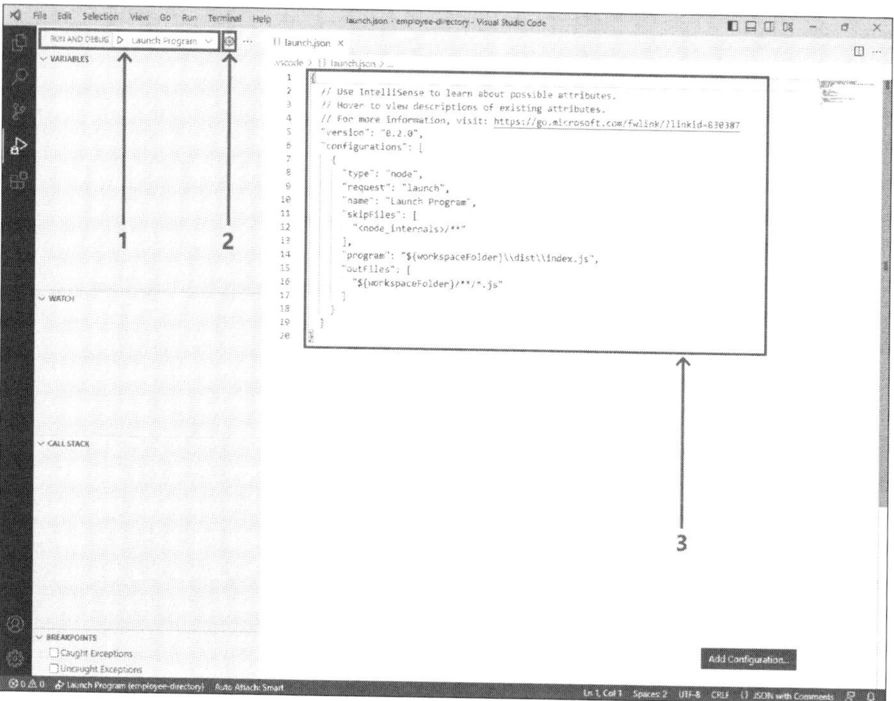

Observación

De forma predeterminada, Visual Studio Code solo maneja sesiones de depuración de Node.js. Para agregar la posibilidad de depurar otro tipo de proyectos, es obligatorio instalar las extensiones dedicadas. En este libro, todos los ejemplos de código se desarrollaron con Node.js, por lo que no es necesario instalar extensiones adicionales.

Cuando se inicia una sesión de depuración, la interfaz de usuario de Visual Studio Code cambia ligeramente para proporcionar un conjunto de herramientas para el desarrollador, que incluyen:

- 1- **Variables**: esta ventana permite consultar los valores de las variables disponibles local o globalmente.
- 2- **El observador**: esta ventana permite consultar los valores de las variables que se han añadido específicamente en el observador. Esto facilita la inspección de una variable durante una sesión de depuración.
- 3- **La pila de llamadas**: esta ventana le permite saber cómo se llamó el código.
- 4- **Puntos de interrupción**: permiten detener el programa en líneas de código específicas para poder obtener información sobre el estado del programa. Es posible agregar puntos de interrupción haciendo clic a la izquierda del número de línea del código en Visual Studio.
- 5- **La barra de depuración**: esta barra le permite navegar por el código durante una sesión de depuración.

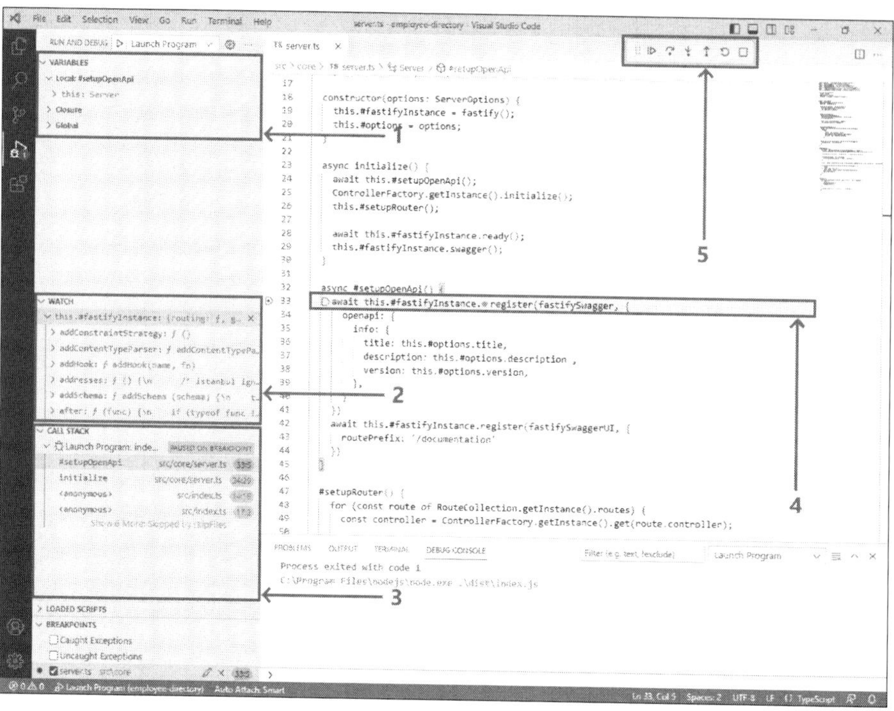

Observación

Para depurar el código fuente de TypeScript directamente en Visual Studio Code (u otro IDE), es necesario generar los archivos de Source Mapping. Para ello, existe una opción de configuración, `sourceMap`*, que se puede activar en el archivo* `tsconfig.json`*. Un ejemplo completo se configurará en el capítulo Un primer proyecto con Node.js.*

6.3 Instalar TypeScript

Para gestionar un proyecto con TypeScript, el compilador debe estar disponible en el entorno de desarrollo. TypeScript se puede instalar globalmente con NPM para que el compilador esté disponible en cualquier lugar desde una terminal. Para hacer esto, simplemente ejecute el siguiente comando:

```
npm install -g typescript
```

Observación

La opción `-g` permite instalar un paquete Node.js globalmente en su estación de trabajo.

Una vez que TypeScript está instalado globalmente, es posible utilizar el compilador mediante el comando `tsc`. Por ejemplo, para saber la versión de TypeScript que se ha instalado, debe introducir el siguiente comando en la terminal:

```
tsc -v
```

Observación

Usar el compilador globalmente puede plantear un problema si desea administrar con mayor precisión la versión de TypeScript utilizada para desarrollar una aplicación. Existe una segunda forma de implementar TypeScript dentro de un proyecto; se abordará en el último capítulo de este libro (consulte el capítulo Un primer proyecto con Node.js).

Para probar el compilador TypeScript, simplemente cree un directorio y agregue un archivo con la extensión `.ts`.

Ejemplo (helloWorld.ts):

```
const hello: string = "Hello world!";

console.log(hello);
```

Para compilar este archivo en JavaScript, es necesario posicionarse, usando la terminal, en la carpeta que contiene el archivo y ejecutar el comando `tsc` con el nombre del archivo como parámetro (no se requiere la extensión del archivo):

```
tsc helloWorld
```

Luego, el compilador creará un archivo `helloWorld.js` que contendrá el siguiente código:

```
var hello = "Hello world!";
console.log(hello);
```

Este código puede ser ejecutado por Node.js usando el comando `node` con el nombre del archivo JavaScript como parámetro:

```
node helloWorld.js
```

De forma predeterminada, el compilador TypeScript transpila el código a ECMAScript 5. Como se ha indicado anteriormente en este capítulo, es posible cambiar la versión de destino especificando, a través de la opción de compilación target, la versión de ECMAScript deseada:

```
tsc --target es2015 helloWorld
```

El compilador de TypeScript acepta docenas de opciones como entrada, por lo que conocerlas todas es complicado. Hay otra forma de gestionar la configuración del compilador: utilizando un archivo de configuración. Este último se puede inicializar con la opción `--init`:

```
tsc --init
```

Este comando genera el archivo `tsconfig.json`, que contiene las opciones de compilación predeterminadas, así como toda la documentación para las otras opciones (esto facilita su activación o cambio). Para compilar el archivo `helloWorld.ts` en ECMAScript 2015, simplemente cambie el valor de la opción target en el archivo de configuración:

```
"target": "es2015"
```

Desde el momento en que se crea el archivo `tsconfig.json`, ya no es necesario llamar al compilador con opciones. Una simple llamada al comando `tsc` es suficiente para compilar todos los archivos TypeScript presentes en el directorio.

Observación

Hay muchas opciones y configuraciones posibles. Las más importantes se abordarán a lo largo del libro.

Capítulo 2
Tipos e instrucciones básicas

1. Variable y alcance

Para declarar una variable en TypeScript, existen tres palabras clave, cada una con un propósito muy distinto: `var`, `let` y `const`. Estos influirán en el alcance de la variable que declaren.

Observación

El alcance de una variable (también llamado scope o vida útil de la variable) corresponde a la porción de código en la que la variable existe y es accesible.

La palabra clave `var` está destinada a dejar de usarse, en favor de la pareja `let/const`. Por lo tanto, en el código TypeScript moderno, es poco probable encontrarla. Sin embargo, sigue siendo interesante entender cómo funciona.

Una variable declarada con la palabra clave `var` tiene un alcance equivalente al bloque de funciones en el que se definió.

Ejemplo:

```
function fn() {
  var firstName = "Evelyn";

  // Log: Evelyn
  console.log(firstName);
}

// Compilation Error TS2304:
// Cannot find name 'firstName'.
console.log(firstName);
```

En la última línea de este ejemplo, la variable `firstName` se usa fuera de la función en la que fue declarada. El compilador de TypeScript arroja un error que indica que esta variable no está definida. Si la variable no se declara dentro de una función, se trata de una variable global. Por lo tanto, es accesible desde cualquier parte del código.

Ejemplo:

```
var firstName = "Evelyn";

if (true) {
  var firstName = "John ";

  // Log: John
 console.log(firstName);
}

// Log: John
console.log(firstName);
```

En el ejemplo anterior, ninguna de estas declaraciones se realiza dentro de un bloque de funciones. Por lo tanto, la variable `firstName` se declara dos veces globalmente. La segunda declaración (presente en el bloque `if`) sobrescribe la primera.

Es por esta razón por la que las variables globales se consideran peligrosas. Se pueden volver a declarar en cualquier momento y, por lo tanto, restablecer con contenido nuevo. Hablamos entonces de colisiones de nombres.

Observación

Cuando una variable se declara sin una palabra clave, de forma predeterminada se adjunta a un objeto especial (objeto `window`) y, por lo tanto, es global. En este caso, el compilador de TypeScript arrojará un error durante la compilación.

El comportamiento de la palabra clave `var` puede parecer confuso en comparación con otros lenguajes como Java, C# o PHP. En este último, el alcance de una variable es equivalente al bloque en el que se declara (el bloque está determinado por una llave de apertura y otra de cierre).

Para contrarrestar la peligrosidad de las variables globales, así como el comportamiento poco intuitivo de la palabra clave `var`, el estándar ECMAScript 2015 definió la pareja `let/const`. Cuando una variable se declara usando let o const, su alcance es equivalente al bloque en el que se declara.

Ejemplo:

```
let firstName = "Evelyn";

if (true) {
  let firstName = "John";

  // Log: John
  console.log(firstName);
}

// Log: Evelyn
console.log(firstName);
```

La primera declaración de la variable `firstName` no se sobrescribe con la segunda, porque son dos declaraciones muy distintas. No están declaradas en el mismo bloque.

Observación

Hay otra diferencia entre `var` y `let/const`. Una variable declarada con una de las palabras clave `let/const` no se puede utilizar hasta que se haya asignado. Esto provoca un error al ejecutar el código. TypeScript evita esto arrojando un error en tiempo de compilación, indicando que la variable se usa antes de haber sido asignada. Entre la entrada de un bloque de código (definido mediante una llave de apertura) y la declaración de la variable, el acceso a esta está prohibido: esto es lo que llamamos Temporal Dead Zone (TDZ). La TDZ es algo bueno porque resalta las malas prácticas.

Cuando se declara una variable con la palabra clave `const`, debe inicializarse inmediatamente y no puede reasignarse. Esta es la única diferencia entre usar `let` y `const`.

Ejemplo:

```
const firstName = "Evelyn";

// Compilation Error TS2540:
// Cannot assign to 'firstName' because it is
// a constant or a read-only property
firstName = "John";
```

Sin embargo, el uso de la palabra clave const garantiza que una variable se inicializará una vez y solo una. En ningún caso garantiza la inmutabilidad del valor que se le asigna.

Ejemplo:

```
const employees = [];

// Log: []
console.log(employees);

employees[0] = "Evelyn";

// Log: [Evelyn]
console.log(employees);
```

Observación

Este punto se revisará en detalle en el capítulo TypeScript y la programación funcional.

Ahora que se han revisado las tres palabras clave, estas son las mejores prácticas para declarar una variable en TypeScript:

- De forma predeterminada, utilice la palabra clave `const`.
- Si es necesario reasignar una variable, utilice la palabra clave `let`.

Observación

En el resto de este trabajo, los ejemplos de código ya no usarán `var`, sino solo let/const, de acuerdo con las buenas prácticas indicadas anteriormente.

2. Tipos básicos

2.1 Introducción

Como se explica en el capítulo Introducción, JavaScript es un lenguaje de tipado dinámico. Por tanto, los tipos se determinan durante la interpretación del código. Sin embargo, es posible encontrar estos tipos utilizando el operador `typeof`. TypeScript ofrece agregar el tipado estático, lo que permite determinar los tipos durante la fase de compilación.

Observación

En el resto de este trabajo, la denominación tipo JavaScript se referirá al tipo determinado por el intérprete. De lo contrario, se tratará de un tipo TypeScript.

2.2 Tipos primitivos básicos

TypeScript tiene los siguientes tipos primitivos: `string`, `number`, `boolean`, `null`, `undefined`, `symbol` y `bigint`. Para tipar una variable, debe especificar su tipo justo después de declararla.

Sintaxis:

```
let/const variable: type;
```

Ejemplo:

```
const firstName: string = "Evelyn";
const age: number = 34;
const isCEO: boolean = false;
```

Una vez tipada la variable, el entorno de desarrollo proporciona autocompletado y el compilador de TypeScript puede informar errores relacionados con el tipado.

Ejemplo (Visual Studio Code):

```
const age: number = 34;

age.
    toExponential   (method) Number.toExponential(fra...
    toFixed
    toLocaleString
    toPrecision
    toString
    valueOf
```

A continuación se muestran algunos casos de errores clásicos informados por TypeScript dentro de Visual Studio Code:

– Usar un método o propiedad que no pertenece a un tipo.

```
const firstName: string = "Evelyn";
        any
        Property 'toExponential' does not exist on type
        'string'. ts(2339)
        Peek Problem  No quick fixes available
firstName.toExponential();
```

El compilador de TypeScript genera un error en la última línea que indica que el método `toExponential()` no existe en el tipo `string`. Si este código se ejecutara en un navegador, provocaría un error indicando que `firstName.toExponential()` no es una función.

– La asignación de un valor que tiene un tipo diferente al declarado a nivel de variable.

```
const age: number = "Evelyn";
    const age: number
    Type '"Evelyn"' is not assignable to type 'number'. ts(2322)
    Peek Problem  No quick fixes available
```

Este código no produce un error si se ejecuta dentro de un navegador. El compilador de TypeScript evita asignar un valor de un tipo diferente al de la declaración de variable, para mantener la coherencia al escribir el código.

Observación

Es importante no confundir los tipos primitivos `string`, `boolean` y `number` con sus respectivos tipos de objeto contenedor de String, Boolean y Number. Los Wrapper Object (o en español: objetos envoltorio) permiten utilizar métodos y propiedades en variables de tipos primitivos. Aunque tienen métodos estáticos útiles, son utilizados principalmente por el intérprete. Nunca debe usar estos Wrapper Object directamente para declarar variables o tiparlas.

Es importante tipar las variables correctamente. Sin embargo, no es necesario especificar sistemáticamente el tipo. De hecho, el compilador de TypeScript tiene una capacidad que puede ayudar a los desarrolladores en este punto: la deducción de tipos (también llamada inferencia de tipos). Durante la compilación, el compilador lee y analiza el código para poder deducir el tipo de las variables por sí mismo. Por ejemplo, una variable declarada sin tipo, pero inicializada, será tipada automáticamente por el compilador.

Ejemplo (Visual Studio Code):

```
const firstName = "Evelyn";
firstName.
    Symbol          interface Symbol
    anchor
    big
    blink
    bold
    charAt
    charCodeAt
    codePointAt
    concat
    endsWith
    fixed
    fontcolor
```

En la ilustración anterior, el entorno de desarrollo proporciona métodos del tipo `string` para la variable `firstName`. Por lo tanto, TypeScript ha deducido correctamente el tipo.

Los tipos no siempre se pueden inferir y, a veces, deben especificarse explícitamente. Este es, por ejemplo, el caso de:

- Una variable declarada sin tipo y no inicializada.
- Los parámetros de una función.

Observación

En el resto de este trabajo, los tipos se especificarán solo cuando el compilador de TypeScript no pueda deducirlos. Esto mejorará la legibilidad del código.

Además de los tipos number, `string` y `boolean`, la versión 3.2 de TypeScript agregó soporte para un nuevo tipo primitivo: `bigint`. Estandarizado por ECMAScript 2020, permite manejar números mayores de 2^{53} (valor máximo admitido por el tipo `number`). Para crear un valor de tipo `bigint`, es posible utilizar el constructor `BigInt()` o agregar el carácter n al final del valor.

Ejemplo:

```
let salary = BigInt(9007199254740994);
let salary2 = 9007199254740994n;

// Log: 9007199254740994n
console.log(salary);

// Log: 9007199254740994n
console.log(salary2);
```

Este tipo primitivo es muy útil en contextos donde se deben manipular grandes números manteniendo su precisión. Aunque el tipo `bigint` está estrechamente relacionado con el tipo `number`, en TypeScript no se pueden asignar entre sí.

Ejemplo:

```
let salary = BigInt(100);
let salary2 = 100;

// Compilation Error TS2322: Type 'number' is not
// assignable to type 'bigint'.
salary = salary2;
```

```
// Compilation Error TS2322: Type 'bigint' is not
// assignable to type 'number'.
salary2 = salary;
```

De hecho, la conversión de un tipo `bigint` a un tipo `number` pierde precisión. Por lo tanto, es aconsejable utilizar un valor de tipo `bigint` solo para superar la capacidad máxima del tipo `number` (como recordatorio: 2^{53}) sin tener que recurrir a una conversión a tipo `number` posteriormente.

Observación

Para mejorar la legibilidad de los números, ECMAScript 2021 ha estandarizado los separadores numéricos: '_'. Se pueden utilizar en notación decimal, hexadecimal, binaria o con números de tipo `bigint`. Con esta característica, la variable `salary`, 9007199254740994n, utilizada en un ejemplo anterior, se convierte en 9_007_199_254_740_994n.

2.3 Tipos primitivos: undefined y null

Una variable declarada y no inicializada devolverá `undefined`.

Ejemplo:

```
let firstName: string;

// Log: undefined
console.log(firstName);

// Log: undefined
console.log(typeof firstName);
```

Este valor representa el hecho de que una variable no está inicializada. Existe otro valor que suele confundirse con `undefined`, pero que no tiene el mismo significado: `null`. Este valor especial se puede asignar a una variable para representar el hecho de que no tiene valor.

Ejemplo:

```
let firstName: string = null;

// Log: null
```

```
console.log(firstName);

// Log: object
console.log(typeof firstName);
```

A diferencia de `undefined`, que tiene su propio tipo de JavaScript, el tipo de JavaScript `null` es `object`. Esto hace que el uso de `null` sea engorroso. Por eso es mejor utilizar `undefined` y ceñirse a él.

TypeScript permite utilizar los tipos `null` y `undefined` para tipar variables. Estos tipos se utilizan principalmente junto con el tipo `union`, que se describirá en el capítulo Sistema de tipos avanzados.

Sin embargo, hay una sutileza importante: de forma predeterminada, los tipos `null` y `undefined` se incluyen en todos los demás tipos. Esto significa que cualquier variable de tipo number, `string`, `boolean`, `object`... También acepta valores `null` y `undefined`.

Ejemplo:

```
let firstName = "Evelyn";
let age = 34;
let isHuman = true;
let rank: undefined = undefined;
firstName = undefined; // OK
age = undefined; // OK
isHuman = null; // OK
rank = null; // OK
```

Una opción de compilación le permite modificar este comportamiento: `--strictNullChecks`. Una vez habilitados, los tipos `null` y `undefined` se convierten en tipos por derecho propio y no se incluyen en otros tipos.

Ejemplo:

```
let firstName = "Evelyn";
let age = 34;
let isHuman = true;
let rank: undefined = undefined;


// Compilation Error TS2322: Type 'undefined' is not
// assignable to type 'string'
```

```
firstName = undefined;

// Compilation Error TS2322: Type 'undefined' is not
// assignable to type 'number'
age = undefined; // OK

// Compilation Error TS2322: Type 'null' is not
// assignable to type 'boolean'
isHuman = null; // OK

// Compilation Error TS2322: Type 'null' is not
// assignable to type 'undefined'
rank = null;
```

Esta opción ayuda a evitar una cierta cantidad de bugs potenciales y, por lo tanto, es muy importante.

Observación

Esta opción es una de las subopciones habilitadas por la opción de compilación `--strict`. Si el archivo `tsconfig.json` se crea usando `tsc` (consulte el capítulo Introducción), esta opción se activará de forma predeterminada.

Por lo tanto, de forma predeterminada, todos los tipos primitivos aceptan `null` y `undefined`. Pero no ocurre lo contrario: cualquier variable tipada con `null` o `undefined` no acepta valores de tipo `number`, `string`, `boolean`... Es por esto por lo que los tipos `null` y `undefined` se usan junto con los tipos union (consulte el capítulo Sistema de tipos avanzados).

Ejemplo:

```
let firstName: undefined = undefined;

 // Compilation Error TS2322: Type '"Evelyn"' is not
// assignable to type 'undefined'.
firstName = "Evelyn";

let age: null = null;

// Compilation Error TS2322: Type '3' is not
// assignable to type 'null'.
Age = 3;
```

En este ejemplo, el compilador de TypeScript devuelve un error para cada asignación que indica que este valor no se puede asignar al tipo declarado.

Observación

Aquí no se utiliza la deducción de tipo. Este es uno de los raros casos en los que el compilador no puede inferir correctamente el tipo.

2.4 Tipos por referencia: arreglos y tuplas

Para declarar un arreglo o array en TypeScript, existen dos sintaxis:

Sintaxis 1:

```
let/const variable: Array<type>;
```

Sintaxis 2:

```
let/const variable: type[];
```

Ejemplo:

```
let employeeIds: number[];
employeeIds = [];
```

La comunidad TypeScript ha adoptado más ampliamente la segunda sintaxis, que es similar a la utilizada en otros lenguajes de programación (C#, Java, etc.).

Observación

La primera sintaxis (`Array<type>`) utiliza un tipo genérico. Este concepto se abordará más adelante (consulte el capítulo Genericidad).

Los arreglos tienen una amplia gama de métodos para manipular los elementos que contienen: `filter()`, `map()`, `any()`, `some()`, `each()`, `reduce()`, `find()`...

Observación

La mayoría de estos métodos se implementarán en los ejemplos de los próximos capítulos.

Ejemplo (Visual Studio Code):

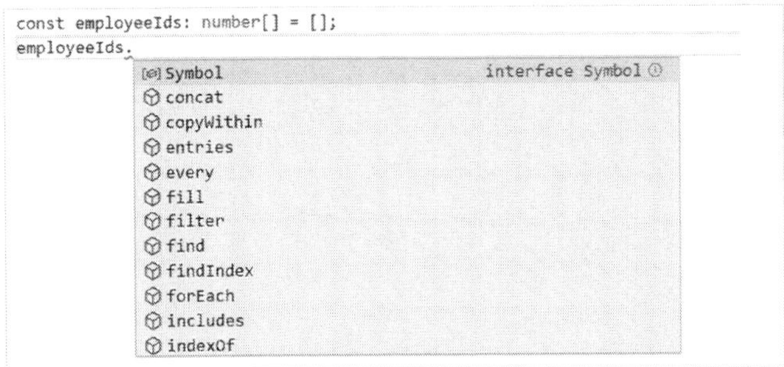

Además de los arreglos, TypeScript le permite definir tuplas. Una tupla representa una colección de valores ordenados. Le permite almacenar valores de diferentes tipos en un arreglo. Es necesario especificar en cada posición del arreglo el tipo que se utilizará.

Sintaxis:

```
let/const variable: [type1, type2, type3, ...];
```

Ejemplo:

```
let employeeInfo: [string, string, number];
employeeInfo = ["Evelyn", "Miller", 34];
```

Ejemplo (Visual Studio Code):

```
let employeeInfo: [string, string, number];
employeeInfo = ["Evelyn", "Miller", 34];
employeeInfo.
    0                    (property) 0: string
    1
    2
    Symbol
    concat
    copyWithin
    entries
    every
    fill
    filter
    find
    findIndex
```

Además de ofrecer las entradas de tupla (a través de su índice), el entorno de desarrollo también ofrece la posibilidad de utilizar las propiedades y métodos clásicos de los arreglos.

Al declarar una tupla, es posible definir tipos opcionales añadiendo al tipo el carácter «?».

Ejemplo:

```
let employeeInfo: [string, string, number?];
employeeInfo = ["Evelyn", "Miller"];
employeeInfo = ["Evelyn", "Miller", 34];
```

Una tupla también se puede declarar de solo lectura usando la palabra clave `readonly`. TypeScript arrojará un error si la tupla se modifica después de su declaración.

Ejemplo:

```
let employeeInfo: readonly [string, string] = ["Evelyn", "Miller"];
// Compilation Error TS2540: Cannot assign to '0' because it is a read
// only
employeeInfo[0] = ["John"];
```

Para facilitar la lectura de un tipo tupla, es posible agregar etiquetas a los diferentes índices de la tupla. Solo son útiles para facilitar la lectura y no generan código adicional durante la transpilación.

Ejemplo:

```
let employeeInfo: [firstname: string, lastname: string, age: number];
employeeInfo = ["Evelyn", "Miller", 34];
```

Las tuplas se pueden usar con el parámetro *rest* (consulte la sección Funciones - Parámetro rest) y durante la depuración (consulte la sección Desestructuración) para extraer valores de una matriz.

2.5 Tipos por referencia: object

En TypeScript, hay muchas formas de crear objetos. Las clases de programación orientada a objetos le permiten hacer esto (consulte el capítulo Programación orientada a objetos). Sin embargo, sin utilizar este concepto, es posible crear en TypeScript los llamados objetos literales.

Ejemplo:

```
const person = {
  firstName: "Evelyn",
  lastName: "Miller"
};
```

Una vez declarado, el compilador deducirá los tipos contenidos en el objeto mediante inferencia de tipos.

Ejemplo (Visual Studio Code):

```
const person: {
    firstName: string;
    lastName: string;
}
const person = {
    firstName: "Evelyn",
    lastName: "Miller"
};
```

Además, el tipo se puede declarar explícitamente en un objeto literal si es necesario. Estamos hablando, entonces, de un tipo llamado *anónimo*. Este tipo no está diseñado para reutilizarse, a diferencia de las clases/interfaces (consulte el capítulo Programación orientada a objetos) o alias de tipos (consulte el capítulo Sistema de tipos avanzados).

Ejemplo:

```
const person: {
  firstName: string;
  lastName: string;

} = {
  firstName: "Evelyn",
  lastName: "Miller"
};
```

Si posteriormente se inicializa una propiedad inexistente en el objeto, el compilador informará un error.

```
const person = {
  firstName: "Evelyn",
  lastName: "Miller"
};

// Compilation Error TS2339:
// Property 'age' does not exist on type '{ firstName: string;
// lastName: string; }'
person.age = 34;
```

Para corregir este tipo de error, es posible tipar explícitamente el objeto literal agregando una propiedad opcional mediante el carácter «?» (como se vio anteriormente para las tuplas).

Ejemplo:

```
const person: {
  firstName: string;
  lastName: string;
  age?: number;
} = {
  firstName: "Evelyn",
  lastName: "Miller"
};

person.age = 34;
```

Una propiedad marcada como opcional puede:

- estar definida y tener un valor correspondiente al tipo definido, o `undefined`,
- no estar definida.

Ejemplo:

```
const evelyn: {
  firstName: string;
  lastName: string;

  age?: number;
} = {
```

```
  firstName: "Evelyn",
  lastName: "Miller",
  age: 34,
};

// Log: { "firstName": "Evelyn", "lastName": "Miller", "age": 34 }
console.log(evelyn);

const john: {
  firstName: string;
  lastName: string;
  age?: number;
} = {
  firstName: "John",
  lastName: "Riley",
  age: undefined
};

// Log: { "firstName": "John", "lastName": "Riley", "age": undefined }
console.log(john);

const virginia: {
  firstName: string;
  lastName: string;
  age?: number;
} = {
  firstName: "Virginia",
  lastName: "Fisher"
};

// Log: { "firstName": "Virginia", "lastName": "Fisher" }
console.log(virginia);
```

La existencia o no de una propiedad en un objeto puede tener un impacto significativo. Por ello, existe una opción del compilador `-exactOptionalPropertyTypes`, que hace que el compilador de TypeScript sea más estricto con las propiedades opcionales. Si la opción está activada, las propiedades opcionales deben:

- estar definidas y tener un valor correspondiente al tipo definido,
- no estar definidas.

Ejemplo:

```
// Compilation Error T2375:
// Type '{ firstName: string; lastName: string; age: undefined; }'
// is not assignable to type '{ firstName: string; lastName: string;
// age?: number; }' with 'exactOptionalPropertyTypes: true'.
// Consider adding 'undefined' to the types of the target's properties.
const evelyn: {
  firstName: string;
  lastName: string;
  age?: number;
} = {
  firstName: "Evelyn",
  lastName: "Miller",
  age: undefined
};
```

2.6 Tipos especiales: any y void

La palabra clave any se considera potencialmente peligrosa y debe utilizarse con moderación. Le permite expresar el hecho de que una variable es de cualquier tipo. Esto tiene el efecto de indicarle al compilador que ya no debe analizarse. En consecuencia, no se informa ningún error y la función de autocompletar ya no está disponible. Además, una variable tipada con any acepta todos los tipos y se puede asignar a todos los tipos.

Ejemplo:

```
let any: any;

any = any;
any = "";
any = 42;
any = true;
any = {};

const h: any = any;
const j: string = any;
const k: number = any;
const l: boolean = any; const m: object = any;
```

Una vez que a la variable se le asigna el tipo any, el compilador no verificará la coherencia al usar la variable.

Ejemplo:

```
const firstName: any = "Evelyn";

// No compilation Error.
// But toExponential is only available on the number type.
fisrtName.toExponential();
```

En este ejemplo, se realiza una llamada al método toExponential(), pero solo existe en variables de tipo number. Por lo tanto, este código generará un error cuando se ejecute en el navegador. En otras palabras, el compilador de TypeScript nunca informará un error al usar una variable de tipo any.

Por lo tanto, debe tener cuidado, porque una variable se puede tipar con any de la siguiente manera:

- **explícito**: el tipo any se especifica explícitamente.

Ejemplo:

```
let firstName: any = "Evelyn"; // Explicitly of type any
```

- **implícito**: cuando el compilador de TypeScript no puede deducir el tipo y la variable no está tipada explícitamente.

Ejemplo:

```
let firstName; // Implicitly of type any
```

Observación

Un tipo any implícito puede ocurrir sin que nos demos cuenta. Hay una opción del compilador llamada --noImplicitAny (que es una de las subopciones habilitadas por la opción --strict). Una vez habilitado, el compilador de TypeScript informará errores cuando una variable esté tipada implícitamente con any.

El tipo `void` se utiliza principalmente para tipar la declaración de funciones de forma que indiquen que no devuelven un valor. Su uso es, por tanto, similar al de muchos otros lenguajes de programación (C#, Java, PHP...).

Ejemplo:

```
function updateEmployee(employee: object): void {
  // ...
}
```

Una variable con tipo `void` solo puede recibir el valor `null` o `undefined`. Por lo tanto, este tipo se utiliza principalmente en declaraciones de funciones.

Observación

Tenga cuidado de no confundir el tipo `void y la` instrucción `void()` de JavaScript Esta última, relativamente poco utilizada, permite evaluar una expresión y luego devolver el valor `undefinied`. Si una función `void(expresión)` devuelve un valor, TypeScript inferirá que el tipo de retorno de la función es `any`.

2.7 Aserción de tipo

La aserción de tipo (también llamada *assertion* o afirmación) le permite indicar al compilador de TypeScript que una variable es de un tipo elegido. En TypeScript, hay dos notaciones.

Sintaxis 1:

```
variable as type
```

Sintaxis 2:

```
<type>variable
```

La primera sintaxis ha sido adoptada más ampliamente por la comunidad TypeScript.

La afirmación de tipo obliga al compilador a actuar. Esto es útil, pero también puede resultar peligroso, especialmente cuando la afirmación se usa con `any`.

Ejemplo:

```
const firstName = "Evelyn";
(firstName as any).toExponential();
```

El código anterior provocará un error en tiempo de ejecución porque el método `toExponential()` no existe en el tipo `string`. La afirmación de tipo en `any` evita que el compilador de TypeScript informe un error durante la compilación.

Observación

Existe otra solución más segura que permite al compilador reconocer un tipo: los types guards (consulte el capítulo Sistema de tipos avanzados).

Sin embargo, TypeScript impide realizar afirmaciones de tipos que no sean compatibles.

Ejemplo:

```
const firstName = "Evelyn";

// Compilation Error TS2352:
// Conversion of type 'string' to type 'number'
// may be a mistake because neither type sufficiently
// overlaps with the other. If this was intentional,
// convert the expression to 'unknown' first.
(firstName as number).toExponential();
```

Observación

Al igual que los tipos, la aserción de tipos no sirve de nada durante la ejecución del código.

2.8 Tipo especial: unknown

La peligrosidad de utilizar `any` quedó demostrada en una de las secciones anteriores. Existe otro tipo muy similar, pero que tiene la ventaja de ser más seguro de utilizar: `unknown`.

Al igual que any, una variable tipada con unknown acepta todos los demás tipos y, por lo tanto, puede inicializarse con cualquier valor.

Ejemplo:

```
let any: any;
let unknown: unknown;

const a: unknown = any;
const b: unknown = unknown;
const c: unknown = "";
const d: unknown = 42;
const e: unknown = true;
const f: unknown = {};

const h: any = any;
const i: any = unknown;
const j: any = "";
const k: any = 42;
const l: any = true;
const m: any = {};
```

Ningún tipo acepta el tipo unknown. La única excepción a esta regla es any porque acepta todos los tipos.

Ejemplo:

```
let any: any;
let unknown: unknown;

const a: any = unknown;
const b: unknown = unknown;
// Compilation Error TS2571: Type 'unknown' is
// not assignable to type 'string'
const c: string = unknown;
// Compilation Error TS2571: Type 'unknown' is
// not assignable to type 'number'
const d: number = unknown;
// Compilation Error TS2571: Type 'unknown' is
// not assignable to type 'boolean'
const e: boolean = unknown;
// Compilation Error TS2571: Type 'unknown' is
// not assignable to type 'object'
const f: object = unknown;
const h: any = any;
const i: unknown = any;
const j: string = any;
```

```
const k: number = any;
const l: boolean = any;
const m: object = any;
```

Una variable tipada con `unknown` no se puede asignar a otro tipo ni llamar a métodos o propiedades en tanto el compilador no esté seguro de su tipo. Hay dos posibilidades para esto: usar la aserción de tipo o ayudar al compilador a deducir el tipo con una condición.

Observación

Desde la versión 2.0, el compilador de TypeScript se ha enriquecido con una nueva característica llamada Control Flow Based Type Analysis. Esta le permite analizar las diferentes rutas presentes en el código y deducir con mayor precisión el tipo de variable/parámetro en un momento T. Esto solo es útil cuando el tipo de variable/parámetro es desconocido en este instante T, particularmente en el caso del tipo `unknown` *o de un tipo* `de union` *(consulte el capítulo Sistema de tipos avanzados).*

Ejemplo (afirmación de tipo):

```
let firstName: unknown;
firstName = "Evelyn";

// Compilation Error TS2571: Object is of type 'unknown'.
console.log(firstName.length);

// Log: 6
console.log((firstName as string).length);
```

En este ejemplo, en la primera llamada a `console.log()`, TypeScript genera un error y, por lo tanto, impide el acceso a una propiedad de forma peligrosa. En la última línea, la afirmación de tipo le dice explícitamente a TypeScript que, en el momento T, esta variable es de tipo `string`.

Ejemplo (Control Flow Based Type Analysis):

```
let firstName: unknown;
firstName = "Evelyn";

// Compilation Error TS2571: Object is of type 'unknown'.
console.log(firstName.length);
```

```
// Log: 6
if (typeof firstName === "string") {
 console.log(firstName.length);
}
```

En este ejemplo, se utiliza el `Control Flow Based Type Analysis` de TypeScript. Gracias a esto, en la última línea, no es necesaria una afirmación de tipo. El compilador sabe que, en el bloque `if`, la variable `firstName` es de tipo `string`.

Requerir que el usuario indique al compilador el tipo que desea manipular reduce en gran medida el riesgo de que ocurra un error durante la ejecución del programa. Es por esta razón por lo que es más prudente utilizar el tipo `unknown` que el tipo `any`.

Observación

Otros tipos especiales no se han tratado durante este capítulo (`never`, `index`...). Solo son útiles en casos de tipado avanzado. Por ello, se abordarán en los próximos capítulos.

3. Desestructuración

La desestructuración apareció con el lanzamiento de ECMAScript 2015 (consulte el capítulo Introducción). Se puede utilizar con arreglos u objetos, y permite extraer todos o parte de estos elementos para ponerlos en variables separadas.

Sintaxis (objeto):

```
let/const {variable, variable2} = { variable: 1, variable2: 2};
```

Ejemplo (objeto):

```
const person = {
  firstName: "Evelyn",
  lastName: "Miller",
  age: 34
};

const { firstName, lastName, age } = person;
// Log: Evelyn
```

```
console.log(firstName);

// Log: Miller
console.log(lastName);

// Log: 34
console.log(age);
```

Sintaxis (arreglo):

```
let/const [variable, variable2] = [1, 2];
```

Ejemplo (arreglo):

```
const [name1, name2] = ["Evelyn", "John", "Bryan"];

// Log: Evelyn
console.log(name1);

// Log: John
console.log(name2);
```

La desestructuración de arreglos y objetos no tiene la misma sintaxis, pero sí el mismo propósito. Es posible asignar un valor predeterminado a las variables.

Ejemplo (objeto):

```
const { firstName, age = 34 } = { firstName: "Evelyn" };

// Log: Evelyn
console.log(firstName);

// Log: 34
console.log(age);
```

Ejemplo (arreglo):

```
const [name1, name2 = "Patrick"] = ["Evelyn"];

// Log: Evelyn
console.log(name1);

// Log: Patrick
console.log(name2);
```

En el caso de la desestructuración de un objeto, es posible darle un alias a las variables.

Ejemplo:

```
const { firstName: name, age = 34 } = { firstName: "Evelyn" };

// Log: Evelyn
console.log(name);

// Log: 34
console.log(age);
```

En el caso de la desestructuración de un arreglo, es posible ignorar valores usando el carácter «,».

Ejemplo:

```
const [,,name1] = ["Evelyn", "Patrick", "Bryan"];

// Log: Bryan
console.log(name1);
```

En el caso de la desestructuración de un objeto o un arreglo, es posible marcar una variable como no utilizada usando el carácter «_». La opción de compilación `--noUnusedLocals` arroja errores si las variables declaradas no se utilizan. Por lo tanto, esto le permite declarar explícitamente que no se usará una variable.

Ejemplo:

```
const [_name1, name2] = ["Evelyn", "Patrick"];
```

Si un objeto o un arreglo tiene una estructura «compleja» (objeto que contiene otros objetos o una matriz de objetos, por ejemplo), es posible buscar en profundidad uno o más valores. Para hacer esto, debe repetir la sintaxis utilizada anteriormente para descomponer un arreglo o un objeto tantas veces como sea necesario a fin de alcanzar los valores que se han de extraer.

Ejemplo (objeto):

```
const { employee: { firstName } } = {
  employee: {
    firstName: "Evelyn"
  }
};

// Log: Evelyn
console.log(firstName);
```

Ejemplo (arreglo):

```
const [[name1], name2] = [["Evelyn"], "Bryan"];

// Log: Evelyn
console.log(name1);

// Log: Bryan
console.log(name2);
```

Ejemplo (matriz de objetos):

```
const [{ name: name1 }, { name: name2 }] = [
  { name: "Evelyn" },
  { name: "John" }
];

// Log: Evelyn
console.log(name1);

// Log: John
console.log(name2);
```

Extraer datos de una matriz/objeto es el caso de uso más común para la desestructuración, pero hay otros que incluyen:

– Invertir variables.

Ejemplo:

```
let firstName = "Evelyn";
let firstName2 = "John";

[firstName2, firstName] = [firstName, firstName2];
```

```
// Log: John
console.log(firstName);

// Log: Evelyn
console.log(firstName2);
```

– Nombrar los argumentos de una función.

Ejemplo:

```
function fnPromote({ id = 1, rank = "Head" } = {}) {
  //...
}

fnPromote();

fnPromote({
  id: 2,
  rank: "Services Director"
});
```

La desestructuración se puede utilizar con el parámetro `rest`(consulte la sección Funciones) y el operador de desestructuración (consulte la sección Zoom en los operadores), que se analizarán más adelante en este capítulo.

4. Enumeración

Las enumeraciones (también llamadas *enum*) permiten definir un grupo de valores constantes. Su objetivo principal es evitar el uso de cadenas de caracteres o números directamente en el código. Hablamos de cadenas o números mágicos cuando no tienen ningún significado. Dificultan la legibilidad y la comprensión del código.

Ejemplo:

```
function fnTreatStatus(status: number) {
if (status === 1) {
    //...
  } else if (status === 2) {
    //...
  }
}
```

En este ejemplo, es imposible entender a qué corresponden los números 1 y 2. Manejar este tipo de cadenas de caracteres (o números) directamente en el código sin usar constantes puede causar problemas, especialmente en el caso de la refactorización de código. En este tipo de casos es mejor utilizar una enumeración.

Para crear enumeraciones en TypeScript, se debe usar la palabra clave enum. Hay dos tipos de enumeración: enumeraciones numéricas y enumeraciones literales.

Ejemplo (numérico):

```
enum Status {
  InOffice,
  Remote,
  Off
}

function fnTreatStatus(status: Status) {
  switch (status) {
    case Status.InOffice:
      // ...
      break;
    case Status.Remote:
      // ...
      break;
    case Status.Off:
      // ...
      break;
  }
}
```

Ejemplo (literal):

```
enum Rank {
  Head = "Head",
  ServicesDirector = "Services Director",
  FinancialDirector = "Financial Director"
}


function fnPromote(rank: Rank) {
  switch (rank) {
```

```
      case Rank.Head:
        // ...
        break;
      case Rank.ServicesDirector:
        // ...
        break;
      case Rank.FinancialDirector:
        // ...
        break;
    }
  }
```

En una enumeración numérica, de forma predeterminada, el compilador inicializa los miembros que comienzan con cero e incrementa automáticamente este valor para cada nuevo miembro.

Ejemplo:

```
enum Status {
  InOffice,
  Remote,
  Off
}
// Log: 0
console.log(Status.InOffice);

// Log: 1
console.log(Status.Remote);

// Log: 2
console.log(Status.Off);
```

Puede especificar usted mismo los valores de los miembros.

Ejemplo:

```
enum Status {
  InOffice = 1,
  Remote = 2,
  Off = 4
}


 // Log: 1
```

```
console.log(Status.InOffice);

// Log: 2
console.log(Status.Remote);

// Log: 4
console.log(Status.Off);
```

En los dos ejemplos anteriores, los miembros son constantes, pero se pueden calcular.

Ejemplo:

```
enum ListFlag {
    None        = 0,
    Flag1       = 1 << 0,
    Flag2       = 1 << 1,
    Flag3       = 1 << 2,
}
```

Observación

A diferencia de los objetos o matrices, las enumeraciones no tienen un tipo propio. Una variable que, por lo tanto, recibe un valor de enumeración está tipada de la siguiente manera: `typeof nomEnum`.

Ejemplo (Visual Studio Code):

```
enum Rank {
    Head,
    ServiceDirector,
    FinancialDirector
}
        const rank: typeof Rank
const rank = Rank;
```

La ilustración anterior demuestra que la inferencia de tipos del compilador de TypeScript funciona con enumeraciones. Los miembros de la enumeración se pueden encontrar en el entorno de desarrollo mediante el autocompletado.

Ejemplo (Visual Studio Code):

```
enum Rank {
    Head,
    ServiceDirector,
    FinancialDirector
}

const rank = Rank;

rank.
     FinancialDirector  (enum member) Rank.FinancialD...
     Head
     ServiceDirector
```

Las enumeraciones son una característica que no está estandarizada por ECMAScript. Por tanto, el compilador de TypeScript genera código para emular su comportamiento. Este código es diferente para enumeraciones literales y numéricas. He aquí está el código obtenido para una enumeración después de la transpilación:

Ejemplo (numérico):

```
var Status;
(function (Status) {
    Status[Status["InOffice"] = 0] = "InOffice";
    Status[Status["Remote"] = 1] = "Remote";
    Status[Status["Off"] = 2] = "Off";
})(Status || (Status = {}));
function fnTreatStatus(status) {
    switch (status) {
        case Status.InOffice:
            // ...
            break;
        case Status.Remote:
            // ...
            break;
        case Status.Off:
            // ...
            break;
    }
}
```

Ejemplo (literal):

```
var Rank;
(function (Rank) {
    Rank["Head"] = "Head";
    Rank["ServicesDirector"] = "Services Director";
    Rank["FinancialDirector"] = "Financial Director";
})(Rank || (Rank = {}));
function fnPromote(rank) {
    switch (rank) {
        case Rank.Head:
            // ...
            break;
        case Rank.ServicesDirector:
            // ...
            break;
        case Rank.FinancialDirector:
            // ...
            break;
    }
}
```

En el caso de enumeraciones literales, se genera un objeto simple. En el caso de enumeraciones numéricas, el compilador genera un objeto de doble entrada. Este objeto permite acceder tanto a los valores como a los nombres de las constantes.

Ejemplo:

```
enum Status {
  InOffice,
  Remote,
  Off
}

function fnGetEnumKey(status: Status) {
    return Status[status];
}

const keyOffice = fnGetEnumKey(Status.InOffice);

// Log: InOffice


console.log(keyOffice);
```

En TypeScript, hay una palabra clave que le permite declarar enumeraciones como constantes: `const`. Una enumeración declarada con esta palabra clave no genera código. El compilador encontrará todas las líneas de código donde se utiliza una constante en la enumeración y las reemplazará con el valor asociado.

Ejemplo (código transpilado):

```
function fnTreatStatus(status) {
    switch (status) {
        case 0 /* InOffice */:
            // ...
            break;
        case 1 /* Remote */:
            // ...
            break;
        case 2 /* Off */:
            // ...
            break;
    }
}
```

En el código transpilado aquí, la declaración de enumeración ha desaparecido. En la función, el compilador ha reemplazado todas las referencias a constantes en la enumeración por sus valores. También ha añadido un comentario para recordar el nombre de la constante de la que se extrae el valor. Otro punto importante: cuando se utilizan enumeraciones constantes, ya no es posible acceder a los nombres de las constantes. De hecho, dado que no se genera el objeto de doble entrada de la enumeración numérica, acceder a los nombres de las constantes provocará un error durante la ejecución del programa. TypeScript devuelve un error en tiempo de compilación para informar la imposibilidad de acceder a los miembros de la enumeración.

Ejemplo:

```
const enum Status {
  InOffice,
  Remote,
  Off
}

function fnGetEnumKey(status: Status) {
```

```
    // Compilation Error TS2476: A const enum member
    // can only be accessed using a string literal.
    return Status[status];
}

const keyOffice = fnGetEnumKey(Status.InOffice);
console.log(keyOffice);
```

Dado que las enumeraciones constantes generan menos código y son más eficientes, es recomendable favorecer su uso.

Observación

Tenga en cuenta que, en las opciones de compilación, hay una opción que tiene un impacto en las enumeraciones constantes: `--preserveConstEnums`*. Esta opción anula el efecto de la palabra clave* `const` *y las enumeraciones con o sin código de generación* `const`*. Esta opción existe solo por compatibilidad con versiones anteriores y no debe usarse en un proyecto nuevo.*

5. Condicional If...Else

En TypeScript, la sintaxis de `if...else` y `switch` es similar a la gran mayoría de lenguajes de programación. Sin embargo, hay una particularidad que influirá en la evaluación de las condiciones: los valores evaluados como `falsos` (llamados *falsy*) y los valores evaluados como `verdaderos` (llamados *truthy*).

Los siguientes valores, evaluados en una condición, siempre devolverán `false`:

- `false`
- `0` (cero)
- `' '`
- `" "` (cadena vacía)
- `null`
- `undefined`
- `NaN`

Los otros valores se evaluarán como `true`.

Ejemplo:

```
const employeeTruthy = {
  firstName: "Evelyn",
  age: 42,
  isOff: true
}

const employeeFalsy = {
  firstName: undefined,
  age: 0,
  isOff: false
}

if (employeeTruthy.firstName) { // true
  // ...
}

if (employeeTruthy.age) { // true
  // ...
}

if (employeeTruthy.isOff) { // true
  // ...
}

if (employeeFalsy.firstName) { // false
  // ...
}

if (employeeFalsy.age) { // false
  // ...
}

if (employeeFalsy.isOff) { // false
  // ...
}
```

Esta característica tiene muchos casos de uso, como probar si una variable (o propiedad de un objeto) se ha inicializado.

Ejemplo:

```
function createEmployee(fullName: string) {
 if (fullName) {
   //...
 }
}
```

En el cuerpo de la función `createEmployee()`, la condición prueba la variable `fullName` y garantiza que se haya inicializado.

6. Optional chaining

Al crear un objeto, las propiedades no inicializadas no existen. Usar o llamar a un método en una propiedad indefinida genera un error durante la ejecución del programa. Si el tipo de la propiedad indica que potencialmente no está definida, el compilador de TypeScript arroja un error si se usa directamente sin verificación previa.

Ejemplo:

```
function fnDisplayPersonAge(person: {
  firstName: string,
  age?: number}
) {
  // Compilation Error TS18048: 'person.age' is possibly 'undefined'
  const years = person.age.toString();
  console.log(`${
    person.firstName
    } is ${
      years ? years : ""
    } years old`
  )
}
```

Para comprobar que una propiedad está definida, es posible utilizar una condición `if...else` o un operador ternario.

Ejemplo:

```
function fnDisplayPersonAge(person: {
  firstName: string,
  age?: number}
) {
  const years = person.age ? person.age.toString() : undefined;
  console.log(`${
    person.firstName
  } is ${
    years ? years : ""
  } years old`)
}
```

Desde ECMAScript 2020, existe una solución nueva y más legible: el encadenamiento opcional. Esta funcionalidad permite utilizar una propiedad solo si se define mediante el operador ¿.. Si la propiedad no está definida (`null` o `undefined`), el operador devuelve `undefined`.

Ejemplo:

```
function fnDisplayPersonAge(person: {
  firstName: string,
  age?: number
}) {
  const years = person.age?.toString();
  console.log(`${
    person.firstName
  } is ${
    years ? years : ""
  } years old`)
}
```

7. Operadores

Los operadores son esenciales en los lenguajes de programación. Son numerosos y permiten todo tipo de operaciones, desde aritméticas, hasta operaciones bit a bit, pasando por conversión de tipos.

En este capítulo, los operadores se presentarán en forma de tabla resumen. Algunos (como el operador de igualdad estricta) se presentarán con más detalle en la siguiente sección (Zoom en los operadores).

Observación

En esta sección no hay ninguna referencia a los tipos de TypeScript. Siempre que se menciona un tipo, es un tipo de JavaScript determinado durante la interpretación del código.

7.1 Operadores aritméticos

TypeScript le permite utilizar los operadores aritméticos clásicos existentes en la gran mayoría de los lenguajes de programación.

Tabla resumen de operadores aritméticos:

Operador	Descripción
+	Suma
-	Resta
*	Multiplicación
**	Exponenciación
/	Resta
%	Residuo (módulo)

7.2 Operadores unarios

Algunos operadores se pueden utilizar con dos operandos; hablamos de operadores binarios. Cuando se pueden utilizar con un único operando, se denominan operadores unarios.

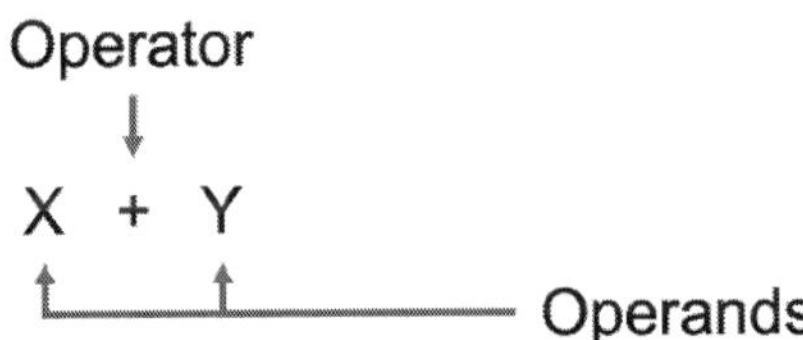

Tabla resumen de operadores unarios:

Operador	Descripción
`+`	Convierte el operando en `number`.
`-`	Convierte el operando en `number` y luego aplica una negación.
`++`	Incrementa el operando en 1.
`--`	Disminuye el operando en 1.
`!`	Convierte el operando a `boolean` y aplica una negación.
`delete`	Elimina una propiedad de un objeto o un elemento de una matriz.
`typeof`	Devuelve el tipo del operando en forma de cadena de caracteres.
`void`	Evalúa el siguiente operando como `undefined`.

7.3 Operadores de comparación

Los operadores de comparación se utilizan para producir valores de tipo `booleano`. Existen en la mayoría de los lenguajes de programación. Hay dos categorías: operadores relacionales y operadores de igualdad.

Tabla resumen de operadores relacionales:

Operador	Descripción
`<`	Superior
`>`	Inferior
`<=`	Mayor que o igual a
`>=`	Menor que o igual a
`in`	Permite determinar si una propiedad pertenece a un objeto.
`instanceof`	Permite determinar si un objeto es una instancia de otro objeto.

Tabla resumen de operadores de igualdad:

Operador	Descripción
==	Igualdad
===	Igualdad estricta
!=	Desigualdad
!==	Desigualdad estricta

7.4 Operadores lógicos combinatorios

Los operadores lógicos combinatorios permiten manipular operandos de tipo `booleano` para producir un nuevo valor del mismo tipo. Son particularmente útiles cuando se utilizan condiciones.

Tabla resumen de operadores lógicos combinatorios:

Operador	Descripción
&&	Devuelve `true` si ambos operandos se pueden convertir en `true`.
||	Devuelve `true` si cualquiera de los operandos se puede convertir en `true`.
!	Devuelve `true` si el operando devuelve `false`.

8. Zoom en los operadores

Observación

En esta sección no hay ninguna referencia a los tipos de TypeScript. Siempre que se menciona un tipo, es un tipo de JavaScript determinado durante la interpretación del código.

8.1 Operadores unarios + y -

Los operadores unarios + y – convierten una cadena de caracteres a su equivalente de tipo `number`. Por lo tanto, si la cadena es un número entero, seguirá siendo un número entero; lo mismo ocurre con un número de punto flotante.

Ejemplo:

```
// Log: 100.20
console.log(+"100.20");

// Log: -100.20
console.log(-"100.20");

// Log: 100
console.log(parseInt("100.20"));
```

Observación

En este ejemplo, la última línea utiliza el método global `parseInt()`, que convierte una cadena de caracteres en su equivalente entero.

8.2 Operador unario !

La doble negación `!!` es una notación que se usa a menudo en TypeScript. Este es un doble uso del operador unario !, que convierte el operando a `boolean`. La primera `!` convierte el operando en un `boolean` y le aplica una negación (por lo tanto, los llamados valores *falsy* devuelven `true` y todos los demás devuelven `false`). El segundo `!` aplica una negación al operando previamente convertido para volver a una situación más comprensible (los llamados valores *falsy* devuelven `false` y todos los demás devuelven `true`).

Ejemplo:

```
const employee = {
  firstName: "Evelyn",
  lastName: "Miller",
  status: 0 }

;

const hasStatus = !!employee.status;
```

```
// Log: false
console.log(hasStatus);
```

8.3 Operadores == y ===

Es esencial comprender la particularidad de las igualdades/desigualdades estrictas. En el caso de igualdad no estricta (operador ==), se realiza una conversión de tipo en los operandos para comparar solo su valor. En el caso de igualdad estricta, primero se comparan los tipos y, si son distintos, la igualdad falla (y, por lo tanto, devuelve `false`). El mismo concepto se aplica al operador de desigualdad.

Ejemplo:

```
// Log: true
console.log(1 == "1");

// Log: false
console.log(1 === "1");

// Log: true
console.log(1 == true);

// Log: false
console.log(1 === true);
```

En el ejemplo, la primera llamada a `console.log()` devuelve `true` porque el operando correcto se convierte en una cadena y luego se realiza la comparación. En el segundo ejemplo, los tipos se comparan primero y, por lo tanto, la igualdad devuelve `false`.

Observación

¡Se recomienda encarecidamente utilizar operadores estrictos de igualdad/desigualdad tanto como sea posible! Los operadores no estrictos pueden producir resultados inesperados.

Ejemplo (trampa de igualdad/desigualdad no estricta):

```
// Log: false
console.log("0" == 0);

// Log: true
console.log(0 == "");

// Log: true
console.log(0 == "0");
```

Observación

En la mayoría de los ejemplos anteriores, TypeScript informará errores en el momento de la compilación. El compilador comprueba que los dos operandos sean comparables y, por tanto, evita una comparación que arrojaría siempre el mismo resultado.

8.4 Operadores || y &&

Estos operadores son evaluados de una forma un tanto particular; hablamos de *short circuitevaluation*. En el caso del operador `&&`, si el primer operando se evalúa como `false`, el segundo nunca se evalúa. En el caso del operador `||`, es lo contrario: si el primer operando se evalúa como `true`, entonces el segundo nunca se evalúa.

Ejemplo:

```
function throwError() {
  throw new Error("I'm evaluate");
}

if (true || throwError()) {
  //...
}

if (false && throwError()) {
  //...
}
```

En este ejemplo, la función `throwError()` nunca se ejecuta. Precisamente por eso el operador `&&` se utiliza a veces para omitir la ejecución de una función.

Ejemplo:

```
function treatStatus(status: number) {
  //...
}

const employeesStatus = 0;
const result = employeesStatus && treatStatus(employeesStatus);
```

Mediante el uso del operador `&&`, la función se ejecuta si y solo si la variable `EmployeeStatus` es *truthy* (evaluada como `true`). Por tanto, en el ejemplo, la función no se ejecuta.

El operador `||` se utiliza a menudo para dar un valor predeterminado a las variables.

Ejemplo:

```
const employeesName = ["Evelyn", "Patrick", "Mike"];

const findName = employeesName.find(x => x === "Elena") || "John";

// Log: John
console.log(findName);
```

Utilizado de esta manera, el operador `||` devuelve el primer operando que contiene el llamado valor *truthy*; de lo contrario, devuelve el último operando. Al llamar al método `find()` en la matriz `employeesName`, devuelve `undefined`. Como este valor es *falsy*, el intérprete comprueba si el segundo operando es *truthy*. Este es el caso en este ejemplo, por lo que se devuelve el valor «`John`» y se asigna a la variable `findName`.

8.5 Operador de coalescencia nula (??)

El operador lógico ?? También utiliza la *short-circuit evaluation*. Su uso se parece mucho al del operador || que hemos visto anteriormente: se utiliza en particular para dar un valor predeterminado a las variables. Pero presenta una diferencia notable: evalúa el primer operando solo si es diferente de `null` o `undefined` (a diferencia del operador `||`, que evalúa el primer operando si es *no falsy*, es decir, diferente de 0, `""`, `false`, `NaN`, `null` o `undefined`).

Ejemplo:

```
const employees = ["Evelyn", "Virginia"];
const nameFound = employees.find(x => x === "Mike") ?? "John";

// Log: John
console.log(nameFound);
```

8.6 Operador de propagación

El operador de propagación (en inglés *spread operator*) se puede utilizar con objetos y matrices y permite desestructurarlos (consulte la sección Desestructuración).

Del lado de las matrices, se utiliza para:

- Pasar una matriz como parámetro a una función que requiere varios argumentos distintos.

Ejemplo:

```
function compareName(name1: string, name2: string) {
  //...
}

const employeesName = ["Evelyn", "Patrick"];
compareName(...employeesName);
```

- Copiar un arreglo (también llamada copia superficial).

Ejemplo:

```
const employeesName = ["Evelyn", "Patrick"];
const employeesNameCopy = [...employeesName];
```

Observación

A diferencia de la llamada copia profunda, una copia superficial copia la estructura de un elemento, y no los objetos que contiene. La nueva estructura resultante de esta copia contiene, por tanto, las mismas referencias que la fuente.

– Combinar dos arreglos.

Ejemplo:

```
const employeesName1 = ["Evelyn", "Patrick"];
const employeesName2 = ["Mike", "John"];
const employeesName = [...employeesName1, ...employeesName2];
```

Del lado del objeto, se utiliza principalmente para copiar propiedades de un objeto a otro.

Ejemplo:

```
const employee = {
  firstName: "Evelyn",
  lastName: "Miller"
};

const employeeWithStatus = {
  ...employee,
  status: 0
};
```

Observación

Preste atención, hacemos el mismo comentario que para los arreglos: esta copia no es profunda.

9. Bucles

En la gran mayoría de los lenguajes de programación, existen bucles que permiten repetir una secuencia de instrucciones. TypeScript ofrece el trío `for`, `while` y `do... while`. Tienen una sintaxis y funcionamiento similar al de otros lenguajes de programación. Es por eso por lo que no se describirán en esta sección, para dar prioridad a los bucles específicos de TypeScript.

9.1 Bucles for...in

En TypeScript, cada propiedad de un objeto está vinculada a un identificador (que en sí mismo es un objeto). Esto proporciona varios datos sobre una propiedad: ¿Es enumerable? ¿Es modificable? ¿Cuál es su valor?

Se dice que una propiedad es enumerable si su descriptor tiene la propiedad enumerable establecida en `true`.

Ejemplo (descriptor de propiedad):

```
const person = {};

Object.defineProperty(person, "firstName", {
  configurable: true,
  enumerable: true,
  writable: true,
  value: "Evelyn"
});
// Log: Evelyn
console.log(person.firstName);
```

El bucle `for...in` permite iterar sobre las claves de las propiedades enumerables de un objeto.

Sintaxis:

```
for (let/const key in object) {
// ...
}
```

Ejemplo:

```
const person = {};

Object.defineProperty(person, "firstName", {
  configurable: true,
  enumerable: true,
  writable: true,
  value: "Evelyn"
});

Object.defineProperty(person, "age", {
  configurable: true,
  enumerable: false,
  writable: true,
  value: 34
});

// Log: firstName
for (const key in person) {
  console.log(key);
}
```

El bucle `for...in` también se puede utilizar con arreglos y cadenas.

Ejemplo:

```
const employees = ["Evelyn", "Patrick"];

// Log: Evelyn
// Log: Patrick
for (const idx in employees) {
  console.log(employees[idx]);
}

const firstName = "Zac";

// Log: Z
// Log: a
// Log: c
for (const idx in firstName) {
  console.log(firstName[idx]);
}
```

El bucle `for...in` solo permite acceder a valores a través de claves (o índices en el caso de una matriz y una cadena).

9.2 Bucle for...of

A diferencia del bucle `for...in`, que devuelve índices para cadenas y matrices, el bucle `for...of` permite iterar directamente sobre los valores.

Sintaxis:

```
for (let/const value of object) {
// ...
}
```

Ejemplo:

```
const employees = ["Evelyn", "Patrick"];

// Log: Evelyn
// Log: Patrick
for (const employee of employees) {
  console.log(employee);
}

const firstName = "Zac";

// Log: Z
// Log: a
// Log: c
for (const char of firstName) {
  console.log(char);
}
```

El bucle `for...of` solo le permite iterar sobre los llamados objetos iterables. Para que un objeto sea iterable, debe respetar el protocolo *Iterator* definido por las especificaciones ECMAScript 2015.

Observación

Este protocolo se implementará en los ejemplos de la sección Iteración y colecciones.

10. Symbol

El tipo `Symbol` es un nuevo tipo primitivo estandarizado por ECMAScript 2015. Le permite representar datos únicos e inmutables.

Sintaxis:

```
let/const variable = Symbol("optional description");
```

Ejemplo:

```
const mySymbol1 = Symbol();
const mySymbol2 = Symbol();
const mySymbol3 = Symbol(42);
const mySymbol4 = Symbol("description");

// Compilation Error TS2367: This condition will always return
// 'false' since the types 'unique symbol' and 'unique symbol'
// have no overlap
console.log(mySymbol1 === mySymbol2);

// Log: symbol
console.log(typeof mySymbol1);
```

En este ejemplo, TypeScript informa un error de compilación que impide comparar los dos símbolos. Al ser únicos, esta comparación siempre devolverá `false` en tiempo de ejecución.

Los símbolos se pueden utilizar como claves dentro de un objeto. Este es también su principal caso de uso. El hecho de que los símbolos sean únicos garantiza que las claves nunca entrarán en conflicto con otras claves del objeto (cadena o símbolo).

Ejemplo:

```
const employee = {
  firstName: "Evelyn",
  lastName: "Miller",
  status: 0
};

const specialStatus = Symbol("status");

employee[specialStatus] = 5;
```

```
// Log: 5
console.log(employee[specialStatus]);

// Log: 0
console.log(employee["status"]);
```

A diferencia de las cadenas de caracteres, los símbolos tienen varias particularidades.

En primer lugar, es necesario utilizar un método especialmente diseñado para acceder a las claves de tipo `symbol` de un objeto: `getOwnPropertySymbols()`. Los métodos clásicos para acceder a las claves de un objeto, como el bucle `for...in` o el método `Object.key()`, no permiten el acceso a claves de tipo `symbol`.

Ejemplo:

```
const employee = {
  firstName: "Evelyn",
  lastName: "Miller"
};

const specialStatus = Symbol("status");

employee[specialStatus] = 5;

// Log: ["firstName", "lastName"]
console.log(Object.keys(employee));

// Log: ["firstName", "lastName"]
console.log(Object.getOwnPropertyNames(employee));

// Log: firstName, lastName
for (const key in employee) {
 console.log(key);
}

// Log: [Symbol(status)]


console.log(Object.getOwnPropertySymbols(employee));
```

El hecho de que las claves de `tipo symbol` no aparezcan durante las iteraciones de las claves de un objeto permite almacenar datos secundarios (metadatos).

En segundo lugar, un `symbol` no se puede convertir a otro tipo primitivo, ya que esto provocaría un error cuando se ejecute el programa. TypeScript generará un error en el momento de la compilación indicando que es imposible utilizar operadores en un tipo de `symbol`.

Otra particularidad es que no siempre son únicos. Es posible compartirlos a través de un directorio global. Este directorio ofrece la posibilidad de guardar y recuperar símbolos.

Ejemplo:

```
const employee = {
  firstName: "Evelyn",
  lastName: "Miller"
};

const specialStatus = Symbol("status");
const specialStatus2 = Symbol.for("status");
const specialStatus3 = Symbol.for("status");

// Log: false
console.log(specialStatus === specialStatus2);

// Log: true
console.log(specialStatus2 === specialStatus3);

// Log: undefined
console.log(Symbol.keyFor(specialStatus));

// Log: status
console.log(Symbol.keyFor(specialStatus2));
```

Observación

En este ejemplo, TypeScript informa errores en la primera y segunda llamadas a `console.log()`. Para el primer caso, TypeScript detecta que esta expresión siempre devolverá `false`. En el segundo caso, la línea devuelve `true` en tiempo de ejecución, mientras que TypeScript genera un error que indica que esta expresión siempre devolverá `false`. Actualmente, solo existe un tipo `symbol` y es necesariamente único. Por lo tanto, el caso presentado en el ejemplo no tiene fundamento en la actualidad.

En el ejemplo anterior, el símbolo `specialStatus` es único y no está registrado en el directorio global porque la llamada a `Symbol.keyFor()` devuelve `undefined`. Las otras dos variables, `specialStatus2` y `specialStatus3`, contienen el mismo *símbolo*.

Dado que las claves de tipo `symbol` de un objeto nunca pueden entrar en conflicto entre sí, TC39 las utiliza para agregar nuevos puntos de extensión en objetos nativos. Por tanto, existen símbolos nativos que se pueden añadir a los objetos para ampliarlos y ofrecerles la posibilidad, por ejemplo, de ser iterables. Estos símbolos nativos son propiedades estáticas del objeto Symbol. Al ser únicos, no es probable que introduzcan regresiones causadas por colisiones de nombres. Se les llama *well-know symbol*.

He aquí algunos ejemplos:

- `Symbol.iterator`: permite hacer iterable un objeto o redefinir la forma en que se itera (en el caso de que ya sea iterable).
- `Symbol.toPrimitive`: permite definir/redefinir cómo se convierte un objeto a un tipo primitivo.
- `Symbol.hasInstance`: permite anular el comportamiento del operador `instanceof`.

Ejemplo:

```
let employee = {
  firstName: "Evelyn",
  age: 42,
  [Symbol.toPrimitive](hint) {
    console.log(hint);
    switch (hint) {
      case "string":
        return this.firstName;
      case "number":
        return this.age;
      default:
        return this.toString();
    }
  }
};

// Log: Evelyn
console.log(`${employee}`);
```

```
// Log: 42
console.log(+employee);

// Log: [object Object]
console.log(employee + "");
```

El intérprete de JavaScript utilizará el *well-know symbol* para saber cómo procesar un objeto. En el ejemplo anterior, los operadores se utilizan para convertir un objeto en diferentes tipos primitivos. Al convertir el objeto, el intérprete comprueba si tiene un método con el *well-know symbol* `Symbol.toPrimitive`. Si es así, usa esa tecla para llamar a la función asociada; de lo contrario, llama al comportamiento predeterminado.

11. Iteración y colecciones

11.1 Iterador

Ciertas funcionalidades solo operan en los llamados «objetos iterables». Para que un objeto sea iterable, debe respetar el protocolo *Iterator* especificado por ECMAScript 2015. Le permite definir la forma de iterar sobre un objeto. Algunos objetos JavaScript lo implementan de forma nativa y, por lo tanto, se denominan objetos iterables (ejemplo: arreglo, cadena de caracteres, `Map/Set...`).

Para cumplir con el protocolo, un objeto iterable debe tener un método con clave `[Symbol.iterator]` que devuelva un objeto llamado *iterador*. El objeto *iterador* debe tener un método llamado `next()` que calculará cómo obtener el siguiente elemento de la secuencia. Este método debe devolver un objeto que contenga dos propiedades:

- `done`: valor de tipo `boolean` que indica si quedan elementos en la secuencia.
- `value`: valor de la última iteración.

Dado que no todos los objetos son iterables de forma nativa, es posible implementar el protocolo *Iterator* para que lo sean.

Ejemplo (for...of con iteración personalizada):

```
const iterableEmployees = {
  [Symbol.iterator]() {
    let counter = 0;
    const iterator = {
      next() {
        counter++;
        if (counter === 1) {
          return { value: "Evelyn", done: false };
        } else if (counter === 2) {
          return { value: "Patrick", done: false };
        } else {
          return { value: undefined, done: true };
        }
      }
    };

    return iterator;
  }
};

// Log: Evelyn
// Log: Patrick
for (const value of iterableEmployees) {
  console.log(value);
}
```

Observación

En este ejemplo, TypeScript generará un error si, en las opciones de compilación, el destino es ES5 o ES3 con la opción `--downlevelIteration` habilitada. Esta opción cambiará la forma en que TypeScript transpila el bucle `for...of`. En caso de que no sea necesario transpilar a ECMAScript 5/3, o si las iteraciones solo se realizan en matrices (o cadenas), entonces la opción `--downlevelIteration` no es útil. En caso contrario, es necesario habilitarlo para que TypeScript transpile código JavaScript que cumpla con las especificaciones ECMAScript 2015.

En este ejemplo, se crea un objeto literal que implementa un método con clave [Symbol.iterator]. Esto lo convierte en un objeto llamado iterable. Sin embargo, existen otros métodos/operadores que solo se pueden utilizar con los llamados objetos iterables:

- El operador de propagación, representado por la notación «...».
- El método estático Array.from(). Permite crear un nuevo arreglo a partir de una colección iterable.
- Desestructuración utilizando la sintaxis dedicada a las matrices (usando corchetes).
- Los constructores de las estructuras Map y Set.

Hay otra forma de crear un objeto iterador sin devolver un objeto que contenga el método next(): los generadores.

11.2 Generadores

Un generador es una función especial precedida por el carácter * que actúa como fábrica de iteradores. Simplifican enormemente su creación.

Ejemplo:

```
const iterableEmployees = {
  *[Symbol.iterator]() {
    yield "Evelyn";
    yield "Patrick";
  }
}

// Log: Evelyn
// Log: Patrick
for (const value of iterableEmployees) {
  console.log(value);
}
```

Para lograr el mismo resultado que en el ejemplo mostrado en la sección anterior, el código necesario requiere menos líneas. El operador yield proporciona el siguiente valor para iterar.

11.3 Map y set

11.3.1 Map

`Map` permite representar colecciones de claves/valores.

Ejemplo:

```
const employeesMap = new Map([[1, "Evelyn"], [2, "Patrick"]]);

employeesMap.set(3, "John");

// Log: 3
console.log(employeesMap.size);

// Log: Evelyn
console.log(employeesMap.get(1));

// Log: false
console.log(employeesMap.has(4));
employeesMap.delete(2);

// Log: 2
console.log(employeesMap.size);
employeesMap.clear();

// Log: 0
console.log(employeesMap.size);
```

Esta estructura puede verse como una matriz de doble entrada donde las claves pueden ser de cualquier tipo: `string`, `number`, `object`... Al igual que las matrices, `Map` no es un tipo completo en JavaScript; es un objeto.

Ejemplo:

```
const employeesMap = new Map([[1, "Evelyn"], [2, "Patrick"]]);

// Log: object
console.log(typeof employeesMap);
```

TypeScript tiene su propio tipo para representar esta estructura.

Sintaxis:

```
let/const variable: Map<type1, type2>;
```

Al igual que con otros tipos, `Map` solo se especifica si y solo si la deducción de tipo no funciona.

11.3.2 Set

La estructura `Set` permite representar una colección unidimensional que no puede contener duplicados.

Ejemplo:

```
const employeesSet = new Set(["Evelyn", "Patrick", "Evelyn"]);

// Log: 2
console.log(employeesSet.size);

// Log: true
console.log(employeesSet.has("Patrick"));
employeesSet.delete("Patrick");

// Log: 1
console.log(employeesSet.size);
employeesSet.clear();

// Log: 0
console.log(employeesSet.size);
```

En este ejemplo, durante la asignación, hay tres cadenas de caracteres presentes en el arreglo, pero cuando se llama al método `size()` solo hay dos elementos. Al crear un `Set`, el arreglo pasado como parámetro se duplica antes de usarse para inicializar la nueva instancia.

Al igual que el objeto `Map`, `Set` es de tipo objeto en JavaScript, mientras que tiene su propio tipo en TypeScript.

Sintaxis:

```
let/const variable: Set<type>;
```

Observación

¿Por qué utilizar `Map` y `Set` en lugar de un simple objeto? Para almacenar pares clave/valor, se debe preferir el objeto `Map`. De hecho, a diferencia de los objetos, es más fácil obtener su tamaño. Sus claves pueden ser de cualquier tipo, a diferencia del objeto (donde las claves deben ser cadenas o símbolos) y es iterable de forma nativa. Para obtener una colección de valores sin duplicados, debe utilizar el objeto `Set`.

11.3.3 WeakMap y WeakSet

Los objetos `Map` y `Set` tienen cada uno una contraparte: `WeakMap` y `WeakSet`. Para los `Map`, es posible tener objetos como claves. En el caso de que ya no se haga referencia a un objeto, excepto en el objeto `Map` como clave, nunca se libera. Por lo tanto, siempre ocupa espacio en la memoria provocando así una pérdida de esta. En este caso concreto, es preferible utilizar un objeto `WeakMap`. Al igual que el objeto `Map`, toma objetos como clave, pero los libera si la última referencia de uno de sus objetos ya no se utiliza en otro lugar. Es el mismo concepto para `Set` y `WeakSet`, que permiten liberar objetos si su última referencia existente está dentro de un objeto `WeakSet`.

12. Funciones

Las funciones existen en la gran mayoría de los lenguajes de programación. En TypeScript, tienen una cierta cantidad de especificidades y su dominio se vuelve esencial para la programación funcional (consulte el capítulo TypeScript y la programación funcional).

12.1 Los conceptos básicos

Es posible declarar una función de dos maneras:

Sintaxis (estándar):

```
function functionName(param1: type, param2: type, ...): type {
// ...
}
functionName (arg1, argN);
```

Sintaxis (asignación en una variable):

```
const functionAlias = function functionName(
  param1: type,
  param2: type,
  ...
): type {
// ...
}
functionAlias (arg1, argN);
```

En la segunda sintaxis, la variable `fnAlias` obtendrá una referencia que apunta al área de memoria donde está declarada la función `fn`. Las funciones declaradas de esta manera tienen ventajas si se utilizan como parámetros de otras funciones (consulte el capítulo TypeScript y la programación funcional) o en el caso de las *closures* (cierres en español, consulte la sección Closures).

TypeScript no puede inferir el tipo de parámetros de función, por lo que es necesario especificarlos. Sin embargo, se puede inferir el tipo de retorno de las funciones.

Ejemplo (Visual Studio Code):

```
function isEmployable(hasResume: boolean, age: number): boolean
function isEmployable(hasResume: boolean, age: number) {
    return hasResume && age >= 18;
}
```

Los parámetros de una función pueden tener un valor predeterminado.

Ejemplo:

```
function isEmployable(hasResume = false, age = 18) {
  return hasResume && age >= 18;
}

isEmployable();
isEmployable(true);
isEmployable(true, 20);
```

Observación

Al declarar un parámetro con un valor predeterminado, no es necesario especificar el tipo de parámetro. El compilador puede inferirlo.

Los parámetros de una función se pueden definir como opcionales agregando el carácter «?» después del nombre del parámetro.

Ejemplo:

```
function isEmployable(hasResume = false, age?: number) {
  return hasResume && age && age >= 18;
}

isEmployable();
isEmployable(true);
isEmployable(true, 20);
```

La única restricción es que un parámetro opcional no puede ir seguido de un parámetro obligatorio. Si no se respeta esta restricción, TypeScript arroja un error de compilación.

Ejemplo:

```
// Compilation Error TS1016:
//A required parameter cannot follow an optional parameter
function isEmployable(hasResume?: boolean, age: number) {
  return hasResume && age && age >= 18;
}
```

12.2 Parámetro rest

Una función puede aceptar un número indefinido (n) de parámetros. Al crear una función, se le adjunta una variable especial llamada `arguments`. Esta variable le permite recuperar todos los parámetros pasados a una función, incluidos aquellos no definidos en su declaración.

Ejemplo:

```
function fnCalculateSalary(salary: number) {
  const salaryAndBonus = Array.from(arguments);
  return salaryAndBonus.reduce((prev, next) => prev + next);
}

// Compilation Error TS2554:
// Expected 1 argument, but got 3.
console.log(fnCalculateSalary(100, 40, 2));
```

En este ejemplo, TypeScript informa un error en tiempo de compilación que indica que la función espera solo un parámetro, pero que se le han proporcionado tres. Por lo tanto, el uso de la variable especial `arguments` está limitado por el lenguaje.

Observación

La variable `arguments` alguna vez fue ampliamente utilizada, pero tiene muchas desventajas. Es por esto por lo que su uso se considera una mala práctica desde el lanzamiento de ECAMScript 2015.

Cuando se lanzó ECMAScript 2015, se puso a disposición de los desarrolladores una nueva notación: el parámetro `rest` (representado por la notación «`...`»).

Antepone el último parámetro de una función, para indicar que acepta un número indefinido de argumentos. Este parámetro es una matriz que recupera todos los argumentos no definidos previamente.

Ejemplo:

```
function fnCalculateSalary(salary: number, ...bonus: number[]) {
  return salary + bonus.reduce((prev, next) => prev + next);
}

// Log: 142
console.log(fnCalculateSalary(100, 40, 2));
```

Observación

Se prefiere esta notación al uso del parámetro especial `arguments`.

Debido a que este parámetro especial recupera todos los argumentos no definidos previamente, siempre debe ser el último en el orden de los parámetros de una función. Hay una excepción a esta regla: las tuplas. El parámetro `rest` se puede colocar en cualquier lugar al declarar un tipo tupla.

Ejemplo:

```
const evelyn: [number, ...string[], number] = [
  100,
  "Evelyn",
  "Miller",
  34
];
```

Sin embargo, existe una limitación particular. Dentro de una tupla, un parámetro `rest` no puede ir seguido de otro parámetro `rest` o de un tipo opcional. Si no se respeta esta restricción, TypeScript arrojará un error de compilación.

Ejemplo:

```
// Compilation Error TS1266:
// An optional element cannot follow a rest element
const evelyn: [number, ...string[], number?] = [
  100,
  "Evelyn",
  "Miller",
  34
];

// Compilation Error TS1265:
// A rest element cannot follow another rest element
const john: [number, …string[], ...number[]] = [
  100,
  "John",
  "Riley",
  42
];
```

12.3 Closures

Una función puede devolver otra.

Ejemplo:

```
function fnWelcome(firstName: string) {
  return function() {
    return `Welcome ${firstName}`;
  };
}

const welcome = fnWelcome("Evelyn");

// Log: Welcome Evelyn
console.log(welcome());
```

Cuando se crea una función, el intérprete de JavaScript creará un alcance vinculado a esta función. Esto definirá un área en la que vivirán las variables y no será accesible desde el exterior. Una subfunción tiene acceso al alcance de su función principal. En consecuencia, si las variables se definen en la función principal, la subfunción devuelta mantendrá estas variables en la memoria: este es el principio de un *closure*. Por lo tanto, esto permite generar funciones preprogramadas que acceden a variables definidas en la función o las funciones padres.

Ejemplo:

```
function fnNameBuilder(lastName) {
  return function(firstName) {
    return `${firstName} ${lastName}`;
  };
}

const familyMillerBuilder = fnNameBuilder("Miller");

// Log: Evelyn Miller
console.log(familyMillerBuilder("Evelyn"));

// Log: Patrick Miller
console.log(familyMillerBuilder("Patrick"));
```

```
const familyAdamsBuilder = fnNameBuilder("Adams");

// Log: John Adams
console.log(familyAdamsBuilder("John"));

// Log: Mike Adams
console.log(familyAdamsBuilder("Mike"));
```

Al llamar a la función `fnNameBuilder()`, se devuelve una subfunción. El parámetro `lastname` se mantiene en la memoria y se adjunta al alcance de esta subfunción.

Los *closures* no son una capacidad específica de TypeScript y existen en casi todos los lenguajes (C#, Java, PHP, Scala...).

12.4 This y las funciones flecha

En muchos lenguajes orientados a objetos, la palabra clave `this` siempre se refiere a la instancia actual (consulte el capítulo Programación orientada a objetos). En TypeScript, puede variar cada vez que se llama a una función. Este es particularmente el caso cuando se llama a:

- Una función (modo strict deshabilitado): el valor de `this` será el objeto global `window`.

Ejemplo:

```
function fn() {
  console.log(this);
}

// Log: Window {postMessage: ƒ, blur: ƒ, focus: ƒ, ... }
fn();
```

- Una función (modo strict habilitado): el valor de `this` será `undefined`.

Ejemplo:

```
"use strict";

function fn() {
  console.log(this);
}

// Log: undefined
fn();
```

– Un método de un objeto: `this` tendrá el valor del objeto con este método.

Ejemplo:

```
const employee = {
  firstName: "Evelyn",
  loadWork() {
    console.log(`${this.firstName} is working`);
  }
};
// Log: Evelyn is working
employee.loadWork();
```

En algunos casos es útil poder modificar el valor de `this`.

Ejemplo:

```
const employee = {
  firstName: "Evelyn",
  loadWork() {
    return function working() {
      console.log(`${this.firstName} is working`);
    };
  }
};

const work = employee.loadWork();

// Log: undefined is working

work();
```

En el ejemplo anterior, llamar a `this.firstName` devuelve `undefined`. Como se vio anteriormente, `this` se refiere al objeto en sí cuando se usa dentro de un método de este. Sin embargo, `this` aquí se usa en una función y, por lo tanto, no tiene acceso al objeto. Para modificar este comportamiento, el `this` contenido en la función debe tener acceso al valor del `this` padre. Existen varios métodos para cambiar este comportamiento, incluido el uso del método `bind()` (estandarizado por ECMAScript 5), que le permite definir el valor de `this` al llamar a una función.

Ejemplo:

```
const employee = {
  firstName: "Evelyn",
  loadWork() {
    return function working() {
      console.log(`${this.firstName} is working`);
    }.bind(this);
  }
};

const work = employee.loadWork();

// Log: undefined is working
work();
```

Para mejorar la legibilidad del código, ECMAScript 2015 define otra alternativa más utilizada hoy en día: las funciones flecha.

Ejemplo:

```
const employee = {
  firstName: "Evelyn",
  loadWork() {
    return () => {
      console.log(`${this.firstName} is working`);
    };
  }
};

const work = employee.loadWork();

// Log: Evelyn is working
work();
```

Cuando se utiliza una función flecha, esta reutiliza sistemáticamente el valor del `this` padre. Pero tenga cuidado; no es obligatorio utilizar las funciones flecha. Por ejemplo, su uso para definir un método de un objeto es superfluo.

Ejemplo:

```
const employee = {
  firstName: "Evelyn",
  loadWork: () => {
    console.log(`${this.firstName} is working`);
  }
};

// Log: undefined is working
employee.loadWork();
```

En este caso específico, es preferible utilizar una función clásica, donde `this` se referirá al objeto en sí.

Por tanto, las funciones flecha son una buena solución en la mayoría de los casos, pero no son la respuesta a todo.

Observación

Existe una particularidad en TypeScript: la opción de compilación `--noImplicitThis`. Esta opción permite informar errores de compilación cuando TypeScript no puede deducir el valor de `this`. La ventaja de esta opción es que todos los ejemplos anteriores donde `this` tenía el valor del objeto global (`window`) o `undefined` habrían generado un error durante la compilación.

Ejemplo:

```
const employee = {
  firstName: "Evelyn",
  loadWork: () => {
    // Compilation Error TS7041: The containing arrow
    // function captures the global value of 'this'.
    console.log(`${this.firstName} is working`);
  }

};

const employee2 = {
```

```
  firstName: "Evelyn",
  loadWork() {
    return function working() {
      // Compilation Error TS2683: 'this' implicitly has
      // type 'any' because it does not have a type annotation.
      console.log(`${this.firstName} is working`);
    };
  }
};
```

En TypeScript, es posible tipar `this` en la entrada de una función. Para hacer esto, debe declarar un parámetro `this` falso. Esto puede ser útil para:

– Ayudar al compilador si no puede deducir correctamente el tipo de `this`.
– Evitar el uso de `this` dentro de una función.

Ejemplo:

```
const employee = {
  firstName: "Evelyn",
  loadWork(this: void) {
    return () => {
      // Compilation Error TS2339: Property 'firstName'
      // does not exist on type 'void'.
      console.log(`${this.firstName} is working`);
    };
  }
};

const work = employee.loadWork();

work();
```

Observación

Este parámetro especial siempre debe estar en la primera posición en el orden de parámetros de una función.

12.5 Tipo función

TypeScript puede inferir el tipo de una función una vez que sus parámetros están tipados. Sin embargo, si una función espera otra función como parámetro, puede resultar útil definir un tipo de función. Es posible tipar una función con un tipo anónimo, tal como ocurría con los objetos.

Ejemplo:

```
const fnHireEmployee: (
  firstName: string,
  age: number
) => void = (
  firstName,
  age
) => {
  //...
};
```

Observación

Cuando una variable está tipada con un tipo de función, se puede utilizar la sintaxis de la función flecha para facilitar la lectura del código. En el resto del libro, las variables tipadas con tipos de función siempre se escribirán utilizando esta sintaxis.

Definir tipos de función reutilizables es muy importante en la programación funcional. El tipo anónimo que se muestra antes no es el método óptimo porque complica la legibilidad del código y no es reutilizable. Para definir correctamente un tipo de función, es preferible usar los alias de tipo (consulte el capítulo Sistema de tipos avanzados) o una interfaz (capítulo Programación orientada a objetos).

13. Prototipo

En TypeScript, cada objeto tiene una propiedad que contiene un enlace a otro objeto denominado prototipo (llamado `__proto__`). Este mismo objeto prototipo contendrá un enlace a otro objeto prototipo y así sucesivamente; de ahí el nombre «cadena de prototipos».

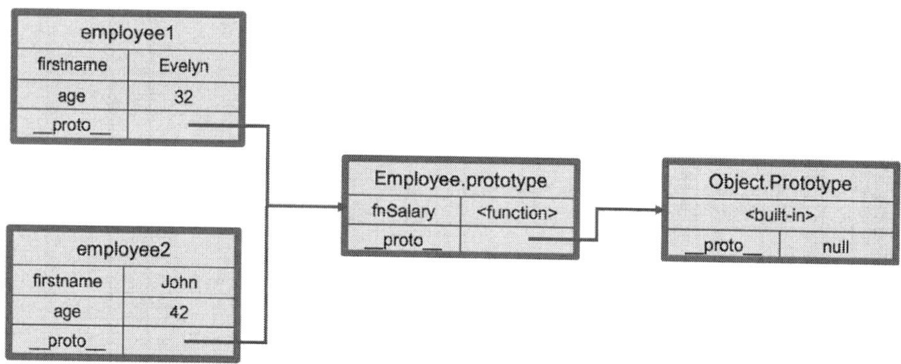

Estos objetos prototipo tienen propiedades y métodos que se comparten entre todos los objetos que hacen referencia a ellos como prototipos (a través de su cadena de prototipos). Por tanto, cada objeto tiene métodos/propiedades propios y métodos/propiedades pertenecientes a los objetos prototipo que forman parte de su cadena. Cuando el intérprete de JavaScript intenta resolver una llamada a una propiedad, primero busca en las propiedades específicas del objeto y luego avanza en la cadena del prototipo hasta encontrar la propiedad.

Cada objeto hace referencia, al menos, a un prototipo en su cadena: `Object.prototype`. Este contiene métodos y propiedades específicas de los objetos. Por eso se dice habitualmente que en TypeScript todo es un objeto. Las matrices, los objetos literales, las funciones, pero también los tipos primitivos (que pueden envolverse con su respectivo contenedor de objetos) hacen referencia al prototipo de los objetos en su cadena.

Observación

Las clases estandarizadas por ECMAScript 2015 son solo azúcares sintácticos destinados a hacer más intuitiva la programación orientada a objetos en JavaScript (consulte el capítulo Programación orientada a objetos).

14. Gestión de excepciones

En TypeScript, existe el bloque `try/catch/finally`, que permite manejar las excepciones que ocurren durante la ejecución del programa.

Sintaxis:

```
try {
  //...
} catch (e) {
  //...
} finally {
  //...
}
```

Ejemplo:

```
try {
  openSqlConnection()
} catch (e) {
  console.log('Error while trying to open SQL connection', e);
} finally {
  closeSqlConnection();
}
```

El bloque `try/catch` solo funciona en tiempo de ejecución. Por lo tanto, si la sintaxis del bloque no es válida, no funcionará.

Es posible activar excepciones utilizando la palabra clave `throw`.

Sintaxis:

```
throw new Error("message");
```

Ejemplo:

```
setEmployeeName(firstName: string) {
  if(typeof firstName !== 'string' {
    throw new Error('invalid parameter');

  }
}
```

La instancia de la clase `Error` guarda toda la información que permite localizar el origen de la excepción.

Observación

El concepto de clase se abordará en el capítulo Programación orientada a objetos.

Sin embargo, es posible generar una excepción sin crear una nueva instancia de la clase `Error`:

```
throw "message";
```

Tenga en cuenta que, en este ejemplo, la excepción lanzada solo contendrá el mensaje. Esto puede hacer que la depuración de la aplicación sea más compleja.

Observación

Es posible crear excepciones personalizadas extendiendo la clase `Error` mediante la palabra clave `extends` (consulte el capítulo Programación orientada a objetos).

Ejemplo:

```
class MyCustomError extends Error {
  constructor(message) {
    super(message);
    this.name = 'MyCustomError';
  }
}
```

En TypeScript, existen varios tipos de objetos que representan errores existentes. Por ejemplo:

- `ReferenceError`
- `TypeError`
- `...`

Sin embargo, no es posible utilizar un bloque `catch` para filtrar con precisión las excepciones derivadas de la clase `Error` (a diferencia de otros lenguajes de programación como C#, Java...). Para realizar este filtrado, es necesario utilizar bloques `if/else` o `switch`.

Ejemplo:

```
try {
  fn();
} catch (e) {
  if (e instanceof TypeError) {
    //...
  } else if (e instanceof RangeError) {
    //...
  } else {
    //...
  }
}
```

Observación

De forma predeterminada, el tipo de variable en la cláusula catch (e) es any. Como se ha visto anteriormente, any es un tipo peligroso que solo se debería utilizar en casos muy especiales. Desde TypeScript 4.4, es posible forzar el tipado de variables en la cláusula catch como unknown usando la opción de compilación `-useUnknownInCatchVariables`. Esta opción es una de las subopciones habilitadas por la opción de compilación `--strict`.

Para reaccionar ante una excepción sin manejarla específicamente, es posible declarar un bloque catch sin la variable de error.

Ejemplo:

```
try {
  fn();
} catch {
  //...
}
```

ECMAScript 2022 ahora permite especificar el motivo de un error utilizando la propiedad `cause`. Al recibir un error de llamadas anidadas, se proporciona más contexto y una mejor determinación de la causa del error.

Ejemplo:

```
const fetchEmployee = async (url: string) => {
  return fetch(url).catch(error => {
    throw new Error("Unable to fetch employee", {cause: error})
  })
}

try {
  const employee = await fetchEmployee("http://...");
} catch(error) {
  console.log(error);
    if (error instanceof Error) {
      console.log(`Caused by ${error.cause}`);
    }
}
```

Capítulo 3
Programación orientada a objetos

1. Introducción

La programación orientada a objetos (también conocida por las siglas: POO) es uno de los paradigmas de desarrollo más utilizados para la creación de aplicaciones. En los primeros tiempos de la programación, el software se creaba a partir de secuencias de instrucciones que se ejecutaban una tras otra; esto es lo que llamamos programación imperativa. Con el tiempo, los programas informáticos se han vuelto más complejos, lo que ha aumentado considerablemente la dificultad de mantenerlos y hacer que evolucionen. En la década de 1970, *Alan Kay* sentó las bases de la programación orientada a objetos. Este paradigma se hizo popular rápidamente y todavía se utiliza en la actualidad como base de muchos de los programas de software que utilizamos todos los días. Este estilo de programación permite organizar el software usando subconjuntos más pequeños, comúnmente llamados objetos. Cada uno de estos objetos contiene sus propios datos y lógica. Por lo tanto, los objetos son partes autónomas de un programa y tienen interacciones entre sí para que funcione.

TypeScript es uno de los llamados lenguajes *multiparadigma*. Por tanto, permite desarrollar aplicaciones utilizando programación imperativa, orientada a objetos o incluso funcional (consulte el capítulo TypeScript y la programación funcional). Las primeras versiones de TypeScript aportaron muchas capacidades sintácticas en torno a la programación orientada a objetos. Esta es una de las razones por las que el lenguaje se ha vuelto popular entre ciertas comunidades de desarrolladores, en particular C# y Java. Sin embargo, es importante tener en cuenta que, aunque TypeScript es sintácticamente similar a Java y C#, no es un equivalente. En realidad, las capacidades de los objetos de TypeScript siguen el estándar ECMAScript, pero el lenguaje también tiene sus propias particularidades. Estas diferentes capacidades se describirán en detalle en este capítulo.

2. Las clases

El primer concepto importante que se debe aprender al empezar con la programación orientada a objetos es el concepto de clase. Cada objeto debe ser creado por una clase. Esto se puede comparar con las instrucciones de fabricación que contienen toda la información necesaria para la creación de un objeto. Una vez definida, la clase se utiliza en el programa para crear un objeto; esto se denomina «instancia de clase». Puede crear tantos objetos como desee para que un programa funcione.

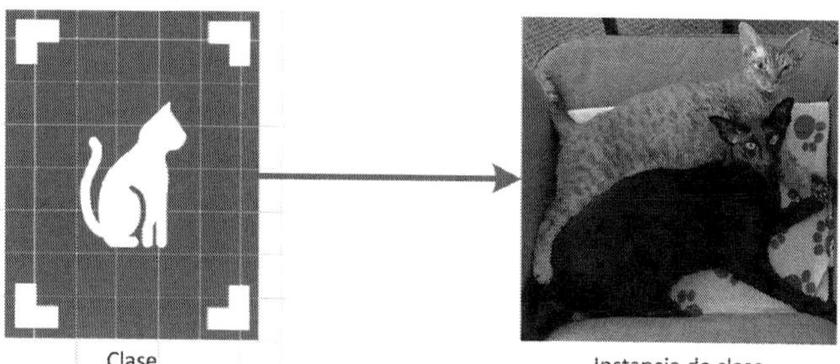

Posteriormente, los objetos interactuarán entre sí para que el programa funcione.

Para declarar una clase en TypeScript, es necesario usar la palabra clave `class`, darle un nombre y abrir las llaves para definir sus características.

Observación

El concepto de clase no es nuevo en JavaScript. La palabra clave `class` es un azúcar sintáctico basado en la noción de prototipo en el lenguaje (consulte el capítulo Tipos e instrucciones básicas). En ECMAScript 5, es posible definir una clase mediante una función constructora. Esta tiene la particularidad de definir la estructura de los objetos y crearlos. Desde ECMAScript 2015, se prefieren las clases a las funciones constructoras porque estas últimas tienen una sintaxis poco intuitiva.

Sintaxis:

```
class ClassName {
  // ...
}
```

Ejemplo:

```
class Employee {
  // ...
}
```

Observación

La denominación de clases en TypeScript sigue la convención conocida como «PascalCase». Este tipo de denominación especifica que cada palabra que compone el nombre de la clase debe tener su primera letra en mayúscula (ejemplo: `PaySplit`). Las clases y las interfaces son los únicos elementos en TypeScript que utilizan esta convención, lo que las hace fáciles de detectar al leer el código. Para todos los demás elementos, se utiliza la convención de nomenclatura «camelCase». Es similar a la convención «PascalCase», excepto que la primera letra está en minúscula (ejemplo: `firstName`).

Una vez declarada, la clase se puede utilizar para crear nuevas instancias. TypeScript considerará que cada una de estas instancias es del tipo definido por la clase. Para crear una instancia de una clase, se debe usar la palabra clave `new` y asignar la instancia a una variable.

Sintaxis:

```
let/const variable: ClassName = new ClassName();
```

Ejemplo:

```
const employee = new Employee();
```

Si es necesario, se pueden crear varias instancias de la misma clase; cada instancia es completamente independiente de las demás.

Ejemplo:

```
const employee1 = new Employee();
const employee2 = new Employee();

// Log: false
console.log(employee1 === employee2);
```

Con TypeScript, las clases se denominan «*first class citizen*» (objetos de primer orden), por lo que es posible asignarlas en variables.

Sintaxis:

```
let/const ClassName = class {
 // ...
};
```

Cuando una clase está contenida en una variable, se debe usar la palabra clave `new` en ella para crear una instancia de la clase.

Ejemplo:

```
const Employee = class {
  // ...
};

const employee = new Employee();
```

Observación

Esta sintaxis es más particular y, a veces, se utiliza en determinadas implementaciones más complejas. En el resto de este capítulo, los ejemplos de código no se basarán en esta sintaxis.

3. Propiedades

Dado que un objeto debe funcionar de forma autónoma, es necesario que mantenga un estado durante su uso. Este estado está contenido en el objeto en forma de datos. Por tanto, el estado de un programa en programación orientada a objetos corresponderá al conjunto de estados de cada instancia utilizada para hacerlo funcionar.

Para asignar datos a un objeto en TypeScript, se debe utilizar una propiedad. Estas se definen a nivel de clase y deben tiparse. Para declarar una propiedad, es suficiente con agregarla entre las llaves de la clase, dándole un nombre y luego especificando su tipo.

Sintaxis:

```
class ClassName {
  propertyName: type;
}
```

Ejemplo:

```
class Employee {
  firstName: string;
  lastName: string;
}
```

Una vez creada la instancia de una clase, es posible asignar valores a las diferentes propiedades, pero también recuperarlos. Las propiedades están disponibles utilizando un «.» después del nombre de la variable que contiene el objeto.

Ejemplo:

```
let employee = new Employee();
employee.firstName = "Evelyn";
employee.lastName = "Miller";

// Log: Evelyn

console.log(employee.firstName);

// Log: Miller
console.log(employee.lastName);
```

```
employee = new Employee();

// Log: undefined
console.log(employee.firstName);

// Log: undefined
console.log(employee.lastName);
```

Observación

De forma predeterminada, las propiedades se inicializarán con el valor `undefined`.

Este primer ejemplo plantea un problema de compilación cuando se inicia un proyecto de TypeScript con la configuración básica del compilador (obtenida ejecutando el comando `tsc --init`). De forma predeterminada, el compilador inicializa el proyecto con la opción `--strict` habilitada en el archivo `tsconfig.json`. Esta activa subopciones, incluida la opción `--strictPropertyInitialization`. Este última genera un error cuando los valores de las propiedades no se inicializan al crear una instancia de una clase. En el ejemplo anterior, las propiedades no se inicializan cuando se usa la palabra clave new, por lo que contienen el valor `undefinided`. Esta situación podría deberse a un error por descuido, razón por la cual TypeScript no lo permite de forma predeterminada.

Es posible forzar al compilador a que no informe este error utilizando el símbolo «!» al final del nombre de una propiedad (también llamado *definite assignment assertion operator*).

Ejemplo:

```
class Employee {
  firstName!: string;
  lastName!: string;
}

const employee = new Employee();

// Log: undefined
console.log(employee.firstName);

// Log: undefined
console.log(employee.lastName);
```

Observación

Tenga cuidado de no forzar el compilador sistemáticamente. La mayoría de los errores reportados por el modo estricto de TypeScript son importantes. Forzar la inicialización de propiedades permite, por ejemplo, no obtener error si se utilizan sin valor. Este es un error común en el desarrollo web, especialmente cuando se supone que la propiedad contiene una función (lo que desencadena el error: undefined is not a function).

Asignar un valor a las propiedades también le permite evitar el error de compilación vinculado al modo strict.

Ejemplo:

```
class Employee {
  firstName: string = "Evelyn";
  lastName: string = "Miller";
}

const employee = new Employee();

// Log: Evelyn
console.log(employee.firstName);

// Log: Miller
console.log(employee.lastName);
```

Observación

En el resto de este capítulo, la opción `--strict` siempre se considerará activa en los ejemplos de código.

Una vez definidas, las propiedades se pueden encontrar en el entorno de desarrollo mediante el autocompletado.

Ejemplo (Visual Studio Code):

```
const employee = new Employee();
employee.firstName = "Evelyn";
employee.
         firstName   (property) Employee.firstName: string
         lastName
```

4. Métodos

Los datos contenidos en un objeto se pueden utilizar posteriormente durante la ejecución de reglas lógicas dentro del programa. Es posible escribir estas reglas de forma imperativa o utilizando una función.

Por su parte, la programación orientada a objetos propone definir esta lógica directamente en clases usando métodos. Para definir un método en una clase, es suficiente con agregar una función dentro de ella.

Sintaxis:

```
class ClassName {
  methodName(param1: type, param2: type, ...): type {
    // ...
  }
}
```

Dentro del método, será posible hacer referencia a la instancia actual de la clase usando palabra clave `this`. Esto le permite manipular las propiedades de un objeto o utilizar otro método.

Ejemplo:

```
class Employee {
  firstName!: string;
  lastName!: string;

  getFullName(): string {
    return `${this.firstName} ${this.lastName}`;
  }
}
const employee = new Employee();
employee.firstName = "Evelyn";
employee.lastName = "Miller";

const fullName = employee.getFullName();

// Log: Evelyn Miller
console.log(fullName);
```

Observación

La palabra clave `this` ya se ha analizado anteriormente (consulte el capítulo Tipos e instrucciones básicas). Aunque su uso es diferente en la programación orientada a objetos, las reglas básicas relacionadas con el alcance de `this` se aplican siempre. Cuidado al usarlo en una función devuelta por un método. Siempre es necesario utilizar una función `bind` o flecha para aplicar el alcance correcto y no causar un error al ejecutar la función.

Al igual que las funciones, los métodos pueden tener parámetros los cuales cumplen todas las reglas relativas a las funciones vistas anteriormente (consulte el capítulo Tipos e instrucciones básicas - Funciones).

Ejemplo:

```
class Employee {
  firstName!: string;
  lastName!: string;
  salary!: number;

  increaseSalary(percent: number): void {
    if (percent >= 0 && percent <= 100) {
      const amount = this.salary * (percent / 100);
      this.salary += amount;
    }
  }
}

const employee = new Employee();
employee.firstName = "Evelyn";
employee.lastName = "Miller";
employee.salary = 2000;

employee.increaseSalary(5);

// Log: 2100
console.log(employee.salary);
```

Los parámetros también se pueden declarar opcionalmente añadiendo el carácter «?» después del nombre del parámetro (consulte el capítulo Tipos e instrucciones básicas - Funciones).

Ejemplo:

```
class Employee {
  firstName!: string;
  lastName!: string;
  salary!: number;

  increaseSalary(percent?: number): void {
    if (percent) {
      if (percent >= 0 && percent <= 100) {
        this.salary += this.salary * (percent / 100);
      }
    } else {
      this.salary += this.salary * 0.02;
    }
  }
}

const employee = new Employee();
employee.firstName = "Evelyn";
employee.lastName = "Miller";
employee.salary = 2000;

employee.increaseSalary();

// Log: 2040
console.log(employee.salary);

employee.increaseSalary(5);

// Log: 2142
console.log(employee.salary);
```

Un parámetro de método también puede tener un valor predeterminado (consulte el capítulo Tipos e instrucciones básicas - Funciones).

Ejemplo:

```
class Employee {
  firstName!: string;
  lastName!: string;
  salary!: number;

  increaseSalary(percent: number = 2): void {
```

```
    if (percent >= 0 && percent <= 100) {
      this.salary += this.salary * (percent / 100);
    }
  }
}

const employee = new Employee();
employee.firstName = "Evelyn";
employee.lastName = "Miller";
employee.salary = 2000;

employee.increaseSalary();

// Log: 2040
console.log(employee.salary);

employee.increaseSalary(5);

// Log: 2142
console.log(employee.salary);
```

Un método puede definir su último parámetro con el operador `rest` (materializado sintácticamente por «`...`»). Esto permite, al utilizar el método, pasarle una cantidad infinita de valores. Luego se recuperarán en el método en forma de arreglo (consulte el capítulo Tipos e instrucciones básicas - Funciones).

Ejemplo:

```
class Employee {
  firstName!: string;
  lastName!: string;
  daysOff: string[] = [];

  takeDaysOff(...days: string[]) {
    days.forEach(day => {
      const available = this.daysOff.every(dayOff => {
        return day !== dayOff;
      });

      if (available) {
        this.daysOff.push(day);
      }
```

```
    });
  }
}

const employee = new Employee();
employee.firstName = "Evelyn";
employee.lastName = "Miller";

const firstDay = "2019/12/24";
const secondDay = "2019/12/26";
employee.takeDaysOff(firstDay, secondDay);

// Log: [ '2019/12/24', '2019/12/26' ]
console.log(employee.daysOff);

employee.takeDaysOff(firstDay);

// Log: [ '2019/12/24', '2019/12/26' ]
console.log(employee.daysOff);
```

Una clase puede definir diversas variantes de un método; hablamos entonces de sobrecargas. Sin embargo, con TypeScript es necesario respetar varias reglas para poder implementarlas en una clase:

- Un método se identifica por su nombre y el tipo de sus parámetros; esto se llama «firma de método».
- La firma de un método es única a nivel de clase.
- No es posible implementar dos métodos separados en una clase para crear una sobrecarga (como es el caso en Java o C#). Por tanto, es necesario implementar el método teniendo en cuenta todas las posibilidades definidas por las sobrecargas.

Ejemplo:

```
class Employee {
  firstName!: string;
  lastName!: string;
  birthday!: Date;

  setBirthday(birthday: Date): void;
  setBirthday(value: string): void;
  setBirthday(birthday: any): void {
```

```
    if (birthday instanceof Date) {
      this.birthday = birthday;
    }

    if (typeof birthday === "string") {
      this.birthday = new Date(birthday);
    }
  }
}

const employee = new Employee();
employee.firstName = "Evelyn";
employee.lastName = "Miller";

employee.setBirthday("December 17, 1992 03:24:00");

// Log: 1992-12-17T02:24:00.000Z
console.log(employee.birthday);

employee.setBirthday(new Date("April 05, 1978 15:58:00"));

// Log: 1978-04-05T13:58:00.000Z
console.log(employee.birthday);
```

Observación

Definir múltiples sobrecargas puede hacer que la lectura del código fuente sea engorrosa. Por eso, a veces es mejor utilizar un objeto como parámetro de método en lugar de definir sobrecargas.

Una vez definido el método y sus sobrecargas, es posible encontrarlos directamente en el entorno de desarrollo mediante el autocompletado.

Ejemplo (Visual Studio Code):

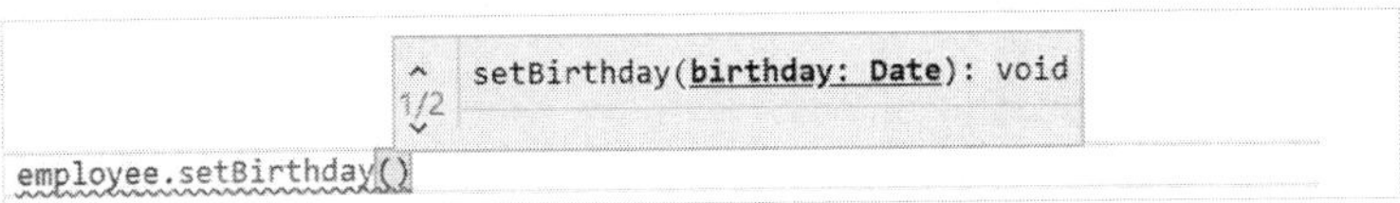

La función de autocompletar proporciona la posibilidad de navegar entre sobrecargas. En Visual Studio Code, se debe usar las teclas ↑ y ↓ del teclado para pasar de una firma a otra.

Ejemplo (Visual Studio Code):

```
                        ^  setBirthday(value: string): void
                       2/2
                        v
employee.setBirthday()
```

5. Constructores

En la sección Propiedades de este capítulo, la inicialización de propiedades se realizó con valores predeterminados. Existe una forma más elegante de establecer estos valores al crear una instancia de clase: los constructores.

Un constructor es similar a un método y se llamará automáticamente al crear una instancia de una clase con la palabra clave `new`. Para definir un constructor, se debe agregarlo a la clase usando la palabra clave `constructor`. La implementación del constructor es similar a la de un método, pero no es posible definir un nombre ni un tipo de retorno para él.

Sintaxis:

```
class ClassName {
  constructor(param1: type, param2: type, ...) {
    // ...
  }
}
```

Ejemplo:

```
class Employee {
  firstName: string;
  lastName: string;

  constructor() {
    this.firstName = "Evelyn";
    this.lastName = "Miller";
  }

  getFullName(): string {
    return `${this.firstName} ${this.lastName}`;
  }
}
```

```
const employee = new Employee();
const fullName = employee.getFullName();

// Log: Evelyn Miller
console.log(fullName);
```

Observación

Una clase puede contener varios métodos, pero solo se permite definir un constructor.

Al igual que ocurre con los métodos, un constructor puede tener parámetros (que pueden ser opcionales, tener valores predeterminados o ser de tipo `rest`).

Ejemplo:

```
class Employee {
  firstName: string;
  lastName: string;

  constructor(firstName: string, lastName: string) {
    this.firstName = firstName;
    this.lastName = lastName;
  }

  getFullName(): string {
    return `${this.firstName} ${this.lastName}`;
  }
}

const employee = new Employee("Evelyn", "Miller");
const fullName = employee.getFullName();

// Log: Evelyn Miller
console.log(fullName);
```

Un constructor puede llamar a métodos para ejecutar la lógica al crear una instancia de la clase.

Ejemplo:

```
class Employee {
  fullName!: string;

  constructor(firstName: string, lastName: string) {
    this.setFullName(firstName, lastName);
  }

  setFullName(firstName: string, lastName: string): void {
    this.fullName = `${firstName} ${lastName}`;
  }
}

const employee = new Employee("Evelyn", "Miller");

// Log: Evelyn Miller
console.log(employee.fullName);
```

Observación

Al igual que ocurre con los métodos, un constructor puede tener sobrecargas. Por tanto, es necesario respetar todas las reglas vistas anteriormente para implementar sobrecargas de constructores.

6. Métodos estáticos

No siempre es necesario que un método manipule los datos contenidos en un objeto. En ese caso, parece superfluo crear una instancia de una clase para ejecutar un método que, al final, no manipulará nada a nivel de objeto. Una función simple puede ser suficiente en este tipo de casos, pero, si queremos preservar la organización de un programa desarrollado con programación orientada a objetos, otra solución es posible: métodos estáticos.

Un miembro de una clase puede declararse estático utilizando la palabra clave `static`. Luego se vuelve accesible directamente desde la clase en lugar de desde una instancia de la clase. Entonces no es necesario crear una instancia para utilizar el método.

Sintaxis:

```
class ClassName {
  static propertyName: type;

  static methodName(param1: type, param2: type, ...): type {
    // ...
  }
}
```

Ejemplo:

```
class Employee {
  static getFullName(
    firstName: string,
    lastName: string
  ): string {
    return `${firstName} ${lastName}`;
  }
}

const fullName = Employee.getFullName("Evelyn", "Miller");

// Log: Evelyn Miller
console.log(fullName);
```

Los métodos estáticos también se pueden aplicar a las propiedades definidas por una clase de la misma manera que a los métodos. Sin embargo, una vez que se declaran estáticas, ya no se pueden usar como propiedades de una instancia de clase. Por lo tanto, ya no es posible utilizar la palabra clave `this` para acceder a ellas, porque el contexto del método estático es el de la clase, y no el de un objeto.

Ejemplo:

```
class Employee {
  static firstName: string;
  static lastName: string;

  static getFullName(): string {
    return `${Employee.firstName} ${Employee.lastName}`;
  }
}
```

```
Employee.firstName = "Evelyn";
Employee.lastName = "Miller";

// Log: Evelyn Miller
console.log(Employee.getFullName());
```

Observación

Preste atención al utilizar métodos estáticos en las propiedades. Dado que los lleva directamente la clase, los valores que se les asignan se vuelven globales de facto para todo el programa.

Es posible declarar un bloque de inicialización estático dentro de una clase. Este se ejecutará cuando la clase sea cargada por el contexto de ejecución. Este bloque permite manipular los miembros estáticos de la clase al cargarla usando la palabra clave `this`.

Para definir un bloque de inicialización estático, se debe agregar a la clase usando la palabra clave `static`. La implementación del bloque estático es similar a la de un método, pero no es posible definir un nombre, parámetros y un tipo de retorno para él. Además, no es necesario utilizar paréntesis al declarar.

Sintaxis:

```
class ClassName {
  static {
    // ...
  }
}
```

Ejemplo:

```
class Employee {
  static firstName: string;
  static lastName: string;

  static {
    this.firstName = "Evelyn";
    this.lastName = "Miller";
  }

  static getFullName(): string {
    return `${Employee.firstName} ${Employee.lastName}`;
  }
```

```
}

// Log: Evelyn Miller
console.log(Employee.getFullName());
```

7. Modificadores de acceso

En todos los ejemplos vistos anteriormente, cuando se crea una instancia de una clase, todos los miembros que la componen están disponibles desde fuera del objeto. Por eso decimos que el alcance de los miembros del objeto es público.

En TypeScript, el concepto de accesibilidad de miembros es más amplio. Es posible definir diferentes niveles a los miembros que componen un objeto, con el fin de especificar cómo otros objetos interactuarán con él.

El primer nivel que se puede utilizar en TypeScript es: público. Cuando un miembro de una clase está marcado con la palabra clave `public`, a continuación se vuelve accesible desde fuera del objeto.

Sintaxis:

```
class ClassName {
  public propertyName: type;

  public methodName(param1: type, param2: type, ...): type {
    // ...
  }
}
```

Ejemplo:

```
class Employee {
  public firstName: string;
  public lastName: string;

  public constructor(firstName: string, lastName: string) {
    this.firstName = firstName;
    this.lastName = lastName;
  }

  public getFullName(): string {
```

```
    return `${this.firstName} ${this.lastName}`;
  }
}

const employee = new Employee("Evelyn", "Miller");

// Log: Evelyn Miller
console.log(employee.getFullName());

employee.firstName = "John";
employee.lastName = "Riley";

// Log: John Riley
console.log(employee.getFullName());
```

Observación

Los miembros de una clase en TypeScript son públicos de forma predeterminada, por lo que no es necesario utilizar la palabra clave `public` para definir el alcance de un miembro, ya que está implícita. Sin embargo, algunos desarrolladores prefieren especificarlo explícitamente para mejorar la legibilidad del código. En el resto de este capítulo, el alcance público siempre se utilizará de forma implícita.

En contraposición a `public`, una clase puede definir miembros privados. Este nivel ocultará el miembro para que solo esté disponible desde el interior del objeto. En TypeScript, los miembros de una clase, o su constructor, pueden declararse privados mediante la palabra clave `private`. Una vez que se marca como privado, un miembro se vuelve inaccesible desde el exterior y cualquier intento de acceder provocará un error al compilar el código.

Sintaxis:

```
class ClassName {
 private propertyName: type;

  private methodName(param1: type, param2: type, ...): type {
    // ...
  }
}
```

Ejemplo:

```
class Employee {
  private firstName: string;
  private lastName: string;

  constructor(firstName: string, lastName: string) {
    this.firstName = firstName;
    this.lastName = lastName;
  }

  getFullName(): string {
    return `${this.firstName} ${this.lastName}`;
  }
}

const employee = new Employee("Evelyn", "Miller");

// Compilation Error TS2341:
// Property 'firstName' is private and only
// accessible within class 'Employee'.
employee.firstName = "John";
```

Observación

Hay otro nivel en TypeScript: `protected`*. Es aplicable cuando se utiliza la noción de herencia. Más adelante en este capítulo se proporcionarán explicaciones sobre el alcance de* `protected` *(consulte la sección Herencia).*

En la mayoría de los lenguajes de programación orientados a objetos, el nivel privado es el predeterminado. Este no es el caso en TypeScript porque este alcance solo se definió a partir de la versión 2022 de la especificación ECMAScript. Por tanto, todos los miembros definidos en una clase son públicos de forma predeterminada. Además, el uso de la palabra clave `private` en TypeScript solo tiene sentido para la compilación, porque también se agregó al lenguaje antes de que existiera el nivel privado en JavaScript. Por tanto, no tiene ningún efecto cuando se ejecuta el código.

Desde la versión 2022 de ECMAScript, es posible declarar un miembro privado utilizando el carácter «#» al principio de su nombre. A partir de ese momento, el miembro será considerado privado al ejecutar el código.

Sintaxis:

```
class ClassName {
 #propertyName: type;

 #methodName(param1: type, param2: type, ...): type {
    // ...
  }
}
```

Ejemplo:

```
class Employee {
  #firstName: string;
  #lastName: string;

  constructor(firstName: string, lastName: string) {
    this.#firstName = firstName;
    this.#lastName = lastName;
  }

  getFullName(): string {
    return `${this.#firstName} ${this.#lastName}`;
  }
}

const employee = new Employee("Evelyn", "Miller");

// Compilation Error TS2341:
// Property 'firstName' is private and only
// accessible within class 'Employee'.
employee.firstName = "John";
```

Observación

Dado que un constructor no tiene nombre, no se puede declarar privado utilizando esta sintaxis.

Una última palabra clave está disponible en TypeScript para administrar la accesibilidad de las propiedades de un objeto: `readonly`. Una vez que una propiedad está marcada con esta palabra clave, pasa a ser de solo lectura.

Entonces resulta imposible redefinir su valor. Por tanto, es obligatorio inicializar los valores de las propiedades de solo lectura con valores predeterminados, o dentro del constructor definido en la clase. Después de inicializar la propiedad, el compilador generará un error al intentar cambiar el valor.

Sintaxis:

```
class ClassName {
  readonly propertyName: type;
}
```

Ejemplo:

```
class Employee {
  readonly firstName: string;
  readonly lastName: string;

  constructor(firstName: string, lastName: string) {
    this.firstName = firstName;
    this.lastName = lastName;
  }

  getFullName(): string {
    return `${this.firstName} ${this.lastName}`;
  }
}

const employee = new Employee("Evelyn", "Miller");

// Compilation Error TS2540:
// Cannot assign to 'firstName' because it is
// read-only property.
employee.firstName = "John";
```

Observación

La palabra clave `readonly` solo tiene valor en el código escrito en TypeScript. El concepto de solo lectura, tal como se define en TypeScript, no está estandarizado en ECMAScript.

La palabra clave `readonly` afecta a la accesibilidad de un miembro, y no a su alcance. Por eso es posible combinar su uso con un nivel de accesibilidad.

Ejemplo:

```
class Employee {
  private readonly firstName: string;
  private readonly lastName: string;

  constructor(firstName: string, lastName: string) {
    this.firstName = firstName;
    this.lastName = lastName;
  }

  getFullName(): string {
    return `${this.firstName} ${this.lastName}`;
  }
}

const employee = new Employee("Evelyn", "Miller");
console.log(employee.getFullName());
```

La palabra clave `readonly` también se puede utilizar cuando un miembro se declara privado mediante el carácter «#» al principio de su nombre.

Ejemplo:

```
class Employee {
  readonly #firstName: string;
  readonly #lastName: string;

  constructor(firstName: string, lastName: string) {
    this.#firstName = firstName;
    this.#lastName = lastName;
  }

  getFullName(): string {
    return `${this.#firstName} ${this.#lastName}`;
  }
}

const employee = new Employee("Evelyn", "Miller");
console.log(employee.getFullName());
```

El uso de palabras clave relacionadas con la accesibilidad ofrece nuevas posibilidades sintácticas al escribir un constructor. De hecho, es posible definir directamente las propiedades de un objeto mediante los parámetros del constructor. Para hacer esto, simplemente aplique una palabra clave de accesibilidad a los parámetros del constructor. Entonces pasarán a ser propiedades respetando las normas de accesibilidad con las que están señalizados. Esta sintaxis permite un código más compacto y una mejor legibilidad.

Sin embargo, esta sintaxis no está permitida con la declaración de un miembro privado mediante el carácter «#» al principio de su nombre.

Ejemplo:

```
class Employee {
  constructor(
    private readonly firstName: string,
    private readonly lastName: string
  ) {}

  getFullName(): string {
    return `${this.firstName} ${this.lastName}`;
  }
}

const employee = new Employee("Evelyn", "Miller");

// Log: Evelyn Miller
console.log(employee.getFullName());
```

Combinando el concepto de accesibilidad con el de métodos estáticos, es posible implementar un *design pattern* muy popular en programación orientada a objetos: Singleton. Este patrón le permite limitar el número de instancias de una clase a una sola instancia.

Observación

Un design pattern (o patrón de diseño en español) define una solución estándar que responde a un problema específico. Formalizados en el libro «Gang of Four», los patrones de diseño documentan buenas prácticas y brindan soluciones a problemas comunes encontrados durante el diseño de programas.

Ejemplo:

```
class Employee {
  constructor(
    public firstName: string,
    public lastName: string
  ) {}

  getFullName(): string {
    return `${this.firstName} ${this.lastName}`;
  }
}

class EmployeeDirectory {
  static #instance: EmployeeDirectory;
  #employees: Employee[];

  private constructor() {
    this.#employees = [
      new Employee("Evelyn", "Miller"),
      new Employee("John", "Riley")
    ];
  }

  static getInstance() {
    if (!this.#instance) {
      this.#instance = new EmployeeDirectory();
    }

    return this.#instance;
  }

  getEmployees() {
    return this.#employees;
  }
}

// Log:
// [ Employee { firstName: 'Evelyn', lastName: 'Miller' },
//   Employee { firstName: 'John', lastName: 'Riley' } ]
console.log(EmployeeDirectory.getInstance().getEmployees());
```

Para implementar Singleton en TypeScript, es necesario definir un constructor privado que evitará la creación de instancias de la clase. Luego, es necesario definir un método estático con alcance público y que será el encargado de crear la instancia de la clase. Esta instancia luego será asignada a una propiedad privada, también estática. Finalmente, el método de creación de instancia primero verificará si a la propiedad que contiene la instancia única ya se le ha asignado un valor. Si es así, el método devolverá directamente el valor contenido en la propiedad; de lo contrario, lo creará y lo asignará en la propiedad.

8. Encapsulación

La encapsulación es el primer pilar de la programación orientada a objetos. Este principio establece que es mejor controlar la modificación del estado de un objeto desde el interior que desde el exterior. Su implementación implica que las propiedades no deben exponerse públicamente, sino encapsularse. Luego, cada propiedad será aislada y, por lo tanto, deberá declararse con un alcance privado.

Para poder manipularse desde el exterior, se pueden implementar métodos a fin de obtener o redefinir el valor de la propiedad.

Ejemplo:

```
class Employee {
  #salary: number = 0;

  getSalary() {
    return this.#salary;
  }

  setSalary(salary: number) {
    const isNegative = salary < 0;
    if (!isNegative) {
      this.#salary = salary;
    }
  }
}

const employee = new Employee();
employee.setSalary(-2000);
```

```
// Log: 0
console.log(employee.getSalary());

employee.setSalary(2000);

// Log: 2000
console.log(employee.getSalary());
```

Observación

Este tipo de implementación es similar al que se encuentra en Java para gestionar la encapsulación.

En TypeScript, hay dos palabras clave útiles para gestionar la encapsulación: `get` y `set`. Estas permiten definir puntos de acceso a las propiedades privadas de un objeto; esto es lo que comúnmente llamamos accesores. Toman la forma de métodos en los que es posible implementar la lógica de la aplicación, pero luego se manipulan como una propiedad. Sintácticamente, el resultado es menos extenso y mejora la legibilidad del código.

Sintaxis:

```
class ClassName {
  get propertyName(): void {
    // ...
  }

  set propertyName(): type {
    // ...
  }
}
```

Ejemplo:

```
class Employee {
  #salary: number = 0;

  get salary() {
    return this.#salary;
  }

  set salary(salary: number) {
    const isNegative = salary < 0;
```

```
      if (!isNegative) {
        this.#salary = salary;
      }
    }
}

const employee = new Employee();
employee.salary = -2000;

// Log: 0
console.log(employee.salary);

employee.salary = 2000;

// Log: 2000
console.log(employee.salary);
```

Existe un azúcar sintáctico que permite la implementación automática de descriptores de acceso cuando no contienen lógica de aplicación.

Sintaxis:

```
class ClassName {
  accessor propertyName: type
}
```

Ejemplo:

```
class Employee {
  accessor salary: number = 0;
}

const employee = new Employee();

// Log: 0
console.log(employee.salary);

employee.salary = 2000;

// Log: 2000
console.log(employee.salary);
```

Este código es equivalente al del siguiente ejemplo.

Ejemplo:

```
class Employee {
  #salary: number = 0;

  get salary() {
    return this.#salary;
  }

  set salary(salary: number) {
    this.#salary = salary;
  }

}

const employee = new Employee();

// Log: 0
console.log(employee.salary);

employee.salary = 2000;

// Log: 2000
console.log(employee.salary);
```

9. Herencia

La herencia es el segundo pilar de la programación orientada a objetos. Este es un principio particularmente útil que permite que una clase recupere las características de otra clase cuando hereda de ella. Por lo tanto, en TypeScript, una clase puede heredar de otra mediante la palabra clave `extends`.

Sintaxis:

```
class Class1 extends Class2 {
  //...
}
```

Cuando una clase hereda de otra clase, se vuelve compatible con el tipo de clase en la que se basa. Esto permite manipular una clase derivada como si fuera del tipo de la clase base de la que hereda. Esta particularidad es fundamental para establecer el concepto de polimorfismo que se abordará más adelante en este capítulo (consulte la sección Polimorfismo).

Ejemplo:

```
class Person {
  constructor(
    public firstName: string,
    public lastName: string
  ) {}

  getFullName(): string {
    return `${this.firstName} ${this.lastName}`;
  }
}

class Employee extends Person {
  salary!: number;
}

const employee = new Employee("Evelyn", "Miller");
employee.salary = 2000;

// Log: Evelyn Miller
console.log(employee.getFullName());
```

Cuando el tipo derivado se manipula como tipo base, ya no es posible acceder a sus propios miembros.

Ejemplo:

```
const person: Person = new Employee("John", "Riley");

// Compilation Error TS2339:
// Property 'salary' does not exist on type 'Person'.
person.salary = 2000;
```

Una vez que una clase hereda de otra, recupera todas sus características. Por tanto, es posible, desde la clase derivada, manipular los miembros definidos en la clase base con la palabra clave `this`.

Ejemplo:

```
class Person {
  constructor(
    public firstName: string,
    public lastName: string
  ) {}

  getFullName(): string {
    return `${this.firstName} ${this.lastName}`;
  }
}

class Employee extends Person {
  salary!: number;

  getFullInformation(): string {
    return `${this.getFullName()} | Salary: ${this.salary}€`;
  }
}

const employee = new Employee("Evelyn", "Miller");
employee.salary = 2000;

// Log: Evelyn Miller | Salary: 2000€
console.log(employee.getFullName());
```

Observación

No es posible el acceso a miembros privados de una clase base por parte de una clase derivada. El nivel privado siempre implica el uso dentro de la clase que define al miembro en cuestión.

En el ejemplo anterior, la clase base define un constructor que la clase derivada hereda automáticamente. También es posible definir un constructor específico para la clase derivada. Si la clase base no define un constructor, entonces toda la inicialización se puede realizar mediante el constructor de la clase derivada. Sin embargo, si la clase base tiene un constructor, es necesario usarlo en la clase derivada para inicializar los miembros definidos por la clase base. Esto se llama encadenamiento de constructores.

En TypeScript, es posible encadenar la llamada de constructores usando la palabra clave `super`. Para encadenar una llamada al constructor, se debe usar la palabra clave `super` del constructor de la clase derivada.

Ejemplo:

```
class Person {
  constructor(
    public firstName: string,
    public lastName: string
  ) {}

  getFullName(): string {
    return `${this.firstName} ${this.lastName}`;
  }
}

class Employee extends Person {
  constructor(
    firstName: string,
    lastName: string,
    public readonly salary: number
  ) {
    super(firstName, lastName);
  }

  getFullInformation(): string {
    return `${super.getFullName()} | Salary: ${this.salary}€`;
  }
}

const employee = new Employee("Evelyn", "Miller", 2000);

// Log: Evelyn Miller | Salary: 2000€
console.log(employee.getFullInformation());
```

Si el encadenamiento de constructores no está presente, el compilador de TypeScript arrojará un error.

Ejemplo:

```
class Person {
  constructor(
    public firstName: string,
    public lastName: string
  ) {}
}

class Employee extends Person {
  // Compilation Error TS2377:
  // Constructors for derived classes must
  // contain a 'super'
  constructor(
    firstName: string,
    lastName: string,
    public readonly salary: number
  ) {

  }
}
```

Visual Studio Code también ofrece corregir automáticamente el error mediante una *Quick Fix* que se encargará de agregar el encadenamiento en el constructor de la clase derivada.

Finalmente, Visual Studio Code también ofrece autocompletado idéntico al de los métodos cuando se usa la palabra clave `super`.

Ejemplo (Visual Studio Code):

```
class Employee extends Person {
    constructor(
        firstName: string,
        lastName: string,
        public readonly salary: number
    ) {        Person(firstName: string, lastName: string): Person

        super();
    }
}
```

Observación

El autocompletado de constructores también toma en cuenta las sobrecargas disponibles en el nivel de la clase base.

La palabra clave `super` siempre se refiere a la clase base. Por lo tanto, es posible utilizarla desde una clase derivada para acceder a un método de la clase base (de la misma forma que con la palabra clave `this`).

Cuando una clase hereda de otra, puede anular los métodos implementados en la clase base. Esta capacidad se conoce como *overriding*. Una vez que se redefine un método, se puede hacer referencia a la versión del método contenida en la clase base mediante la palabra clave `super`.

Ejemplo:

```
class Person {
  constructor(
    public firstName: string,
    public lastName: string
  ) {}

  getInformation(): string {
    return `${this.firstName} ${this.lastName}`;
  }
}

class Employee extends Person {
  constructor(
    firstName: string,
    lastName: string,
    public readonly salary: number
  ) {
    super(firstName, lastName);
  }

  getInformation(): string {
    return `${super.getInformation()} | Salary:
${this.salary}€`;
  }
}

const employee = new Employee("Evelyn", "Miller", 2000);

// Log: Evelyn Miller | Salary: 2000€

console.log(employee.getInformation());
```

Visual Studio Code ofrece autocompletado cuando se usa palabra clave super. Si se usa la palabra clave al redefinir un método, entonces el autocompletado se referirá al método contenido en la clase base.

Ejemplo (Visual Studio Code):

```
getInformation(): string {
  return super.
}           getInformation  (method) Person.getInformation()...
```

Dado que el ámbito privado no permite que la clase derivada tenga acceso a los miembros de la clase base, TypeScript ofrece el llamado «ámbito protegido». Protege a un miembro de cualquier manipulación externa, pero autoriza a las clases derivadas a acceder a él. Para definir un miembro protegido, debe utilizar la palabra clave protected.

Sintaxis:

```
class ClassName {
  protected propertyName: type;

  protected methodName(param1: type, param2: type, ...): type {
    // ...
  }
}
```

Ejemplo:

```
class Person {
  constructor(
    protected readonly id: number,
    public firstName: string,
    public lastName: string
  ) {}
}

class Employee extends Person {
  constructor(
    id: number,
    firstName: string,
    lastName: string,
    public readonly salary: number
  ) {
```

```
    super(id, firstName, lastName);
  }

  getId(): number {
    return this.id;
  }
}

const employee = new Employee(1, "Evelyn", "Miller", 2000);

// Log: 2
console.log(employee.getId());

// Compilation Error TS2445:
// Property 'id' is protected and only accessible
// within class 'Person' and its subclasses.
employee.id = 2;
```

Observación

Al igual que con el alcance privado definido con la palabra clave `private`, `protected` solo tiene sentido mientras se escribe el código. En tiempo de ejecución, el miembro será público.

10. Abstracción

En programación orientada a objetos, una clase generalmente representa un objeto del mundo real (ejemplo: `Empleado`, `Perro`, `Avión`, `MicroControlador`...). Sin embargo, ciertos objetos pueden ser de naturaleza inmaterial y, por tanto, no tener representación en el mundo real (ejemplo: `Persona`, `Animal`, `Vehículo`, `Circuito`...). Por tanto, este tipo de objetos se consideran abstractos y solo tienen sentido en un programa si son heredados y completados por otra clase.

En TypeScript, es posible crear una clase abstracta usando la palabra clave `abstract`. Dada su naturaleza, no se pueden crear instancias de estas clases. Por lo tanto, es necesario utilizar la herencia para crear una clase concreta que luego será instanciable.

Sintaxis:

```
abstract class ClassName {
  // ...
}
```

Ejemplo:

```
abstract class Person {
  constructor(
    public firstName: string,
    public lastName: string
  ) {}

  getFullName(): string {
    return `${this.firstName} ${this.lastName}`;
  }
}

// Compilation Error TS2511:
// Cannot create an instance of an abstract class.
const person = new Person("Evelyn", "Miller");
```

El principal interés de la abstracción es permitir la implementación de un comportamiento genérico que luego será utilizado por la clase derivada. Será entonces cuando ella le dará todo su significado.

Es posible hacer lo mismo con una clase concreta; sin embargo, las clases abstractas también pueden definir métodos que no tienen implementación. Estos métodos serán utilizados por el comportamiento lógico implementado en la clase abstracta y completado durante la herencia por la clase derivada. Este es el concepto de método abstracto.

En TypeScript, un método de una clase abstracta también se puede definir de forma abstracta usando la palabra clave: `abstract`. Un método abstracto no tiene cuerpo y es obligatorio implementarlo en una clase concreta durante la herencia.

Sintaxis:

```
abstract class ClassName {
  abstract methodName(param1: type, param2: type, ...): type;
}
```

Ejemplo:

```
abstract class Person {
  constructor(
    public firstName: string,
    public lastName: string
  ) {}

  abstract getInformation(): string;

  getFullName(): string {
    return `${this.firstName} ${this.lastName}`;
  }
}

class Employee extends Person {
  constructor(
    firstName: string,
    lastName: string,
    public salary: number
  ) {
    super(firstName, lastName);
    this.salary = salary;
  }

  getInformation(): string {
    return `${super.getFullName()} - ${this.salary}€`;
  }
}

const employee = new Employee("Evelyn", "Miller", 2000);

// Log: Evelyn Miller - 2000€
console.log(employee.getInformation());
```

Si la clase concreta no implementa el método abstracto durante la herencia, el compilador de TypeScript arrojará un error.

Ejemplo:

```
abstract class Person {
  constructor(
    public firstName: string,
    public lastName: string
  ) {}

  abstract getInformation(): string;
}

// Compilation Error TS2515:
// Non-abstract class 'Employee' does not implement
// inherited abstract member 'getInformation'
// from class 'Person'
class Employee extends Person {
  constructor(
    firstName: string,
    lastName: string,
    public salary: number
  ) {
    super(firstName, lastName);
    this.salary = salary;
  }
}
```

Visual Studio Code ofrece corregir automáticamente el error mediante una *Quick Fix* que se encargará de implementar el método abstracto en la clase derivada. De forma predeterminada, esta implementación generará una excepción.

Ejemplo:

```
abstract class Person {
  constructor(
    public firstName: string,
    public lastName: string
  ) {}

  abstract getInformation(): string;
}

class Employee extends Person {
  getInformation(): string {
```

```
    throw new Error("Method not implemented.");
  }

  constructor(
    firstName: string,
    lastName: string,
    public salary: number
  ) {
    super(firstName, lastName);
    this.salary = salary;
  }
}
```

11. Interfaces

En la programación orientada a objetos, el concepto de interfaz le permite definir abstracciones sin necesidad de escribir clases. Una interfaz contiene una descripción de lo que implementará una clase (a veces llamado contrato). La naturaleza de las interfaces significa que los miembros descritos en su interior son públicos y, por lo tanto, cualquier otro objeto puede acceder a ellos, siempre que se refiera a la interfaz.

Para declarar una interfaz en TypeScript, debes usar la palabra clave `interface`, darle un nombre y abrir las llaves para definir sus características.

Sintaxis:

```
interface InterfaceName {
  // ...
}
```

Ejemplo:

```
interface Person {
  // ...
}
```

Observación

El concepto de interfaz no existe en ECMAScript, razón por la cual el compilador TypeScript no genera código JavaScript durante la transpilación. Por tanto, es importante tener en cuenta que este concepto solo es útil en la compilación. Se utiliza principalmente para el sistema de tipos del lenguaje.

Sintácticamente, una interfaz se parece a una clase. Sin embargo, a diferencia de estas últimas, las interfaces definen miembros, pero no su implementación. Por lo tanto, los métodos no tienen cuerpo y no es posible definir descriptores de acceso ni un constructor.

Observación

La firma de un constructor de TypeScript se puede definir en una interfaz, pero implementarla en una clase se vuelve imposible. Esta particularidad proviene del hecho de que la palabra clave `class` *es un azúcar sintáctico y que el constructor hace referencia a la función constructora.*

Sintaxis:

```
interface InterfaceName {
  propertyName: type;
  methodName(param1: type, param2: type, ...): type;
}
```

Ejemplo:

```
interface Person {
  firstName: string;
  lastName: string;
  getInformation(): string;
}
```

Observación

Las interfaces no necesitan especificar el alcance de los miembros; deben ser `publics`*. Además, las propiedades definidas por una interfaz no se pueden inicializar de forma predeterminada en ella. La inicialización de propiedades siempre se realiza en la implementación de la interfaz y, por tanto, en una clase.*

Una clase puede implementar una o más interfaces usando la palabra clave `implements`. Luego, la clase debe implementar todos los miembros definidos por las interfaces.

Sintaxis:

```
class ClassName implements 1, InterfaceName2,... {
  // ...
}
```

Ejemplo:

```
class Employee implements Person {
  constructor(
    public firstName: string,
    public lastName: string
  ) {}

  getInformation(): string {
    return `${this.firstName} ${this.lastName}`;
  }
}

const evelyn = new Employee("Evelyn", "Miller");

// Log: Evelyn Miller
console.log(evelyn.getInformation());

const john: Person = new Employee("John", "Riley");

// Log: John Riley
console.log(john.getInformation());
```

Observación

En TypeScript, una clase también puede implementar otra clase. Sin embargo, esto no quiere decir que la herede; la clase que se va a implementar solo se utiliza como contrato.

Si la clase no implementa correctamente una interfaz, el compilador de TypeScript arrojará un error.

Ejemplo:

```
// Compilation Error TS2420:
// Class 'Employee' incorrectly implements
// interface 'Person'.
// Type 'Employee' is missing the following
// properties from type 'Person': firstName,
// lastName, getInformation
class Employee implements Person {
}
```

Visual Studio Code ofrece corregir automáticamente el error mediante una *Quick Fix* que se encargará de implementar la interfaz en la clase. De forma predeterminada, las implementaciones de métodos generarán una excepción.

Ejemplo:

```
class Employee implements Person {
  firstName: string;
  lastName: string;
  getInformation(): string {
    throw new Error("Method not implemented.");
  }
}
```

Una instancia de la clase se puede manipular como cada tipo de interfaz que implementa. El acceso a los miembros queda entonces restringido a aquellos definidos por la interfaz.

Ejemplo:

```
interface Person {
  firstName: string;
  lastName: string;
}

interface Salaried {
  salary: number;
}

class Employee implements Person, Salaried {
  constructor(
    public firstName: string,
    public lastName: string,
```

```
    public salary: number
  ) {}
}

const evelyn: Person = new Employee("Evelyn", "Miller", 2000);

// Compilation Error TS2339:
// Property 'salary' does not exist on type 'Person'.
evelyn.salary = 2100;

const john: Salaried = new Employee("John", "Riley", 2000);

// Compilation Error TS2339:
// Property 'firstName' does not exist on type 'Salaried'.
john.firstName = "Evelyn";
```

Las propiedades definidas en una interfaz también se pueden implementar en forma de accesores.

Ejemplo:

```
interface Person {
  firstName: string;
  lastName: string;
  getInformation(): string;
}

class Employee implements Person {
 #firstName!: string;
 #lastName!: string;

  get firstName() {
    return this.#firstName;
  }

  set firstName(value: string) {
    this.#firstName = value;
  }

  get lastName() {
    return this.#lastName;
  }

  set lastName(value: string) {
```

```
    this.#lastName = value;
  }

  getInformation(): string {
    return `${this.firstName} ${this.lastName}`;
  }
}

const person: Person = new Employee();
person.firstName = "Evelyn";
person.lastName = "Miller";

// Log: Evelyn Miller
console.log(person.getInformation());
```

A diferencia de los lenguajes de programación tradicionales orientados a objetos, el concepto de interfaz en TypeScript tiene una particularidad: una implementación puede ser implícita.

En concreto, esto significa que TypeScript considera que un objeto implementa la interfaz si su estructura corresponde a dicha interfaz, sin que sea necesario utilizar la palabra clave `implements`. La explicación de esta particularidad proviene del hecho de que TypeScript utiliza el tipado estructural, y no el nominativo (consulte el capítulo Introducción: Los entresijos del tipado).

Ejemplo:

```
interface Employee {
  firstName: string;
  lastName: string;
  salary: number;
}

const increaseSalary = (employee: Employee, percent: number) => {
  if (percent <= 100) {
    const amount = employee.salary * (percent / 100);
    employee.salary += amount;
  }
};

const employee: Employee = {
  firstName: "Evelyn",
  lastName: "Miller",
```

```
  salary: 2000
};
increaseSalary(employee, 5);

// Log:
// { firstName: 'Evelyn', lastName: 'Miller', salary: 2100 }
console.log(employee);

const implicitEmployee = {
  firstName: "John",
  lastName: "Riley",
  salary: 2000
};

increaseSalary(implicitEmployee, 5);

// Log:
// { firstName: 'John', lastName: 'Riley', salary: 2100 }
console.log(implicitEmployee);
```

La naturaleza de las interfaces en TypeScript, así como su uso para verificar implementaciones implícitas, las hace únicas en comparación con los lenguajes de programación tradicionales orientados a objetos. Por tanto, es posible, por ejemplo, definir un miembro de una interfaz que será opcional.

En la implementación de una clase, es obligatorio definir el miembro para no tener un error de compilación. Si la interfaz se utiliza para comprobar una implementación implícita, el miembro opcional no se tendrá en cuenta para validar que un objeto literal disponga de la estructura correspondiente a la interfaz.

Opcionalmente, se puede declarar un miembro de una interfaz agregando el carácter «¿» después de su nombre.

Ejemplo:

```
interface Person {
  firstName: string;
  lastName: string;
  email?: string;
}

class Employee implements Person {
```

```
  constructor(
    public firstName: string,
    public lastName: string,
    public email?: string
  ) {}
}

const getFullName = (person: Person) => {
  return `${person.firstName} ${person.lastName}`;
};

const evelyn = new Employee(
  "Evelyn",
  "Miller",
 "evelyn@miller.com"
);

const evelynFullName = getFullName(evelyn);

// Log: Evelyn Miller
console.log(evelynFullName);

const johnFullName = getFullName({
  firstName: "John",
  lastName: "Riley"
});

// Log: John Riley
console.log(johnFullName);
```

Las interfaces también pueden definir miembros de solo lectura. Una vez implementadas explícita o implícitamente, las propiedades no se pueden cambiar después de la inicialización del objeto.

Ejemplo:

```
interface Person {
  readonly firstName: string;
  readonly lastName: string;
}

class Employee implements Person {
  readonly firstName: string;
  readonly lastName: string;
```

```
  constructor(firstName: string, lastName: string) {
    this.firstName = firstName;
    this.lastName = lastName;
  }
}

const evelyn = new Employee("Evelyn", "Miller");

// Error TS2540: Cannot assign to 'firstName' because
// it is a constant or a read-only property.
evelyn.firstName = "John";

const john: Person = {
  firstName: "John",
  lastName: "Riley"
};

// Error TS2540: Cannot assign to 'firstName' because
// it is a constant or a read-only property.
john.firstName = "Evelyn";
```

Las propiedades definidas como de solo lectura en una interfaz se pueden implementar utilizando el descriptor de acceso `get`.

Ejemplo:

```
interface Salaried {
  readonly salary: number;
  increaseSalary(percent: number): void;
}

class Employee implements Salaried {
 #salary: number;

  constructor(
    public firstName: string,
    public lastName: string,
    salary: number
  ) {
    this.#salary = salary;
  }

  get salary() {
```

```
    return this.#salary;
  }

  increaseSalary(percent: number): void {
    if (percent <= 100) {
      const amount = this.#salary * (percent / 100);
      this.#salary += amount;
    }
  }
}

const firstEmployee = new Employee("Evelyn", "Miller", 2000);
firstEmployee.increaseSalary(5);

// Log:
// Employee {
//   firstName: 'Evelyn',
//   lastName: 'Miller',
//   _salary: 2100
// }
console.log(firstEmployee);
```

Las interfaces en TypeScript tienen una última particularidad: permiten escribir funciones (consulte el capítulo Tipos e instrucciones básicas – Funciones).

Sintaxis:

```
interface InterfaceName {
  (param1: type, param2: type, ...): type;
}
```

Ejemplo:

```
interface Add {
  (number1: number, number2: number): number
}

const add: Add = (number1: number, number2: number) => {
  return number1 + number2;};

// Log: 3
console.log(add(1, 2));
```

Observación

No es posible implementar este tipo de interfaz en una clase. Esta capacidad se utiliza principalmente para la programación funcional (consulte el capítulo TypeScript y la programación funcional).

En programación orientada a objetos, esta característica permite definir la firma de un constructor. La declaración de un constructor en una interfaz requiere una sintaxis particular que comienza con la palabra clave new y que debe especificar el tipo de instancia que será devuelta.

Sintaxis:

```
interface InterfaceName {
  new (param1: type, param2: type, ...): ClassType;
}
```

Ejemplo:

```
interface Person {
  firstName: string;
  lastName: string;
}

interface PersonConstructor {
  new (firstName: string, lastName: string): Person;
}
```

Observación

Las interfaces que definen la firma de un constructor se pueden utilizar como un tipo o como una restricción de un tipo genérico (consulte el capítulo Genericidad). Una vez que un elemento tiene un tipo con la firma de un constructor, es posible crear instancias mediante la palabra clave `new` *(hay un ejemplo disponible en el capítulo Genericidad).*

12. Polimorfismo

El polimorfismo es el tercer pilar de la programación orientada a objetos. Es un concepto que permite tratar de la misma manera objetos de distintos tipos (generalmente, hablamos de una única interfaz o método que puede procesar varios tipos).

Hay varias implementaciones posibles del polimorfismo. La primera consiste en definir varias sobrecargas de un método para cada tipo que debe manejar (consulte la sección Métodos).

El segundo enfoque posible es confiar en las capacidades de abstracción del lenguaje. Es una solución extensible y fácil de mantener con posterioridad, por lo que generalmente se prefiere a la primera solución. En TypeScript, los métodos funcionarán o aceptarán abstracciones como parámetros. Por tanto, es necesario utilizar clases o interfaces abstractas para implementar el polimorfismo en una clase.

Ejemplo:

```
interface Payable {
  sendPayment(): void;
}

class Supplier implements Payable {
  constructor(
    public readonly name: string,
    private readonly invoice: number
  ) {}

  sendPayment(): void {
    console.log(
      `Pay ${
        this.name
      } | Invoice: ${
        this.invoice
      }€`

    );
  }
}

class Employee implements Payable {
  constructor(
```

```
    public readonly firstName: string,
    public readonly lastName: string,
    private readonly salary: number
  ) {}

  sendPayment(): void {
    console.log(
      `Pay ${
        this.firstName
      } ${
        this.lastName
      } | Salary: ${
        this.salary
      }€`
    );
  }
}

class Company {
  sendPayments(toBePaid: Payable[]) {
    toBePaid.forEach(p => p.sendPayment());
  }
}

const company = new Company();

// Log:
// Pay Evelyn Miller | Salary: 2000€
// Pay John Riley | Salary: 2000€
// Pay Mr. Anderson Corporation | Invoice: 15000€
company.sendPayments([
  new Employee("Evelyn", "Miller", 2000),
  new Employee("John", "Riley", 2000),
  new Supplier("Mr. Anderson Corporation", 15000)
]);
```

13. Los principios SOLID

13.1 Introducción a los principios SOLID

Los principios SOLID fueron introducidos por *Robert C. Martin*. Corresponden a un conjunto de buenas prácticas en torno a la programación orientada a objetos.

Bajo el acrónimo SOLID se encuentran los siguientes cinco principios:

- **S**ingle responsibility (Responsabilidad única)
- **O**pen/Closed (Abierto a la extensión, cerrado a la modificación)
- **L**iskov substitution (Sustitución de Liskov)
- **I**nterface segregation (Segregación de interfaces)
- **D**ependency inversion (Inversión de dependencias)

La implementación de estos principios puede mejorar significativamente la capacidad de mantenimiento y escalabilidad del código de una aplicación. Por lo tanto, se recomienda encarecidamente implementarlos.

13.2 El principio de responsabilidad única

El principio de responsabilidad única establece que una clase tiene una única responsabilidad en un programa. La multiplicación de responsabilidades dentro de una clase complica su código, su lectura, su mantenibilidad, su escalabilidad, lo que aumenta significativamente la probabilidad de generar un error.

No aplicar este principio a menudo conduce a la creación de los *God Object* dentro del programa. Decimos que un objeto se convierte en un *God Object* cuando acumula demasiadas responsabilidades. La presencia de un *God Object* en un programa se considera una mala práctica.

Ejemplo (incumplimiento del principio):

```
class Employee {
  constructor(
    readonly firstName: string,
    readonly lastName: string,
    readonly teams: [string, Employee[]][]
  ) {}

  getTeams() {
    return this.teams;
  }

  createTeam(teamName: string) {
    if (!this.teams.some(t => t[0] === teamName)) {
      this.teams.push([teamName, []]);
    }
  }

  addMemberToTeam(teamName: string, employee: Employee) {
    const filteredTeam = this.teams.filter(t => {
      return t[0] === teamName;
    });

    if (filteredTeam.length === 1) {
      filteredTeam[0][1].push(employee);
    }
  }
}

const evelyn = new Employee("Evelyn", "Miller", [
  ["Marketing", []]
]);

evelyn.addMemberToTeam("Marketing", evelyn);
evelyn.createTeam("R&D");

const john = new Employee("John", "Riley", evelyn.getTeams());
john.addMemberToTeam("R&D", john);
```

El ejemplo anterior muestra varias cosas importantes cuando no se respeta el principio de responsabilidad única:

- El código de la clase es complejo, incluso con poco código.
- Usar la clase `Employee` no es muy intuitivo.
- La noción de equipo existe dentro de la clase `Employee`; no está claramente representada dentro del programa.

La implementación habría sido más eficiente si las responsabilidades se hubieran separado en dos clases distintas. Una primera que gestione los empleados de la empresa (`Employee` en el siguiente ejemplo) y una segunda dedicada a los equipos (`Team` en el siguiente ejemplo).

Ejemplo (cumplimiento del principio):

```
class Team {
  #members: Employee[] = [];
  constructor(
    readonly name: string
  ) {}

  addMember(employee: Employee) {
    this.members.push(employee);
  }
}

class Employee {
  constructor(
    readonly firstName: string,
    readonly lastName: string
  ) {}
}

const marketing = new Team("Marketing");
const evelyn = new Employee("Evelyn", "Miller");
marketing.addMember(evelyn);

const researchAndDevelopment = new Team("R&D");
const john = new Employee("John", "Riley");
researchAndDevelopment.addMember(john);
```

13.3 El principio de abierto a la extensión, cerrado a la modificación

El principio de abierto a la extensión, cerrado a la modificación establece que es preferible extender una clase que modificar su código fuente.

No implementar este principio implica que es imposible prever nuevos casos operativos en el programa sin realizar modificaciones en el código existente.

Ejemplo (incumplimiento del principio):

```
class Supplier {
  public readonly paymentType = "invoice";

  constructor(
    public readonly name: string,
    public readonly invoice: number
  ) {}
}

class Employee {
  public readonly paymentType = "salary";
  constructor(
    public readonly firstName: string,
    public readonly lastName: string,
    public readonly salary: number
  ) {}
}

class Company {
  constructor(
    private readonly toBePaid: any[]
  ) {}

  sendPayments() {
    this.toBePaid.forEach(p => {
      if (p.paymentType) {
        if (p.paymentType == "invoice") {
          const supplier = p as Supplier;
          console.log(
            `Pay ${
              supplier.name
```

```
            } | Invoice: ${
              supplier.invoice
            }€`
            );
        } else if (p.paymentType == "salary") {
          const employee = p as Employee;
          console.log(
            `Pay ${
              employee.firstName
            } ${
              employee.lastName
            } | Salary: ${
              employee.salary
            }€`
          );
        } else {
          console.log("Can't pay that!");
        }
      }
    });
  }

  addPaymentType(p: any) {
    this.toBePaid.push(p);
  }
}

const company = new Company([
  new Employee("Evely", "Miller", 2000),
  new Employee("John", "Riley", 2000),
  new Supplier("Mr. Anderson Corporation", 15000)
]);

// Log:
// Pay Evely Miller | Salary: 2000€
// Pay John Riley | Salary: 2000€
// Pay Mr. Anderson Corporation | Invoice: 15000€
company.sendPayments();

// Problem start here
class TaxOffice {
  public readonly paymentType = "tax";

  constructor(public readonly tax: number) {}
```

```
}

company.addPaymentType(new TaxOffice(10000));

// Log:
// Pay Evely Miller | Salary: 2000€
// Pay John Riley | Salary: 2000€
// Pay Mr. Anderson Corporation | Invoice: 15000€
// Can't pay that!
company.sendPayments();
```

El ejemplo anterior muestra varias cosas importantes cuando no se respeta el principio de abierto/cerrado:

- El código del método `sendPayments` contiene muchas condiciones, lo que aumenta la complejidad ciclomática del código.

Observación

La complejidad ciclomática es un índice que cuenta el número de rutas lógicas en un programa. Cuanto más grande sea, más complicado resultará mantener el programa.

- El programa no es capaz de soportar el tipo `TaxOffice` porque no se proporciona en el método `sendPayments`.

La implementación es más eficiente si la lógica de pago está contenida en las clases `Supplier`, `Employee` y `TaxOffice` en lugar de en el método `sendPayments`. Al utilizar polimorfismo y definir una interfaz `Payable` que describe el comportamiento de un pago, es posible ampliar esta funcionalidad sin modificar el código del método `sendPayments`. Usando el ejemplo del polimorfismo (consulte la sección Polimorfismo), se puede agregar `TaxOffice` implementando la interfaz `Payable` sin la más mínima modificación.

Ejemplo (cumplimiento del principio):

```
class TaxOffice implements Payable {
  constructor(
    private readonly tax: number
  ) {}

  sendPayment(): void {
    console.log(`Pay TaxOffice | Tax: ${this.tax}€`);
```

```
    }
}

const company = new Company();

// Log:
// Pay Evely Miller | Salary: 2000€
// Pay John Riley | Salary: 2000€
// Pay Mr. Anderson Corporation | Invoice: 15000€
// Pay TaxOffice | Tax: 10000€
company.sendPayments([
  new Employee("Evely", "Miller", 2000),
  new Employee("John", "Riley", 2000),
  new Supplier("Mr. Anderson Corporation", 15000),
  new TaxOffice(10000)
]);
```

13.4 El principio de sustitución de Liskov

El principio de sustitución de Liskov (formulado por la informática *Barbara Liskov*) establece que una instancia de un tipo básico debe poder ser sustituida por un subtipo este sin que se altere el comportamiento del programa.

La violación de este principio aparece siempre que un método intenta determinar si uno de sus parámetros es de un subtipo específico (normalmente, para imponer un comportamiento específico al programa cuando se utiliza ese subtipo). Es común encontrar este problema cuando no se respeta el principio de abierto/cerrado.

Ejemplo (incumplimiento del principio):

```
abstract class Employee {
  constructor(
    public readonly firstName: string,
    public readonly lastName: string,
    public readonly salary: number
  ) {}
}

class Salesman extends Employee {
  constructor(
```

```
    public readonly firstName: string,
    public readonly lastName: string,
    public readonly salary: number,
    public readonly commissionPercent: number,
    public readonly totalSales: number
  ) {
    super(firstName, lastName, salary);
  }
}

class Engineer extends Employee {
  // ...
}

class Company {
  sendPayments(employees: Employee[]) {
    employees.forEach(e => {
      if (
        (e as any).commissionPercent &&
        (e as any).totalSales
      ) {
        const salesman = e as Salesman;
        const variable =
          (salesman.commissionPercent / 100)
          * salesman.totalSales;

        console.log(
          `Pay ${
            e.firstName
          } ${
            e.lastName
          } | Salary: ${
            e.salary + variable
          }€`
        );
      } else {
        console.log(
          `Pay ${
            e.firstName
          } ${
            e.lastName
          } | Salary: ${
            e.salary
          }€`
```

```
          );
        }
      });
    }
}

const louise = new Engineer("Louise", "Davis", 2000);
const abraham = new Salesman(
  "Abraham",
  "McKenzie",
  1500,
  5,
  10000
);

const company = new Company();

// Log:
// Pay Louise Davis | Salary: 2000€
// Pay Abraham McKenzie | Salary: 2000€
company.sendPayments([louise, abraham]);
```

En este ejemplo, no se respeta el principio de Liskov. El método `sendPayments` utiliza una condición para determinar si la instancia de la clase `Employee` es de tipo `Salesman`. El objetivo del método es calcular el salario específicamente para este subtipo porque contiene (además de la propiedad `salary`) una noción de salario variable llevada por las propiedades `commissionPercent` y `totalSales`.

No respetar el principio de Liskov, en este caso específico, plantea un gran problema.

En TypeScript, es posible forzar al compilador para que pueda agregar propiedades dinámicamente a un objeto. Basta con usar la aserción de tipo para convertir la instancia al tipo `any`. A partir de entonces, es posible alterar el funcionamiento del programa.

Ejemplo:

```
(louise as any).commissionPercent = 5;
(louise as any).totalSales = 10000;

// Log:
// Pay Louise Davis | Salary: 2500€
// Pay Abraham McKenzie | Salary: 2000€
company.sendPayment([louise, abraham]);
```

Para respetar el principio de sustitución de Liskov, siempre debemos considerar que el uso de condiciones para conocer la naturaleza de un tipo (a fin de poder aplicar un comportamiento particular en el caso de utilizar un subtipo) indica que esto no está implementado correctamente.

Por lo tanto, en el ejemplo anterior, es preferible llevar el cálculo del salario a la clase heredada, definiendo un método abstracto en la clase `Employee`.

Ejemplo (cumplimiento del principio):

```
abstract class Employee {
  constructor(
    public readonly firstName: string,
    public readonly lastName: string,
    protected readonly salary: number
 ) {}

  abstract computeSalary(): number;
}

class Salesman extends Employee {
  constructor(
    public readonly firstName: string,
    public readonly lastName: string,
    protected readonly salary: number,
    private readonly commissionPercent: number,
    private readonly totalSales: number
 ) {
    super(firstName, lastName, salary);
  }

  computeSalary(): number {
    return this.salary
      + (this.commissionPercent / 100)
```

```
      * this.totalSales;
  }
}

class Engineer extends Employee {
  computeSalary(): number {
    return this.salary;
  }
  // ...
}

class Company {
  sendPayment(employees: Employee[]) {
    employees.forEach(e => {
      console.log(
        `Pay ${
          e.firstName
        } ${
          e.lastName
        } | Salary: ${
          e.computeSalary()
        }€`
      );
    });
  }
}

const louise = new Engineer("Louise", "Davis", 2000);
const abraham = new Salesman(
  "Abraham",
  "McKenzie",
  1500,
  5,
  10000
);

const company = new Company();

// Log:

// Pay Louise Davis | Salary: 2000€
// Pay Abraham McKenzie | Salary: 2000€
company.sendPayment([louise, abraham]);
```

13.5 El principio de segregación de interfaces

El principio de segregación de interfaces especifica que es preferible definir varias interfaces, en lugar de una única general. Entonces son más fáciles de usar para otras clases, pero también más sencillas de implementar.

Ejemplo (incumplimiento del principio):

```
interface Employee {
  id: number;
  firstName: string;
  lastName: string;
  salary: number;
}

interface Team {
  name: string;
  employees: Employee[]
}

interface IDirectory {
  get(name: string): Team;
  getAll(): Team[];
  add(employee: Employee): void;
  delete(employee: Employee): void;
  addTo(employee: Employee, team: Team): void;

  // ...
}

class EmployeeDirectory implements IDirectory {
  #employees: Employee[] = [];


  get(name: string): Team {
    throw new Error("Method not implemented.");
  }

  getAll(): Team[] {
    throw new Error("Method not implemented.");
  }

  add(employee: Employee) {
```

```
    this.#employees.push(employee);
  }

  delete(employee: Employee) {
    this.#employees = this.#employees.filter(e => {
      return e.id === employee.id;
    });
  }

  addTo(employee: Employee, team: Team) {
    throw new Error("Method not implemented.");
  }
}
```

Este ejemplo muestra varios problemas cuando no se respeta el principio de segregación de interfaces:

- La interfaz `IDirectory` define varios métodos que tienen diferentes responsabilidades. Esto afecta a la implementación y también causará una violación del principio de responsabilidad única cuando la implemente una clase.
- Durante la implementación, los métodos que no corresponden a la responsabilidad de la clase no se implementarán. Esto plantea un problema al ser manipulados por otra clase, porque esa clase no sabrá qué métodos pueden generar excepciones.
- Es probable que la clase que utiliza la interfaz no necesite manejar instancias de las clases `Employee` y `Team`.
- Por tanto, es preferible separar esta interfaz en dos (`ITeamDirectory` e `IEmployeeDirectory`).

Ejemplo (cumplimiento del principio):

```
interface ITeamDirectory {
  get(name: string): Team;
  getAll(): Team[];
  addTo(employee: Employee, team: Team): void;
}

interface IEmployeeDirectory {
  add(employee: Employee): void;
  delete(employee: Employee): void;
```

```
}

class EmployeeDirectory implements IEmployeeDirectory {
  #employees: Employee[]

  add(employee: Employee) {
    this.#employees.push(employee);
  }

  delete(employee: Employee) {
    this.#employees = this.#employees.filter(e => {
      return e.id === employee.id;
    });
  }
}
```

13.6 El principio de inversión de dependencias

El principio de inversión de dependencias establece que una clase siempre debe depender de abstracciones, y no de implementaciones.

Este principio permite romper las referencias entre las diferentes clases (también hablamos de «desacoplamiento»). Cuando no se respeta, puede complicar el mantenimiento y la escalabilidad de un programa.

Ejemplo (incumplimiento del principio):

```
class EmployeeDirectory {
  #employees: Employee[] = [];


   add(employee: Employee) {
    this.#employees.push(employee);
  }

  delete(employee: Employee) {
    this.#employees = this.#employees.filter(e => {
      return e.id === employee.id;
    });
  }
}
```

```
class Company {
  readonly #employeeDirectory: EmployeeDirectory;
  constructor() {
    this.#employeeDirectory = new EmployeeDirectory();
  }
}

const company = new Company();
```

En el ejempo, la clase `Company` contiene una referencia a la clase `EmployeeDirectory`, lo que se llama dependencia. Esta puede considerarse un punto de mantenimiento y ya no es posible eliminar la clase `EmployeeDirectory` (por ejemplo, reemplazarla por otra) sin crear un impacto directo en la clase `Company`. En un ejemplo simple como este, el impacto es pequeño, pero en un programa que contiene cientos de clases, este problema puede volverse muy complejo de manejar.

Por lo tanto, es mejor crear una abstracción que represente la dependencia que se va a usar en la clase `Company`. Las interfaces son ideales para esta función, y luego basta con utilizarlas como parámetros del constructor para especificar, durante la instanciación, qué implementaciones se usarán (esto también se conoce como inyección de dependencias).

Ejemplo (cumplimiento del principio):

```
interface IEmployeeDirectory {
  add(employee: Employee): void;
  delete(employee: Employee): void; }

class EmployeeDirectory implements IEmployeeDirectory {
  #employees: Employee[];

  add(employee: Employee) {
    this.#employees.push(employee);
  }

  delete(employee: Employee) {
    this.#employees = this.#employees.filter(e => {
      return e.id === employee.id;
    });
  }
}
```

```
class Company {
  constructor(
    private readonly employeeDirectory: IEmployeeDirectory
  ) {}
}

const company = new Company(
  new EmployeeDirectory()
);
```

Una vez que la clase `Company` se desacopla correctamente de sus dependencias mediante la interfaz `IEmployeeDirectory`, es posible reemplazar `EmployeeDirectory` con otra clase que implemente la interfaz (ejemplo: `LdapDirectory`). Esto no tendrá entonces ningún impacto en el código de la clase `Company`.

```
class LdapEmployeeDirectory implements IEmployeeDirectory  {
  add(employee: Employee): void {
    // ...
  }
  delete(employee: Employee): void {
    // ...
  }
}

const company = new Company(

  new LdapEmployeeDirectory()
);
```

Capítulo 4
Módulos

1. Introducción

Una variable declarada fuera de cualquier bloque de código tiene alcance global. Lo mismo ocurre con las funciones y las clases. Este alcance global permite que sean accesibles durante todo el programa, pero plantea un problema si otra declaración (variable, función o clase) usa el mismo nombre. Este fenómeno, llamado colisión de nombres, puede provocar errores o comportamientos inesperados cuando se ejecuta el programa. El compilador de TypeScript detecta estas colisiones y genera un error durante la compilación.

Ejemplo:

```
// Compilation error TS2393:
// Duplicate function implementation.
function getSalary() {
  return 10000;
}

// Compilation error TS2393:
// Duplicate function implementation.
function getSalary() {
  return 10;
}

console.log(getSalary());
```

En este ejemplo, si se ejecuta el código, la última línea mostrará 10 en la consola. De hecho, la segunda declaración de la función `getSalary()` sobrescribe la anterior.

Por tanto, tener declaraciones con un alcance global es una muy mala práctica que dificulta considerablemente la escalabilidad del programa. Estamos hablando de contaminación del espacio global. Cuando se implementa esta mala práctica, resulta muy difícil trabajar con varias personas en la misma base de código. Además, las colisiones de nombres también pueden desencadenarse mediante el uso de bibliotecas externas.

Para poner fin a la contaminación del espacio global, nacieron diferentes técnicas que permiten aislar las declaraciones. Posteriormente, ECMAScript 2015 estandarizó una solución: los módulos.

Observación

En Java o C# existe el concepto de espacios de nombres (namespace en inglés), que permite aislar todas las declaraciones. Los espacios de nombres también existen en TypeScript, pero solo son útiles en archivos de definición. De hecho, presentan varias desventajas, en comparación con los módulos, que hacen que su uso sea restrictivo. Además, no están estandarizados por la norma ECMAScript, a diferencia de los módulos.

2. Histórico

2.1 Pattern module

Entre 2005 y 2010, AJAX se estandarizó y aparecieron numerosas bibliotecas JavaScript que ampliaron las capacidades del lenguaje: jQuery, Dojo, Prototype... Desde entonces, las aplicaciones web han ido utilizando cada vez más código JavaScript para dinamizar las páginas, pero las colisiones de nombres suponen un verdadero problema. El *pattern module* es la primera solución para encapsular y aislar declaraciones. Adoptado por la mayoría de las bibliotecas de la época, se basa principalmente en la capacidad de los *closures* (consulte el capítulo Tipos e instrucciones básicas - Funciones) y tiene diferentes implementaciones.

Para crear un módulo, se debe utilizar una *Immediately Invoked Function Expression* (expresión de función invocada inmediatamente, en español) más conocida bajo el alias IIFE. Una IIFE es una función anónima asignada a una variable, ejecutada inmediatamente.

Ejemplo:

```
const salariedModule = (function() {
  const salary = 20_000;

  return {
    getSalary: function() {
      return salary;
    }
  };
})();

const employeeModule = (function(salariedModule) {
  return {
    personList: ["Evelyn", "John"],
    getSalary: function() {
      return salariedModule.getSalary();
    }
  };
})(salariedModule);

const managerModule = (function(salariedModule) {
  const bonus = 40_000;
  return {
    personList: ["Patrick", "David"],
    getSalary: function() {
      return salariedModule.getSalary() + bonus;
    }
  };
})(salariedModule);

// Log: 20 000
console.log(employeeModule.getSalary());

// Log: 60 000
console.log(managerModule.getSalary());

// Log: ["Evelyn", "John"]
console.log(employeeModule.personList);

// Log: ["Patrick", "David"]
console.log(managerModule.personList);
```

Gracias a los *closures*, todo lo declarado dentro del IIFE se guarda en la memoria y no es accesible a través del módulo. Es necesario devolver a través del IIFE un objeto exponiendo los diferentes elementos que se desea hacer públicos. Por lo tanto, en el ejemplo anterior, la variable `salary` tiene un alcance privado dentro del módulo `salariedModule`. El método `getSalary` es público porque se devuelve mediante un objeto literal. Además de encapsular elementos, el *pattern module* también permite pasar variables externas a través de argumentos IIFE. Este es el caso, siempre en el ejemplo anterior, de los módulos `employeeModule` y `managerModule`, que dependen del módulo `salariedModule`. Esta técnica fue ampliamente utilizada por jQuery para crear complementos, evitando así cualquier colisión de nombres con declaraciones ya existentes dentro de la biblioteca.

En definitiva, este patrón permite limitar la contaminación del espacio global, pero no la borra por completo. Además de tener una sintaxis poco intuitiva, la declaración del módulo tiene un alcance global y, por tanto, puede colisionar con otras declaraciones. Además, este patrón no permite gestionar eficazmente las dependencias entre módulos. Esto hace que dividir el código en varios archivos resulte complejo. El desarrollador es responsable de cargar los módulos en orden según su dependencia, lo que rápidamente se vuelve complicado de administrar en una base de código grande. De hecho, es necesario añadir (en un archivo HTML) las etiquetas de carga del script en el orden correcto para evitar que un módulo se cargue antes que otro del que depende.

2.2 AMD y CommonJs

Como se dijo en la sección anterior, entre 2005 y 2010, aumentó la proporción de código JavaScript en las aplicaciones web, de modo que se impuso, lógicamente, la necesidad de facilitar la división del código, hacerlo más legible y desacoplarlo. Las limitaciones del *pattern module* se hicieron sentir y la forma de gestionar y declarar módulos evolucionó gracias a dos especificaciones: AMD (*Asynchronous Module Definition*) y CommonJS. Estas definen API que le permiten crear módulos y administrar sus dependencias de manera eficiente.

Del lado de AMD, la palabra clave `define` permite definir un módulo y sus dependencias a través de una tabla. La palabra clave `require` permite cargar módulos.

Ejemplo (primer módulo):

```
/**
 * salariedModule.js
 */
define("salariedModule", [], function() {
  const salary = 20_000;
  return {
    getSalary: function() {
      return salary;
    }
  };
});
```

Ejemplo (segundo módulo):

```
/**
 * employeeModule.js
 */
define("employeeModule", ["salariedModule"],
function(salariedModule) {
  return {
    personList: ["Evelyn", "John"],
    getSalary: function() {
      return salariedModule.getSalary();
    }
  };
});
```

Ejemplo (tercer módulo):

```
/**
 * managerModule.js
 */
define("managerModule", ["salariedModule"],
function(salariedModule) {
  const bonus = 40_000;
  return {
    personList: ["Patrick", "David"],
    getSalary: function() {
      return salariedModule.getSalary() + bonus;
    }
  };
});
```

Ejemplo (uso de los tres módulos):

```
/**
 * main.js
 */
require(["employeeModule", "managerModule"], function(
  employeeModule,
  managerModule
) {
  // Log: 20 000
  console.log(employeeModule.getSalary());

  // Log: 60 000
  console.log(managerModule.getSalary());

  // Log: ["Evelyn", "John"]
  console.log(employeeModule.personList);

  // Log: ["Patrick", "David"]
  console.log(managerModule.personList);
});
```

En el lado de CommonJS, es el uso de la palabra clave `export` lo que convierte el archivo en un módulo. La palabra clave `require` se usa para cargar módulos y usar los elementos que exportan.

Ejemplo (primer módulo):

```
/**
 * salariedModule.js
 */
const salary = 20_000;
const salaried = {
  getSalary: function() {
    return salary;
  }
};

module.export = salaried;
```

Ejemplo (segundo módulo):

```
/**
 * employeeModule.js
 */
const salaried = require("./salariedModule");
const employee = {
  personList: ["Patrick", "David"],
  getSalary: function() {
    return salaried.getSalary();
  }
};

module.export = employee;
```

Ejemplo (tercer módulo):

```
/**
 * managerModule.js
 */
const salaried = require("./salariedModule");
const bonus = 40_000;
const manager = {
  personList: ["Patrick", "David"],
  getSalary: function() {
    return salaried.getSalary() + bonus;
  }
};

module.export = manager;
```

Ejemplo (uso de los tres módulos):

```
/**
 * main.js
 */
const employee = require("./employeeModule");
const manager = require("./managerModule");
// Log: 20 000
console.log(employee.getSalary());

// Log: 60 000
console.log(manager.getSalary());

// Log: ["Evelyn", "John"]
console.log(employee.personList);
```

```
// Log: ["Patrick", "David"]
console.log(manager.personList);
```

Con AMD, los módulos se nombran explícitamente mediante cadenas y el uso de la palabra clave `define`. Las cadenas se utilizan, pues, para cargar módulos, permitiendo así múltiples módulos por archivo. Esta es una de las principales diferencias entre AMD y CommonJS. Con este último, tan pronto como un archivo contiene la palabra clave `export o require`, se convierte en un módulo. En CommonJS, solo puede haber un módulo por archivo. Por lo tanto, la palabra clave `require` necesita la ruta relativa del archivo que representa este módulo para cargarlo.

Además de no tener la misma sintaxis, estas dos especificaciones difieren en la forma de cargar las dependencias de un módulo: AMD recomienda cargar las dependencias de forma asíncrona y CommonJS, de forma síncrona. Por lo tanto, AMD se utiliza más bien en el lado del navegador, para aplicaciones cliente donde los módulos se cargan de forma asíncrona (el objetivo es no bloquear la interfaz de usuario). CommonJS se utiliza principalmente en el lado del servidor con NodeJS.

Observación

Como AMD y CommonJS no están estandarizados dentro de ECMAScript, es necesario utilizar bibliotecas de terceros que implementen las API para poder implementarlas. De hecho, los ejemplos definidos anteriormente contienen palabras clave específicas de las API que los motores JavaScript integrados en los navegadores no conocen. Las bibliotecas, que son responsables de resolver los diferentes módulos y sus dependencias, se denominan «cargadores de scripts». En el lado del navegador, los más populares son RequireJS (para AMD) y curl.js (para CommonJs). En el lado del servidor, NodeJS implementa directamente las especificaciones de CommonJS y, por lo tanto, no requiere bibliotecas de terceros para utilizar los módulos.

En ese momento, ninguna norma tenía prioridad sobre la otra y no se alcanzó un consenso. Luego se creó una nueva sintaxis para definir módulos: UMD (*Universal Module Definition*). Aunque resulta muy poco intuitiva, es compatible con AMD, CommonJS y el *pattern module*. Por lo tanto, las bibliotecas que implementan UMD se pueden utilizar en combinación con aquellas que admiten el estándar AMD o CommonJS.

2.3 Estandarización

La gestión de los módulos del lado del cliente se ha vuelto más compleja debido a la proliferación de herramientas, algunas de las cuales solo admiten AMD o CommonJS. Para resolver este problema, ECMAScript 2015 estandarizó una sintaxis común para crear módulos.

Observación

Sin embargo, la carga de módulos no estaba estandarizada con la norma ECMAScript 2015. La implementación de la carga de módulos por parte de los navegadores llegó más tarde. Por tanto, fue necesario utilizar herramientas de terceros, denominadas bundlers, que permiten concatenar todos los módulos que componen una aplicación web en un único archivo. Estas herramientas permiten que los módulos se carguen en el orden correcto, según sus dependencias (consulte la sección Carga y resoluciones). Posteriormente, se implementó la etiqueta `<script type=module>` *en la mayoría de los navegadores, lo que permitió cargar módulos de forma nativa sin necesidad de herramientas de terceros.*

3. El estándar ECMAScript 2015

Los módulos definidos por el estándar ECMAScript 2015 aprovechan al máximo los estándares CommonJS y AMD. Al igual que CommonJS, el estándar ofrece una sintaxis simple que le permite exportar e importar datos desde un módulo mediante dos palabras clave:

- `export`: permite exportar elementos.
- `import`: permite importar elementos de un módulo.

Tan pronto como un archivo incluye una de estas palabras clave, se convierte en un módulo. Por lo tanto, solo puede haber un módulo por archivo. Los módulos ECMAScript 2015 tienen como objetivo admitir la carga asíncrona y síncrona. También permiten gestionar dependencias cíclicas (aunque esto se considera una mala práctica).

Observación

Los módulos deben importarse fuera de cualquier bloque de código. Sin embargo, es posible importarlos dinámicamente mediante el uso de la función `import()`, que devuelve el módulo en forma de promesa (el concepto de promesa se abordará en el capítulo Asincronismo). Esta funcionalidad se ha estandarizado en la versión 2020 de ECMAScript.

Ejemplo (primer módulo):

```
/**
 * salariedModule.js
 */
const salary = 20_000;

export const salaried = {
  getSalary: function() {
    return salary;
  }
};
```

Ejemplo (segundo módulo):

```
/**
 * employeeModule.js
 */
import { salaried } from "./salariedModule";

export const employee = {
  personList: ["Patrick", "David"],
  getSalary: function() {
    return salaried.getSalary();
  }
};
```

Ejemplo (tercer módulo):

```
/**
 * managerModule.js
 */
import { salaried } from "./salariedModule";

const bonus = 40_000;
```

```
export const manager = {
  personList: ["Patrick", "David"],
  getSalary: function() {
    return salaried.getSalary() + bonus;
  }
};
```

Ejemplo (uso de los tres módulos):

```
/**
 * main.js
 */
import { employee } from "./employeeModule";
import { manager } from "./managerModule";

// Log: 20 000
console.log(employee.getSalary());

// Log: 60 000
console.log(manager.getSalary());

// Log: ["Evelyn", "John"]
console.log(employee.personList);

// Log: ["Patrick", "David"]
console.log(manager.personList);
```

Un módulo puede importar varios otros y puede exportar varios elementos. Se recomienda colocar las importaciones al principio del módulo porque representan los módulos de los que dependen. La importación requiere una ruta relativa que permita encontrar el archivo que representa el módulo.

Observación

El compilador de TypeScript tiene la particularidad de poder transpilar las diferentes sintaxis de módulos vistas anteriormente. Por lo tanto, el código puede utilizar la sintaxis AMD, ES2015, UMD... y luego convertirse a AMD, ES2015, UMD... en el código JavaScript generado. Simplemente, especifique en el archivo de configuración `tsconfig.json`*, a través de la opción* `--module`*, el formato del módulo de salida deseado.*

Ejemplo antes de la transpilación:

```
import { salaried as salariedAlias } from "./salariedModule";

const bonus = 40_000;

const manager = {
  personList: ["Patrick", "David"],
  getSalary: function() {
    return salariedAlias.getSalary() + bonus;
  }
};

export { manager as managerModule };
```

Ejemplo (transpilación con CommonJS):

```
"use strict";

Object.defineProperty(exports, "__esModule", { value: true });

const salariedModule_1 = require("./salariedModule");
const bonus = 40000;
const manager = {
    personList: ["Patrick", "David"],
    getSalary: function () {
        return salariedModule_1.salaried.getSalary() + bonus;
    }
};
exports.managerModule = manager;
```

Ejemplo (transpilación con AMD):

```
define(["require", "exports", "./salariedModule"], function
(require, exports, salariedModule_1) {
    "use strict";
    Object.defineProperty(exports, "__esModule", { value: true
});
    const bonus = 40000;
    const manager = {
        personList: ["Patrick", "David"],
        getSalary: function () {
            return salariedModule_1.salaried.getSalary() + bonus;
        }
    };
    exports.managerModule = manager;
});
```

Observación

En el resto del capítulo, la palabra `element` utilizada en la sintaxis representa cualquier elemento exportable/importable: una variable, una clase, una función, una interfaz, una enumeración...

3.1 Export

La palabra clave `export` permite exportar declaraciones para que sean accesibles fuera del módulo. Se puede utilizar directamente antes de una declaración.

Sintaxis:

```
export elementDeclaration;
```

Ejemplo:

```
export const salary = 20_000;

export const salaried = {
  getSalary: function() {
    return salary;
  }
};

export class employee {};

export function calculateSalary() {};
```

También se puede utilizar al final del archivo para, por ejemplo, agrupar varias exportaciones.

Sintaxis:

```
export { element1, element2, ... };
```

Ejemplo:

```
const salary = 20000;

const salaried = {
  getSalary: function() {
    return salary;
```

```
  }
};

export { salary, salaried };
```

Los alias se pueden utilizar con la ayuda de la palabra clave `as`. Estos permiten cambiar el nombre de los elementos exportados.

Sintaxis:

```
export { element1 as alias1, element2 as alias2, ... };
```

Ejemplo:

```
const salary = 20000;

const salaried = {
  getSalary: function() {
    return salary;
  }
};

export { salary as fixedSalary, salaried as salariedObj };
```

Dentro de un módulo, es posible realizar una única exportación de forma predeterminada, pero esta práctica se considera perjudicial. Cuando un módulo importa un elemento exportado por defecto, puede cambiarle el nombre como desee. Por lo tanto, la exportación predeterminada puede tener un nombre diferente en cada módulo donde se importa. Esto complica la legibilidad del código, así como su mantenibilidad y escalabilidad.

Ejemplo (exportación):

```
/**
 * salariedModule.js
 */
const salary = 20_000;

 const salaried = {
  getSalary: function() {
    return salary;
  }
};

export default salaried;
```

Ejemplo (importación):

```
/**
 * employeeModule.js
 */
import salariedObj from "./salariedModule";

const employee = {
  personList: ["Patrick", "David"],
  getSalary: function() {
    return salariedObj.getSalary();
 }
};
```

Un módulo puede reexportar directamente las exportaciones de otro módulo.

Sintaxis 1:

```
export * from "./path/to/module";
```

Sintaxis 2:

```
export { element1, element2, ... } from "./path/to/module";
```

Sintaxis 3:

```
export element1 as alias1 from "./path/to/module";
```

Ejemplo:

```
export * from "./employeeModule"
export { salaried } from "./salariedModule"
```

El carácter «*» le permite reexportar todas las declaraciones exportadas dentro de este módulo. En la segunda línea del ejemplo, solo se exporta el objeto *salaried* desde el módulo `salariedModule`. Reexportar elementos puede resultar muy útil para centralizar el acceso a las declaraciones y, así, simplificar las rutas de importación.

Ejemplo (primer módulo):

```
/**
 * serviceFolder/employeeFolder/salariedModule.ts
 */
const salary = 20_000;

export const salaried = {
```

```
  getSalary: function() {
    return salary;
  }
};
```

Ejemplo (segundo módulo):

```
/**
 * serviceFolder/employeeFolder/employeeModule.ts
 */
import { salaried } from "../salariedFolder/salariedModule";

export const employee = {
  personList: ["Patrick", "David"],
  getSalary: function() {
    return salaried.getSalary();
  }
};
```

Ejemplo (tercer módulo):

```
/**
 * serviceFolder/employeeFolder/managerModule.ts
 */
import { salaried } from "../salariedFolder/salariedModule";

const bonus = 40_000;

export const manager = {
  personList: ["Patrick", "David"],
  getSalary: function() {
    return salaried.getSalary() + bonus;
  }
};
```

Ejemplo (reexportación):

```
/**
 * serviceFolder/services.ts
 */

export * from "./managerFolder/managerModule";
export * from "./employeeFolder/employeeModule";
```

Ejemplo (importación):

```
/**
 * main.ts
 */
import { employee, manager } from "./serviceFolder/services";

// Log: 20 000
console.log(employee.getSalary());

// Log: 60 000
console.log(manager.getSalary());

// Log: ["Evelyn", "John"]
console.log(employee.personList);

// Log: ["Patrick", "David"]
console.log(manager.personList);
```

En este ejemplo, el archivo `services.ts` centraliza el acceso a todos los elementos de la aplicación y, así, simplifica su ruta de importación. Esta técnica se llama *barrel*.

3.2 Import

La palabra clave `import` permite cargar un módulo y utilizar los elementos que exporta. Cuando un módulo exporta varios elementos, es posible elegir los elementos importados y darles, si es necesario, un alias.

Sintaxis:

```
import { element1, element2, ... } from "./path/to/module";
```

Ejemplo:

```
/**
 * main.ts
 */
import {
  employee as employeeObj,
  manager as managerObj
} from "./serviceFolder/services";

// Log: 20 000
console.log(employeeObj.getSalary());
```

```
// Log: 60 000
console.log(managerObj.getSalary());

// Log: ["Evelyn", "John"]
console.log(employeeObj.personList);

// Log: ["Patrick", "David"]
console.log(managerObj.personList);
```

Si un módulo exporta varios elementos, puede resultar útil importarlos agrupándolos en un espacio de nombres.

Sintaxis:

```
import * as alias from "./path/to/module";
```

Ejemplo (exportación):

```
/**
 * utilModule.js
 */
export function calculateSalary() {
  //...
}

export function findRank(rank: Rank) {
  //...
}

export enum Rank {
  Director
}
```

Ejemplo (importación):

```
/**
 * employeeModule.js
 */
import * as util from "./utilModule";

util.calculateSalary();
util.findRank(util.Rank.Director);
```

En este ejemplo, `EmployeeModule` importa todos los elementos exportados por `utilModule` y los agrupa bajo el espacio de nombres `util`. Esto ayuda a evitar colisiones de nombres y facilita la lectura del código.

Como se dijo anteriormente, la importación requiere la ruta al archivo que representa el módulo deseado. TypeScript proporciona autocompletado en rutas de importación a través del IDE.

Ejemplo (Visual Studio Code):

```
import { } from "./serviceFolder/"
                    employeeFolder
                    managerFolder
                    salariedFolder
                 TS services                        services.ts
```

El compilador de TypeScript ofrece una funcionalidad para proponer automáticamente una importación. Si el compilador detecta un elemento no declarado en un archivo, pero existe como una exportación dentro de otro módulo, sugerirá el uso de una *Quick Fix*. Esto agregará automáticamente la importación al archivo.

Ejemplo (Visual Studio Code):

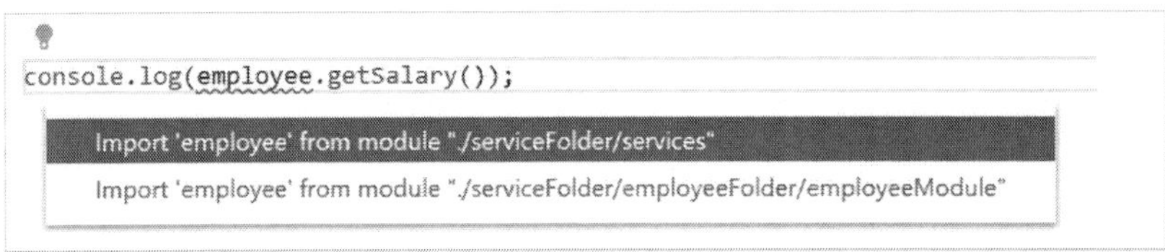

Observación

En este ejemplo, la Quick Fix ofrece dos rutas posibles para resolver `employeeModule`. Esto se debe a la reexportación de este módulo desde el archivo `services.ts`.

3.3 Import assert

El estándar ECMAScript 2015 permite que un módulo JavaScript solo importe datos de otro módulo JavaScript. Para importar datos de otro tipo de archivo (*JSON, HTML...*), es necesario utilizar una herramienta de terceros (Webpack, Rollup...). Hay una propuesta en el estándar ECMAScript (actualmente en la penúltima etapa del proceso de validación) que debería pasar a formar parte del estándar en breve: *import assertion*. Esta propuesta agrega una sintaxis que permite especificar el tipo de archivo durante la importación y, por lo tanto, en última instancia debería autorizar la importación de datos de archivos que no sean JavaScript.

Sintaxis:

```
import element from "./path/to/module" assert { type: "type"};
```

Ejemplo (importación):

```
import json from "./data.json" assert { type: "json" };
```

Observación

Actualmente compatible con el motor JavaScript V8, esta funcionalidad ya se puede usar en Chrome y Node.js (utilizando un indicador experimental para este último).

4. Gestión de tipos

Import type

Como se dijo con anterioridad, los tipos definidos en TypeScript solo son útiles en el momento de la compilación y se eliminan al transpilar al código JavaScript.

Ejemplo (exportación):

```
/**
 * type.js
  */
export interface Employee {
```

```
  // ...
}
```

Ejemplo (importación):

```
/**
 * main.ts
 */
import { Employee } from "./type";

const evelyn: Employee = {
 // ...
};
```

En este ejemplo, el archivo `type.ts` desaparecerá durante la transpilación, así como la línea de importación del archivo `main.ts`. Hay una notación que ayuda al compilador y hace que este comportamiento sea más explícito: import y export de tipos.

Sintaxis (exportación):

```
export type { element1, element2, ... } from "./path/to/module";
```

Ejemplo (exportación):

```
// type.ts
export type interface Employee {
  // ...
}
```

Sintaxis (importación):

```
import type { element1, element2, ... } from "./path/to/module";
```

Ejemplo (importación):

```
// main.ts
import type { Employee } from "./type";

 const evelyn: Employee = {
 // ...
};
```

Observación

La opción de compilación `--importsNotUsedAsValues` permite definir el comportamiento de la palabra clave `import` solo en importaciones útiles para la compilación. En la mayoría de los casos, es mejor dejar el comportamiento predeterminado, que elimina todas las importaciones de tipos durante la transpilación.

5. Carga y resoluciones

5.1 Resoluciones

Los proyectos más recientes utilizan el concepto de módulo. Al importar un módulo, el compilador de TypeScript debe resolver el archivo que representa el módulo en el momento de la compilación. Lo mismo ocurre cuando el código lo ejecuta el motor JavaScript. TypeScript intentará resolver estas importaciones utilizando un algoritmo que se puede seleccionar mediante una opción de compilación llamada `--moduleResolution`. Una vez resuelto, el compilador puede proponer:

- Autocompletado al importar el módulo.
- Detección de errores.
- Autocompletado al utilizar el módulo.

Observación

La opción de compilación `--traceResolution` permite obtener registros cuando el compilador de TypeScript intenta resolver las diferentes importaciones. Esto es útil para diagnosticar una importación que el compilador no puede resolver.

Hay dos formas de establecer la ruta a un módulo durante la importación:

- Las importaciones con rutas relativas son módulos internos del proyecto. Usando esta ruta, el compilador de TypeScript intentará encontrar el archivo con la extensión `.ts` o `.d.ts` correspondiente a esta importación. Si no se encuentra, se generará un error de compilación.

Ejemplo:

```
import { employee } from "./employeeModule";
```

- Las rutas de importación compuestas únicamente por un nombre son módulos que provienen de un paquete NPM y, por lo tanto, existen en la carpeta `node_modules`(que contiene todos los paquetes). Para resolver esta importación, el compilador buscará en la carpeta `node_modules`el nombre de la carpeta correspondiente al nombre especificado durante la importación. Si lo encuentra, analizará el archivo `package.json` para encontrar el archivo de entrada del paquete para cargarlo. Si no encuentra el paquete, se generará un error de compilación.

Ejemplo:

```
import { fn } from "lib";
```

TypeScript ofrece varias opciones que influyen en la resolución de los módulos y la escritura de las importaciones:

- La opción de compilación `--baseUrl` permite importar desde una ruta absoluta. Esta opción debe inicializarse con la ruta de la carpeta raíz de la aplicación. Los módulos importados mediante rutas absolutas se resolverán a partir de la ruta especificada previamente.

Ejemplo:

```
//tsconfig.json
{
  "compileOnSave": true,
  "compilerOptions": {
    "target": "esnext",
    "baseUrl": "./",
    "strict": true
  },
  "include": ["./*.ts"]
}
```

Ejemplo (importación):

```
/**
 * serviceFolder/employeeFolder/employeeModule.ts
 */
//Previously:
// import {
//   salaried
// } from "../salariedFolder/salariedModule";
import {
  salaried
} from "serviceFolder/salariedFolder/salariedModule";

export const employee = {
  personList: ["Patrick", "David"],
  getSalary: function() {
    return salaried.getSalary();
  }
};
```

En este ejemplo, la importación realizada en el archivo `employeeModule.ts` es absoluta. Si se mueve el archivo `EmployeeModule.ts`, la ruta absoluta de su importación seguirá siendo correcta.

Observación

Tenga en cuenta que la opción `--baseUrl` indica la ruta para encontrar todos los módulos de la aplicación. Si utiliza paquetes NPM y la ruta raíz proporcionada no contiene la carpeta `node_modules`, entonces el compilador ya no podrá resolver las importaciones vinculadas a estos paquetes.

- La opción de compilación `--path` permite asignar alias a las rutas para hacerlas más explícitas y acortarlas. Requiere el uso de la opción `--baseUrl`.

Ejemplo:

```
//tsconfig.json
{
  "compileOnSave": true,
  "compilerOptions": {
    "target": "esnext",
    "baseUrl": "./",
    "paths": {
      "@service/*": ["serviceFolder/*"]
```

```
    },
    "strict": true
  },
  "include": ["./*.ts"]
}
```

Ejemplo (importación):

```
/**
 * main.ts
 */
import {
  employee as employeeObj,
  manager as managerObj
} from "@service/services";

// Log: 20 000
console.log(employeeObj.getSalary());

// Log: 60 000
console.log(managerObj.getSalary());
```

Observación

Tenga en cuenta que todas las opciones que acabamos de mostrar (aquellas que afectan a la resolución del módulo) solo afectan al compilador de TypeScript. Este último no reescribe las rutas de los módulos importados durante la transpilación. Sin embargo, estos módulos también deben ser resueltos por el motor JavaScript durante la ejecución del código. De forma nativa, el motor JavaScript no podrá resolver rutas absolutas. Por tanto, es necesario poder reproducir el impacto de estas opciones en las rutas de importación, en la herramienta utilizada para empaquetar la aplicación (Webpack, Rollup...).

5.2 Carga

El compilador de TypeScript solo resuelve importaciones para brindar asistencia en el desarrollo (análisis de módulos, autocompletado, detección de errores...). Durante la ejecución del programa, el motor JavaScript debe encargarse de resolver diferentes módulos en función de sus dependencias.

En el lado del navegador existen dos posibilidades para poder utilizar los módulos y cargarlos correctamente:

- Usar una herramienta de tipo bundler, como Webpack, Rollup, Parcel, Fuse-Box... Después de proporcionar el punto de entrada del programa, la herramienta analizará los módulos y sus dependencias para obtener un árbol de dependencias y conocer el orden de carga de los módulos. Hecho esto, concatenará los módulos en un solo archivo, respetando el orden de las dependencias. Estas herramientas también permiten optimizar el tamaño del paquete final mediante diferentes procesos (minificación, eliminación de comentarios...).
- Usar una etiqueta script `type=module`, que permita cargar de forma nativa un módulo dentro de un navegador, pero también proporcionar un script alternativo si el navegador no soporta módulos de forma nativa.

En la gran mayoría de los casos, es recomendable utilizar una herramienta de tipo *bundler* para empaquetar una aplicación web antes de que el navegador la cargue.

En el lado de Node.js, el estándar CommonJS ha sido compatible de forma nativa desde el inicio del proyecto. Sin embargo, existen varias diferencias en la resolución y la carga de módulos (incluido el hecho de que CommonJS carga los módulos de forma síncrona). Por lo tanto, ha sido difícil encontrar una solución para migrar todo el código existente utilizando módulos CommonJS al nuevo estándar definido por ECMAScript 2015. De forma predeterminada, Node.js admite el estándar CommonJS. Para usar/cargar módulos según lo definido por el estándar ECMAScript 2015, debe usar una de las siguientes soluciones:

- Cambiar la extensión de sus archivos de `.ts` a `.mts`.
- Agregar el campo "`type`":"`module`" al archivo `package.json`.
- Utilizar el parámetro `--input-type=module` a través de la línea de comando de Node.js.

Capítulo 5
Genericidad

1. Introducción

La genericidad permite escribir código que funcione en varios tipos, en lugar de solo en uno. Su objetivo es mejorar la reutilización, lo que ayuda a evitar duplicar un bloque de código para cada tipo que puede utilizarlo. Es un concepto que existe en la programación orientada a objetos desde hace mucho tiempo y que se ha implementado en TypeScript desde la primera versión del lenguaje.

2. Declaración básica

La declaración de un tipo genérico se realiza por convención con la letra `T`. Es posible cambiar esta letra, pero debe estar encapsulada entre corchetes angulares.

Sintaxis:

```
<T>
```

El arreglo es uno de los ejemplos más simples para ilustrar el uso de genéricos. El archivo de declaración básico de TypeScript (`lib.d.ts`) tiene una interfaz para escribir elementos contenidos en una matriz. Esta interfaz usa genericidad: `Array<T>`.

Ejemplo:

```
const salaries: Array<number> = [1700, 2250, 2000, 1850];
salaries.push(2125);
```

La declaración de un tipo genérico se realiza siempre después del nombre del elemento que lo porta. Una vez definido, el tipo genérico se puede utilizar para escribir lo que está contenido en el bloque de código del elemento que lleva la genericidad (por ejemplo, para una función, el tipo genérico se puede aplicar a sus parámetros, su retorno, sus variables...).

Ejemplo:

```
function add<T>(value: T) {
  // Do something here
}
```

Cuando se utiliza un elemento que define un genérico, es necesario especificar entre paréntesis angulares qué tipo se utilizará en lugar del tipo genérico.

Ejemplo:

```
add<number>(1);
add<string>("Evelyn");
add<boolean>(true);
```

TypeScript valida la coherencia del tipo y desencadenará un error de compilación si un valor no se puede asignar al tipo especificado entre corchetes angulares.

Ejemplo:

```
// Compilation Error TS2345: Argument of type 'true' is
// not assignable to parameter of type 'string'.
add<string>(true);
```

Un tipo genérico se puede propagar a otro elemento que también defina un genérico.

Ejemplo:

```
function add<T>(array: Array<T>, value: T) {
  array.push(value);
}
```

Las funciones que definen un genérico se pueden asignar en variables del mismo modo que una función estándar.

Ejemplo:

```
const add = <T>(value: T) => {

  // Do something here
};

add<number>(1);
add<string>("Evelyn");
add<boolean>(true);
```

TypeScript puede inferir el tipo que se ha de utilizar en lugar de un tipo genérico. En el ejemplo anterior, la función `add` define un parámetro `value` cuyo tipo es genérico. En este escenario, tan pronto como se pase un valor a esta función, TypeScript podrá determinar automáticamente el tipo utilizado. Por tanto, no será necesario especificarlo explícitamente.

Ejemplo:

```
const add = <T>(value: T) => {
  // Do something here
};

// Type is inferred as a number
add(1);

// Type is inferred as a string
add("Evelyn");

// Type is inferred as a boolean
add(true);
```

Sin embargo, TypeScript no puede inferir el tipo genérico si solo se usa como retorno de la función. En este caso, es necesario especificar el tipo que se va a utilizar; de lo contrario, TypeScript lo inferirá como tipo `unknown`.

Ejemplo:

```
const elementAt = <T>(index: number): T => {
  // Do something here
};

// Type is inferred as a unknown
const unknownElement = elementAt(1);
```

Se pueden definir varios genéricos sobre un mismo elemento; basta con separarlos con una coma al declararlos usando corchetes angulares.

Ejemplo:

```
function compute<TValue, TResult>(value: TValue): TResult {
  // Do something here
}

// Result type is number
const result = compute<number, number>(1);
```

A un tipo genérico se le puede asignar un tipo predeterminado cuando se declara.

Ejemplo:

```
function compute<TValue, TResult = number>(value: TValue): TResult {
  // Do something here
}

// Result type is number
const result = compute(1);
```

3. Clases e interfaces

Los genéricos se pueden utilizar con clases e interfaces. Una vez que se define un genérico en una interfaz, se puede usar para escribir:

- una propiedad,
- los parámetros del método,
- los valores de retorno del método.

Ejemplo:

```
interface Entity<T> {
  readonly id: T;
  setId(id: T): void;
  getId(): T;
}
```

Al declarar una variable con una interfaz que define un genérico, se debe especificar esto.

Ejemplo:

```
interface Entity<T> {
  readonly id: T;
}

const entityWithNumberId: Entity<number> = {
  id: 1
};
// Log: 1
console.log(entityWithNumberId.id);

const entityWithStringId: Entity<string> = {
  id: "2a826410-de77-4938-b640-571cd943f3f5"
};
// Log: "2a826410-de77-4938-b640-571cd943f3f5"
console.log(entityWithStringId.id);

// Compilation Error TS2345: Argument of type 'true' is
// not assignable to parameter of type 'string'.
const entityWithWrongType: Entity<string> = {
  id: true
};
```

Se puede utilizar un tipo genérico definido en una clase para escribir:

- una propiedad,
- los parámetros del método,
- los valores de retorno del método,
- los parámetros del constructor,
- las variables.

El tipo genérico debe especificarse al crear una instancia de la clase.

Ejemplo:

```
class Entity<T> {
  constructor(public readonly id: T) {}
}

const entityWithNumberId = new Entity<number>(1);
// Log: 1
console.log(entityWithNumberId.id);

const entityWithStringId = new Entity<string>
(
  "2a826410-de77-4938-b640-571cd943f3f5"
);
// Log: "2a826410-de77-4938-b640-571cd943f3f5"
console.log(entityWithStringId.id);

// Compilation Error TS2345: Argument of type 'true' is
// not assignable to parameter of type 'string'.
const entityWithWrongType = new Entity<string>(true);
```

Cuando una clase implementa una interfaz que define un genérico, esto se puede especificar directamente. Por tanto, no es obligatorio propagar el genérico a la clase.

Ejemplo:

```
interface IEntity<T> {
  readonly id: T;
}

class Person implements IEntity<number> {

  constructor(
  readonly id: number,
  readonly firstName: string,
  readonly lastName: string
  ) {}
}
```

Los miembros contenidos en la interfaz deben ser coherentes con el tipo especificado durante la implementación en una clase.

Ejemplo:

```
// Compilation Error TS2420: Class 'Person' incorrectly
// implements interface 'Ientity<number>'.
// Types of property 'id' are incompatible.
// Type 'string' is not assignable to type 'number'.
class Person implements IEntity<number> {
  constructor(
    readonly id: string,
    readonly firstName: string,
    readonly lastName: string
  ) {}
}
```

Finalmente, el tipo genérico definido en una interfaz se puede propagar a una clase durante su implementación.

Ejemplo:

```
interface IEntity<T> {
  readonly id: T;
}

class Entity<T> implements IEntity<T> {
  constructor(public readonly id: T) {}
}
```

4. Restricciones

Se puede especificar una restricción de tipo al declarar un tipo genérico. Para hacerlo, debe usar la palabra clave `extends` y luego definir la restricción de tipo que debe respetarse.

Sintaxis:

```
<T extends Type>
```

Cuando se utiliza un elemento que define un genérico con una restricción, será necesario utilizar un tipo que se ajuste a ella.

Ejemplo:

```
interface Payable {
  salary: number
}

class Company {
  sendPayments<T extends Payable>(toBePaid: T[]) {
    toBePaid.forEach(p => {
      console.log(`Pay salary: ${ p.salary }€`);
    });
  }
}
```

Se puede aplicar cualquier tipo de forma a una restricción. Por tanto, es posible utilizar:

- tipos primitivos (`number`, `string`, `boolean`...),
- interfaces,
- clases,
- alias de tipo (consulte el capítulo Sistema de tipos avanzados),
- tipos *singleton* (consulte el capítulo Sistema de tipos avanzados).

Se pueden aplicar varias restricciones al mismo tipo genérico utilizando el operador de intersección `&` (consulte el capítulo Sistema de tipos avanzados).

Ejemplo:

```
interface Payable {
  salary: number;
}

interface Person {
  firstName: string;
  lastName: string;
}

class Company {
  sendPayments<T extends Payable & Person>(employees: T[]) {
    employees.forEach(e => {
      console.log(
        `Pay ${e.firstName} ${e.lastName} | Salary: ${e.salary}€
      );
    });
  }
}
```

Cuando se definen varios tipos genéricos en un elemento, se pueden utilizar para restringirse entre sí.

Ejemplo:

```
interface Payable {
  salary: number;
}

class Employee implements Payable {
  constructor(
    public readonly firstName: string,
    public readonly lastName: string,
    public readonly salary: number
  ) {}
}

function isImplementing<T extends U, U>() {
  // Do something here if no compilation error
}

isImplementing<Employee, Payable>();

// Compilation Error TS2344: Type 'Employee' does not satisfy
// the constraint 'string'.
isImplementing<Employee, string>();
```

El siguiente ejemplo en cuatro partes implementa tipos y restricciones genéricas para reescribir el ejemplo del directorio corporativo que se vio al explicar los principios SOLID (consulte el capítulo Programación orientada a objetos). Este ejemplo muestra el enorme beneficio de utilizar tipos genéricos para promover la reutilización del código.

Ejemplo (parte 1):

```
interface IEntity {
  readonly id: number;
}

interface IDirectory<T extends IEntity> {

  get(id: number): T;
  getAll(): T[];
  add(value: T): void;
  delete(id: number): void;
}
```

La interfaz `IEntity` define una propiedad `id` de tipo `number`. `IDirectory` contiene un conjunto de métodos que trabajan con el tipo genérico `T`. Este último se define con una restricción en la interfaz `IEntity`.

Ejemplo (parte 2):

```
class Directory<T extends IEntity> implements IDirectory<T> {
  protected values: T[] = [];

  get(id: number): T {
    const value = this.values.find(v => v.id === id);
    if (!value) {
      throw new Error("Not found!");
    }
    return value;
  }

  getAll(): T[] {
    return this.values;
  }

  add(value: T) {
    const alreadyInArray = this.values
                              .some(v => v.id === value.id);

    if (alreadyInArray) {
      throw new Error(`The id ${value.id} already exists!`);
    }

    this.values.push(value);
  }

  delete(id: number) {
    this.values = this.values.filter(v => v.id !== id);
  }
}
```

Observación

Este ejemplo utiliza el método `find` disponible en arreglos. Solo se puede usar desde ECMAScript 2015 y TypeScript no proporciona una función de utilidad para transpilarlo.

La clase `Directory` implementa la interfaz `IDirectory` y define genéricamente el comportamiento de cada método.

Ejemplo (parte 3):

```
interface Employee extends IEntity {
  firstName: string;
  lastName: string;
  salary: number;
}

const employeeDirectory = new Directory<Employee>();

employeeDirectory.add({
  id: 1,
  firstName: "Evelyn",
  lastName: "Miller",
  salary: 2000
});

employeeDirectory.add({
  id: 2,
  firstName: "John",
  lastName: "Riley",
  salary: 2000
});

const employees = employeeDirectory.getAll();
// Log: [
//   { id: 1, firstName: 'Evelyn',
//     lastName: 'Miller', salary: 2000 },
//   { id: 2, firstName: 'John',
//     lastName: 'Riley', salary: 2000 }
// ]
console.log(employees);

employeeDirectory.delete(2);

const evelyn = employeeDirectory.get(1);
// Log: {
//   id: 1,
//   firstName: 'Evelyn',
//   lastName: 'Miller',
//   salary: 2000
// }
console.log(evelyn);
try {
  const john = employeeDirectory.get(2);
} catch (e) {
```

```
  // Log: Error: Not found!
  console.log(e);
}
```

Se crea una instancia de la clase `Directory` para manipular instancias de la clase `Employee`. No se requiere ningún comportamiento específico para manejar este tipo de instancia.

Ejemplo (parte 4):

```
interface Team extends IEntity {
  name: string;
  employees: Employee[];
}

class TeamDirectory extends Directory<Team> {
  addTo(id: number, employee: Employee): void {
    const team = this.values.find(v => v.id === id);

    if (!team) {
      throw new Error("Team not found");
    }

    const isInTeam = team.employees
                         .find(e => e.id === employee.id);

    if (isInTeam) {
      throw new Error("Employee already in this team!");
    }

    team.employees.push(employee);
  }
}

const teamDirectory = new TeamDirectory();

teamDirectory.add({
  id: "a36749ea-9817-4773-937a-41e0833f5a9c",
  name: "Marketing",
  employees: []
});
teamDirectory.addTo(
  "a36749ea-9817-4773-937a-41e0833f5a9c",
  evelyn
);
```

```
const team = teamDirectory.get(
  "a36749ea-9817-4773-937a-41e0833f5a9c"
);
// Log: {
//   id: 'a36749ea-9817-4773-937a-41e0833f5a9c',
//   name: 'Marketing',
//   employees: [
//     { id: 1, firstName: 'Evelyn',
//       lastName: 'Miller', salary: 2000 }
//   ]
// }
console.log(team);
```

En este ejemplo, la clase `TeamDirectory` hereda de la clase `Directory` para agregar un método específico que permita añadir instancias de la clase `Employee` dentro de una instancia de la clase `Team`.

5. Genérico y constructor

Al definir un tipo genérico en un elemento, no es posible crear posteriormente instancias de este. Ello limita gravemente algunos escenarios comunes en la programación orientada a objetos. Varios lenguajes permiten definir la presencia de un constructor a nivel de restricción. Actualmente, esto no es posible en TypeScript.

Para contrarrestar esta limitación, existe una sintaxis especial para definir la firma de un constructor. Este constructor se puede utilizar para devolver instancias de tipos genéricos.

Sintaxis:

```
ctor: new () => T
```

Esta sintaxis permite pasar el constructor como parámetro (o asignarlo a una variable) y luego usarlo con la nueva palabra clave para crear instancias.

Ejemplo:

```
function create<T>(ctor: new () => T) {
  return new ctor();
}

const emptyString = create(String);
// Log: true
console.log(emptyString instanceof String);
```

Esta sintaxis también permite definir varios parámetros esperados para un constructor.

Ejemplo:

```
class Person {
  constructor(
    public readonly firstName: string,
    public readonly lastName: string
  ) { }
}

function createPerson<T extends Person>(
  ctor: { new (firstName: string, lastName: string): T },
  firstName: string,
  lastName: string
): T {
  return new ctor(firstName, lastName);
}

const evelyn = createPerson(Person, "Evelyn", "Miller");

// Log: {
//   firstName: 'Evelyn',
//   lastName: 'Miller',
//   salary: 2000
// }
console.log(evelyn);

// Log: true

console.log(evelyn instanceof Person);
```

Capítulo 6
Decoradores

1. Introducción

Un decorador permite agregar un comportamiento a un elemento durante la ejecución del código. Los decoradores toman la forma de funciones que posteriormente se pueden ejecutar mediante una expresión. Esta comienza con el carácter @, seguido del nombre del decorador que se va a ejecutar.

Sintaxis:

```
@DecoratorName
```

Observación

No existe una convención de nomenclatura establecida para los decoradores. Sin embargo, la más utilizada es «PascalCase». En este capítulo, esta es la convención que se utilizará en los ejemplos.

Los decoradores se suelen utilizar para aplicar aspectos técnicos a los objetos, como, por ejemplo:

- registrar la ejecución de un método,
- inyectar dependencias,
- notificar el cambio en el valor de una propiedad.

La otra ventaja de los decoradores es que permiten agregar metadatos. Estos especifican información adicional sobre un elemento. También ofrecen a los desarrolladores la posibilidad de escribir código de forma más declarativa. Este uso de decoradores es muy común y existen muchos frameworks y bibliotecas que los implementan para diferentes necesidades, como, por ejemplo:

- definir el verbo HTTP vinculado a una acción de un controlador (framework/biblioteca de tipo Web MVC),
- definir la estructura de una tabla en una base de datos (framework/biblioteca de tipo Object-Relational Mapping o mapeo relacional de objetos en español),
- establecer nombres de propiedades al convertir un objeto a JSON (framework/biblioteca de tipo Parser).

Observación

La mayoría de los ejemplos citados anteriormente se implementarán en el código de este capítulo y durante el trabajo práctico (consulte el capítulo Un primer proyecto con Node.js).

La implementación de decoradores en JavaScript es una propuesta de larga data que se está estandarizando en ECMAScript. Sin embargo, el concepto se introdujo en TypeScript mucho antes de que se lanzara esa versión, razón por la cual hay dos implementaciones separadas de decoradores en el lenguaje:

- Decoradores experimentales: introducidos en 2016 en la versión 1.5 de TypeScript.
- Decoradores ECMAScript: introducidos en 2023 en la versión 5.0 de TypeScript.

Las dos implementaciones tienen los mismos objetivos, pero difieren en sus capacidades y no deben usarse juntas.

Los decoradores están fuertemente relacionados con la programación orientada a objetos y se pueden aplicar a:

- clases,
- métodos,
- propiedades,

– accesores,

– parámetros (solo experimentales).

Los decoradores tienen un orden de ejecución que se aplica desde la última declaración hasta la primera (hablamos de ejecución *bottom to top*).

Observación

Tenga en cuenta que un decorador no debe depender de una orden de ejecución. La dependencia de un decorador de la ejecución de otro se considera una mala práctica porque complica el mantenimiento de un programa.

En el momento de escribir este libro, la mayoría de las bibliotecas y frameworks todavía se basaban en decoradores experimentales porque la especificación ECMAScript no cubría todas las capacidades introducidas por TypeScript en torno a esta funcionalidad. Es por esto por lo que se abordarán primero en este capítulo.

2. Decoradores experimentales

Para utilizar decoradores experimentales, es necesario habilitar opciones de compilación dedicadas al inicializar el archivo `tsconfig.json`. Al usar el comando `tsc --init`, se debe agregar los argumentos `--experimentalDecorators` (que permite activar el uso de decoradores en TypeScript) y `--emitDecoratorMetadata` (que permite inyectar en el código, durante la compilación, metadatos de tipos. Consulte la sección Metadatos) para habilitar el soporte completo para decoradores en TypeScript.

Ejemplo:

```
tsc --init --experimentalDecorators --emitDecoratorMetadata
```

Ambas opciones de compilación tienen el mismo nombre que los argumentos del archivo `tsconfig.json`.

Ejemplo:

```
"experimentalDecorators": true,
"emitDecoratorMetadata": true
```

Observación

De forma predeterminada, durante la inicialización, estas dos opciones se hallan en el archivo `tsconfig.json`, pero están comentadas.

2.1 Decoradores experimentales de clase

Una función se puede utilizar como decorador de clase siempre que su tipo coincida con el de `ClassDecorator`. Este tipo se define en el archivo de declaración base de TypeScript (`lib.d.ts`):

```
declare type ClassDecorator = <TFunction extends Function>(
  target: TFunction
) => TFunction | void;
```

Observación

La palabra clave `type` se utiliza en TypeScript para definir los alias de tipo. Se abordará en detalle más adelante en este trabajo (consulte el capítulo Sistema de tipos avanzados). La palabra clave `declare` se usa en archivos de definición para definir y tipar un elemento a fin de que pueda usarse en código TypeScript.

Este tipo especifica que la función decoradora acepta un parámetro cuyo tipo está restringido, mediante el uso de un genérico, para extender el de `Function`. El parámetro `target` permite recuperar el constructor de la clase.

Ejemplo:

```
const LogClassName: ClassDecorator = target => {
  console.log(target.name);
};

// Log: Person
@LogClassName

class Person {
  constructor(
    public readonly firstName: string,
    public readonly lastName: string
  ) {}
}
```

Dado que un decorador es una función, es posible ejecutarlo directamente con la clase como parámetro.

Ejemplo:

```
const LogClassName: ClassDecorator = target => {
  console.log(target.name);
};

// Log: Person
LogClassName(
  class Person {
    constructor(
      public readonly firstName: string,
      public readonly lastName: string
    ) {}
  }
);
```

Observación

Todos los tipos de decoradores se pueden ejecutar de esta manera. En el resto de este capítulo, solo se utilizará la sintaxis con expresión.

Cuando se decora una clase, se debe importar para que se ejecute el decorador (consulte el capítulo Módulos). Si un elemento está decorado, pero no se importa a ningún módulo, aún es posible ejecutar el decorador importando directamente el módulo. Este tipo de importación se utiliza para desencadenar un efecto secundario en el programa sin recuperar los elementos exportados por el módulo.

Ejemplo:

```
import "./person";
```

2.2 Decoradores de métodos experimentales

Una función se puede utilizar como decorador de métodos siempre que su tipo coincida con el de `MethodDecorator`. Este tipo se define en el archivo de declaración base de TypeScript (`lib.d.ts`):

```
declare type MethodDecorator = <T>(
  target: Object,
  propertyKey: string | symbol,
  descriptor: TypedPropertyDescriptor<T>
) => TypedPropertyDescriptor<T> | void;
```

Este tipo especifica que el decorador acepta tres parámetros como entrada:

- `target`: el objeto en el que está contenida la propiedad.
- `propertyKey`: el método que se ha decorado.
- `descriptor`: el descriptor de propiedad como una instancia de tipo `TypedPropertyDescriptor<T>`.

Observación

Los descriptores de propiedades ya se han analizado durante la explicación de los bucles (consulte el capítulo Tipos e instrucciones básicas).

El tipo `TypedPropertyDescriptor<T>` se define en el archivo de declaración base de TypeScript (`lib.d.ts`):

```
interface TypedPropertyDescriptor<T> {
  enumerable?: boolean;
  configurable?: boolean;
  writable?: boolean;
  value?: T;
  get?: () => T;
  set?: (value: T) => void;
}
```

Existe una versión simplificada de este tipo que utiliza `any` en lugar del tipo genérico `T`: `PropertyDescriptor`. Este tipo también se define en el archivo de declaración básico de TypeScript (`lib.d.ts`):

```
interface PropertyDescriptor {
    configurable?: boolean;
    enumerable?: boolean;
    value?: any;
    writable?: boolean;
    get?(): any;
    set?(v: any): void;
}
```

Observación

En la sección Bucles del capítulo Tipos e instrucciones básicas, el primer ejemplo muestra cómo establecer una propiedad en un objeto mediante el uso de `Object.defineProperty`. El tercer parámetro esperado por el método `defineProperty` está tipado con la interfaz `PropertyDescriptor`. A través de la propiedad `value` definida por esta interfaz, también es posible definir un método. Es por eso por lo que los decoradores de métodos dependen de descriptores de propiedades. Por lo tanto, dada su naturaleza, los decoradores de métodos también se pueden aplicar a los descriptores de acceso.

Los decoradores de métodos son útiles para encapsular la ejecución de un método y agregarle otros comportamientos (que se pueden aplicar antes o después de la ejecución del método original). Para hacer esto, es necesario redefinir el método original contenido en la propiedad `value`del parámetro `descriptor` con una nueva función.

Ejemplo:

```
const LogMethod: MethodDecorator = (
  target: any,
  key: string | symbol,
  descriptor: PropertyDescriptor
) => {
  const method = descriptor.value;
  const newMethod = (this: any, ...args: any[]) => {
    console.log(
      `The ${
        key.toString()
      } method in ${
        target.constructor.name
```

```
      } class was executed with the following parameters: ${
        args.join("|")
      }`
    );
    return method.apply(target, args);
  };
  descriptor.value = newMethod;
 return descriptor;
};

class Employee {
  constructor(
    public readonly firstName: string,
    public readonly lastName: string,
    public salary: number
  ) {}

  @LogMethod
  increaseSalary(percent: number): void {
    if (percent <= 100) {
      const amount = this.salary * (percent / 100);
      this.salary += amount;
    }
  }
}

const evelyn = new Employee("Evelyn", "Miller", 2000);
// Log: The increaseSalary method in Employee class was executed
// with the following parameters: 5
evelyn.increaseSalary(5);

// Log: 2100
console.log(evelyn.salary);
```

Observación

En este ejemplo, la función original se ejecuta mediante la llamada al método `apply`. Este último permite llamar a una función especificando el `this` (`target` en el ejemplo) y los argumentos que se van a usar durante su ejecución. En el contexto de este ejemplo, su uso es obligatorio para conectar `this` (que corresponde al contexto actual del objeto que ha sido decorado) al método. De hecho, este último es redefinido por el decorador; el valor de `this` del método pasa a ser `undefined`. Sin la llamada al método `apply`, la línea `const amount = this.salary * (percent / 100)`; devolvería el siguiente error: «TypeError: Cannot read property 'salary' of undefined».

2.3 Decoradores experimentales de propiedad

Una función se puede utilizar como decorador de propiedad siempre que su tipo coincida con el de `PropertyDecorator`. Este tipo se define en el archivo de declaración base de TypeScript (`lib.d.ts`):

```
declare type PropertyDecorator = (
  target: Object,
  propertyKey: string | symbol
) => void;
```

Este tipo especifica que el decorador acepta dos parámetros como entrada:

- `target`: el objeto en el que está contenida la propiedad.
- `propertyKey`: el nombre de la propiedad que se ha decorado.

El siguiente ejemplo de tres partes muestra cómo utilizar decoradores para implementar un sistema de notificación de cambio de valor de propiedad mediante el patrón *Publish/Subscribe*.

Observación

El patrón Publish/Subscribe permite enviar mensajes entre un remitente (llamado Publisher) y un destinatario (llamado Subscriber). El interés de este patrón es que establece una comunicación indirecta entre el Publisher y el Subscriber a través de una cola de mensajes. Esto evita crear un fuerte acoplamiento entre remitentes y destinatarios.

Ejemplo (parte 1):

```
interface Message {
  className: string;
  propertyName: string;
  oldValue: any;
  newValue: any;
}

interface Subscriber {
  className: string;
  callback: (message: Message) => void;
}

class PublishSubscribe {
```

```
  private static subscribers: Subscriber[] = [];
  static publish(message: Message) {
    PublishSubscribe.subscribers
      .filter(s => s.className === message.className)
      .forEach(s => s.callback(message));
  }

  static subscribe<
    TConstructor extends new (...args: any[]) => any
  >(
    ctor: TConstructor,
    callback: (message: Message) => void
  ) {
    PublishSubscribe.subscribers.push({
      className: ctor.name,
      callback
    });
  }

  static unsubscribe<
    TConstructor extends new (...args: any[]) => any
  >(ctor: TConstructor) {
    PublishSubscribe.subscribers = PublishSubscribe
      .subscribers
      .filter(s => s.className != ctor.name);
  }
}
```

En esta primera parte se definen tres elementos:

- La interfaz `Message`: contiene toda la información específica para cambiar el valor de una propiedad (nombre de clase, nombre de propiedad, valor antiguo, valor nuevo).
- La interfaz `Subscriber`: describe una suscripción a la cola de mensajes. Esto se identifica por el nombre de la clase que emitirá el mensaje, así como por una función de devolución de llamada a ejecutar, que espera como parámetro una instancia de tipo `Message`.
- La clase `PublishSubscribe`: tiene las responsabilidades de crear/eliminar una suscripción a la cola de mensajes y publicar mensajes en las diferentes suscripciones. La implementación de esta clase es estática, ya que será única en todo el programa.

Ejemplo (parte 2):

```
const PublishChanges: PropertyDecorator = (
  target: any,
  key: string | symbol
) => {
  let value = target[key];

  const get = function() {
    return value;
  };

  const set = function(newValue: any) {
    const oldValue = value;
    value = newValue;
    PublishSubscribe.publish({
      className: target.constructor.name,
      propertyName: key.toString(),
      newValue,
      oldValue
    });
  };

  const descriptor = Object.getOwnPropertyDescriptor(
    target,
    key
  );

  if (!descriptor) {
    Object.defineProperty(target, key, {
      get,
      set,
      enumerable: true,
      configurable: true
    });
  } else if (descriptor && descriptor.configurable) {
    Object.defineProperty(
      target,
      key,
      { ...descriptor, get, set }
    );
  }
};
```

La segunda parte del ejemplo define el decorador `PublishChanges`. Este crea un par `get/set` cuyo configurador publica un mensaje a través de la clase `PublishSubscribe`. Luego define la propiedad dentro del objeto usando el método `Object.defineProperty` si no existe (consulte el capítulo Tipos e instrucciones básicas). Si la propiedad existe y es configurable, el decorador solo redefinirá el par `get/set` de la propiedad.

Observación

La propiedad `configurable` (que está definida por los tipos `TypedPropertyDescriptor` y `PropertyDescriptor`) permite que una propiedad se modifique más adelante, lo que puede ser necesario si la propiedad es manipulada por varios decoradores.

Ejemplo (parte 3):

```
class Person {
  @PublishChanges
  firstName: string;

  @PublishChanges
  lastName: string;

  constructor(firstName: string, lastName: string) {
    this.firstName = firstName;
    this.lastName = lastName;
  }
}

PublishSubscribe.subscribe(Person, e =>
  console.log(
    `Property ${e.propertyName} in ${e.className} changed.\nOld
value: ${
      e.oldValue
    }\nNew value:${e.newValue}`
  )
);

// Log:
// Property firstName in Person changed.
// Old value: undefined
// New value:Evelyn
// Property lastName in Person changed.
```

```
// Old value: undefined
// New value:Miller
const person = new Person("Evelyn", "Miller");

// Log:
// Property firstName in Person changed.
// Old value: Evelyn
// New value:John
person.firstName = "John";

// Log:
// Property lastName in Person changed.
// Old value: Miller
// New value:Riley
person.lastName = "Riley";

PublishSubscribe.unsubscribe(Person);
```

En esta última parte, las propiedades de la clase `Person` se decoran con el decorador `PublishChanges`. Una vez que se han decorado las propiedades de la clase, se agrega una suscripción a través de la clase `PublishSubscribe` para registrar los mensajes provenientes de cambios en los valores de las propiedades de la clase `Person`.

Observación

En este ejemplo, las propiedades de la clase no están definidas en el nivel del constructor, ya que esto causaría confusión entre el uso de un decorador de propiedad y un decorador de parámetro. Para evitar ambigüedades, TypeScript generará un error de compilación si se aplica un decorador de propiedad en una propiedad definida por un constructor.

2.4 Decoradores experimentales de parámetro

Una función se puede utilizar como decorador de parámetro siempre que su tipo coincida con el de `ParameterDecorator`. Este tipo se define en el archivo de declaración base de TypeScript (`lib.d.ts`).

```
declare type ParameterDecorator = (
  target: Object,
  propertyKey: string | symbol,
  parameterIndex: number
) => void;
```

Este tipo especifica que el decorador acepta tres parámetros como entrada:

- `target`: este parámetro permite recuperar el objeto si el parámetro lo lleva un método, o la clase si el parámetro lo lleva el constructor.
- `propertyKey`: este parámetro se utiliza para recuperar el nombre del método que lleva el parámetro, o `undefined` si este último lo lleva el constructor.
- `parameterIndex`: este parámetro permite recuperar el índice del parámetro en la firma del método o del constructor.

Ejemplo:

```
const LogParameter: ParameterDecorator = (
  target: Object,
  key: string | symbol,
  parameterIndex: number
) => {
  const methodName = key
    ? key.toString()
    : "constructor";

  const className = key
    ? target.constructor.name
    : (target as any).name;

  console.log(
    `The ${
      methodName
    } method in ${
      className
    } class contains a parameter at index ${
      parameterIndex
    }.`
  );
};
```

```
// Log:
// The increaseSalary method in Employee class contains a
// parameter at index 0.
// The constructor method in Employee class contains a
// parameter at index 2.
// The constructor method in Employee class contains a
// parameter at index 1.
// The constructor method in Employee class contains a
// parameter at index 0
class Employee {
  constructor(
    @LogParameter
    public readonly firstName: string,
    @LogParameter
    public readonly lastName: string,
    @LogParameter
    public salary: number
  ) {}

  increaseSalary(@LogParameter percent: number): void {
    if (percent <= 100) {
      const amount = this.salary * (percent / 100);
      this.salary += amount;
    }
  }
}
```

Observación

Los decoradores de parámetro son de poca utilidad si se usan solos porque brindan poca información sobre la naturaleza del parámetro. Esto se debe a que JavaScript no tiene la capacidad de obtener información precisa sobre un parámetro. Sin embargo, son útiles para la implementación de ciertos patrones de diseño, como la inyección de dependencia, por ejemplo. Se implementarán en los ejemplos de código de este capítulo (consulte la sección Decoradores experimentales – Metadatos).

2.5 Fábrica de decoradores

Una fábrica de decoradores (también llamada *Decorator Factory*) es una función que devuelve un decorador. Una vez definida, la fábrica de decoradores se puede utilizar de la misma forma que un decorador clásico. Tiene la ventaja de aceptar parámetros que posteriormente el decorador puede utilizar para personalizar su comportamiento. Esta personalización es el objetivo primordial de las fábricas decoradoras.

Sintaxis:

```
@FactoryName(param1, param2, ...)
```

Ejemplo:

```
enum LogLevel {
  Debug,
  Info,
  Warning,
  Error
}

const LogClassName = (logLevel: LogLevel) => {
  return (target: any) => {
    const level = LogLevel[logLevel];
    const className = target.name;
    let emoji: string;

    switch (logLevel) {
      case LogLevel.Debug:
        // Default color
        foregroundColor = "🐛";
        break;
      case LogLevel.Info:
        // Blue color
        foregroundColor = "ℹ";
        break;
      case LogLevel.Warning:
        // Yellow color
        foregroundColor = "⚠";
        break;
```

```
      case LogLevel.Error:
        // Red color
        foregroundColor = "❌";
        break;
      default:
        throw new Error("Unknow error level!");
    }

    console.log(
      `${emoji} - ${level}: ${className}`
    );
  };
};

// Log:
// 🐛 - Debug: Class1
@LogClassName(LogLevel.Debug)
class Class1 {}

// Log:
// ℹ - Info: Class2
@LogClassName(LogLevel.Info)
class Class2 {}

// Log:
// ⚠ - Warning: Class3
@LogClassName(LogLevel.Warning)
class Class3 {}

// Log:
// ❌ - Error: Class4
@LogClassName(LogLevel.Error)
class Class4 {}
```

Observación

Este ejemplo es relativamente básico, pero es posible utilizar las capacidades de las fábricas de decoradores para implementaciones más complejas. Se implementarán en los ejemplos de código de este capítulo (consulte la sección Metadatos) y durante el trabajo práctico (consulte el capítulo Un primer proyecto con Node.js).

Las fábricas de decoradores permiten, a través de sus parámetros, escribir código declarativo y agregar metadatos.

2.6 Metadatos

La biblioteca `reflect-metadata` agrega soporte para metadatos en TypeScript. Por tanto, es necesario instalarla mediante NPM:

```
npm install reflect-metadata
```

Una vez instalada, la biblioteca `reflect-metadata` debe ser la primera importación a una aplicación. De hecho, esta biblioteca es, en realidad, un *polyfill* que agregará una API de metadatos al contexto de ejecución. Esta importación es única y, por lo tanto, debe realizarse en el primer archivo que se cargará.

Ejemplo:

```
import "reflect-metadata";
```

Luego, para usar la API de metadatos sin necesidad de importar `reflect-metadata` (para no realizar importaciones múltiples), es posible agregar, en el archivo `tsconfig.json`, la definición del tipo de biblioteca mediante la opción de compilación `types`:

Ejemplo:

```
"types": [
  "reflect-metadata"
]
```

La biblioteca `reflect-metadata` tiene una API completa que le permite realizar muchas operaciones relacionadas con los metadatos. He aquí la lista completa de estas habilidades:

- `Reflect.defineMetadata`: permite definir metadatos sobre un objeto o una propiedad.
- `Reflect.hasMetadata`: comprueba la presencia de una clave de metadatos en un objeto o una propiedad, incluida la cadena de prototipos.
- `Reflect.hasOwnMetadata`: comprueba la presencia de una clave de metadatos en un objeto o una propiedad, excluida la cadena de prototipos.

- `Reflect.getMetadata`: recupera los metadatos correspondientes a una clave de un objeto o una propiedad, incluida la cadena de prototipos.
- `Reflect.getOwnMetadata`: recupera metadatos correspondientes a una clave en un objeto o una propiedad, excluida la cadena de prototipos.
- `Reflect.getMetadataKeys`: recupera las claves de metadatos de un objeto o una propiedad, incluida la cadena de prototipos.
- `Reflect.getOwnMetadataKeys`: recupera las claves de metadatos en un objeto o una propiedad, excluida la cadena de prototipos.
- `Reflect.deleteMetadata`: elimina metadatos sobre un objeto o una propiedad.

Como se vio en la introducción de este capítulo, la opción de compilación `--emitDecoratorMetadata` debe estar habilitada a fin de tener soporte completo para los decoradores. Esta opción está relacionada con los metadatos y permite obtener información sobre la naturaleza de los tipos durante la ejecución de la aplicación.

Durante la transpilación, TypeScript utilizará el decorador `Reflect.metadata` para inyectar metadatos en el código correspondiente a la naturaleza de los tipos. Luego es posible recuperarlos en tiempo de ejecución mediante el método `Reflect.getMetadata`.

Se pueden recuperar tres categorías de metadatos sobre la naturaleza de los tipos:

- El tipo de una propiedad: accesible a través de la clave `design:type`.
- El tipo de parámetros de un método: accesible a través de la clave `design:paramtypes`.
- El tipo de retorno de un método: accesible a través de la clave `design:returntype`.

Los metadatos de tipo se devuelven en forma de funciones, cuyos nombres corresponden a los diferentes tipos definidos en las propiedades (por ejemplo: `function Number(){ }` para el tipo `number`).

Observación

Preste atención: cuando se utilizan los valores recuperados mediante la llamada a `Reflect.getMetadata`, no todos corresponden a los tipos de TypeScript utilizados en el código. Este es particularmente el caso de los tipos `void` (recuperados como `Undefined`) y de enumeración (recuperados como `Number` o `String` según el tipo de enumeración utilizado).

Ejemplo:

```
const LogPropertyType: PropertyDecorator = (target, key) => {
  const propertyType = Reflect.getMetadata(
    "design:type",
    target,
    key
  );

  // Log: string
  console.log(
    `Type of property ${key.toString()} in class ${
      target.constructor.name
    } is : ${propertyType.name}`
  );
};

// Log:
// Type of property firstName in class Employee is: String
// Type of property lastName in class Employee is: String
// Type of property salary in class Employee is: Number
class Employee {
  @LogPropertyType
  firstName!: string;
  @LogPropertyType
  lastName!: string;
  @LogPropertyType
  salary!: number;
}

const employee = new Employee();

// Log: undefined
console.log(typeof employee.firstName);
```

En este ejemplo, los metadatos son particularmente útiles porque no puede saber el tipo de una propiedad hasta que le asigna un valor (como se muestra en la última línea del ejemplo). Además, el operador `typeof` no siempre permite recuperar la naturaleza exacta de un tipo.

A través de decoradores y la API `reflect-metadata`, es posible obtener la naturaleza exacta del tipo de parámetros de un método, así como el de su retorno.

Ejemplo:

```
const logMethodTypes: MethodDecorator = (
  target,
  key,
  descriptor
) => {
  const parameterTypes = Reflect.getMetadata(
    "design:paramtypes",
    target,
    key
  );

  const returnType = Reflect.getMetadata(
    "design:returntype",
    target,
    key
  );

  const returnTypeName = returnType ? returnType.name : "Void";

  console.log(
    `Type of parameters of the method ${
      key.toString()
    } in class ${
      target.constructor.name
    } are |${
      parameterTypes
        .map(
          (type: any, index: number) => `${index}:${type.name}`
        ).join("|")
    }| with ${returnTypeName} as return type`
  );
};
```

```
class Person {
  constructor(
    public readonly firstName: string,
    public readonly lastName: string
  ) {}
}

// Log:
// Type of parameters of the method increaseSalary in class
// Employee are |0:Number| with Boolean as return type
//
// Type of parameters of the method set in class Employee are
// |0:Person|1:Number| with Void as return type
class Employee {
  firstName!: string;
  lastName!: string;
  salary!: number;

  @logMethodTypes
  increaseSalary(percent: number): boolean {
    if (percent <= 100) {
      const amount = this.salary * (percent / 100);
      this.salary += amount;
      return true;
    } else {
      return false;
    }
  }

  @logMethodTypes
  set(person: Person, salary: number): void {
    const employee = new Employee();
    employee.firstName = person.firstName;
    employee.lastName = person.lastName;
    employee.salary = salary;
  }
}
```

La biblioteca `reflect-metadata` también permite agregar metadatos personalizados. El siguiente ejemplo de tres partes implementa la API para agregar metadatos de validación. Estos se utilizarán al crear instancias de clase para validar los parámetros pasados al constructor.

Ejemplo (parte 1):

```
const VALIDATIONS_KEY = Symbol("validationParameters");

interface Validator {
  index: number;
  validate: (value: any) => string | void;
}

const reflectValidator = (target: any, validator: Validator) => {
  const validatorParameters =
    Reflect.getOwnMetadata(VALIDATIONS_KEY, target) || [];

  validatorParameters.push(validator);

  Reflect.defineMetadata(
    VALIDATIONS_KEY,
    validatorParameters,
    target
  );
};
```

En esta primera parte, la función `reflectValidator` recuperará los metadatos correspondientes a la clave `VALIDATIONS_KEY`. Esta clave es una constante de tipo symbol para que sea única y reutilizable. Los metadatos de validación deben agregarse como una instancia del tipo `Validator`. Esta interfaz define la propiedad `index` (corresponde a la posición del parámetro en el constructor) y una función `validate` que se utilizará para validar el valor del parámetro.

Observación

El método `validate` definido por la interfaz `Validator` tiene el tipo de retorno `string | void`. Esta notación corresponde a una unión entre el tipo `string` y `void` (consulte el capítulo Sistema de tipos avanzados). Esto significa que este método no garantiza una devolución. Al asignar el retorno de esta función a una variable, quedará `undefined` si la función no devuelve nada.

Después de recuperar los metadatos (o crear una instancia de una matriz vacía si no hay metadatos disponibles), la función `reflectValidator` agregará el validador a la colección y usará el método `Reflect.defineMetadata` para definir los nuevos metadatos. Por tanto, es posible añadir varios validadores a un parámetro.

Ejemplo (parte 2):

```
const NotEmpty: ParameterDecorator = (target, key, index) => {
  reflectValidator(target, {
    index,
    validate: (valueToValidate: any) => {
      let validationResult: boolean = false;

      if (valueToValidate && valueToValidate.length) {
        validationResult = valueToValidate.length > 0;
      } else if (
        valueToValidate && typeof valueToValidate === "number"
      ) {
        validationResult = valueToValidate > 0;
      }

      if (!validationResult) {
        return `Argument at index ${index} can't be empty!`;
      }
    }
  });
};

const GreaterThan = (value: number) => {
  const decorator: ParameterDecorator = (target, key, index) => {
    reflectValidator(target, {
      index,
      validate: (valueToValidate: any) => {
        const greater = valueToValidate > value;
```

```
        if (!greater) {
          return `Argument at index ${
            index
          } with value ${
            valueToValidate
          } must be greater than ${
            value
          }!`;
        }
      }
    });
  };
  return decorator;
};
```

Se definen dos decoradores para validar los parámetros. El decorador `NotEmpty` le permite verificar que un parámetro no sea `null` o `undefined`. Si el parámetro es de tipo `number`, `string` o `Array`, se realiza una verificación adicional para determinar si el valor se considera vacío. El decorador `GreaterThan` corresponde a una fábrica de decoradores que permite validar que un valor es mayor que otro pasado como parámetro de fábrica.

Ejemplo (parte 3):

```
const Validate: ClassDecorator = (target: any) => {
  const newCtor = function(...args: any[]) {
    const validatorParameters = Reflect.getOwnMetadata(
      VALIDATIONS_KEY,
      target
    ) as Validator[];

    const validationErrors: string[] = [];

    args.forEach((arg, index) => {
      if (validatorParameters.some(p => p.index === index)) {
        const validators = validatorParameters
          .filter(p => p.index === index)
          .map(v => v.validate);

        validators.forEach(validator => {
          const error = validator(arg);
          if (error) {
            validationErrors.push(error);
```

```
            }
          });
        }
      });

      if (validationErrors.length) {
        throw new Error(
          `Validation failed:\n- ${validationErrors.join("\n-
")}`
        );
      }

      return new target(args);
    };
    return newCtor as typeof target;
};
```

El decorador de la clase `Validate` devuelve un nuevo constructor que recuperará los metadatos de validación e iterará la matriz de validadores. Para cada validador definido en un índice de parámetro, lo ejecutará con el valor del parámetro pasado al constructor. Durante este paso, si el método `validate` devuelve un error, se almacenará en un arreglo para generar una excepción más adelante.

Ejemplo (parte 4):

```
@Validate
class Person {
  constructor(
    @NotEmpty
    public readonly name: string,
    @GreaterThan(1000)
    @NotEmpty
    public readonly salary: number
  ) {}
}

try {
  const person = new Person("", 2000);
} catch (e) {
  // Log:
  // Error: Argument at index 0 can't be empty!
  console.log(e);
```

```
}

try {
  const evelyn = new Person("Evelyn", 0);
} catch (e) {
  // Log:
  // Argument at index 1 can't be empty!
  console.log(e);
}

try {
  const evelyn = new Person("Evelyn", 800);
} catch (e) {
  // Log:
  // Error: Argument at index 1 with value 800 must be
  // greater than 1000!
  console.log(e);
}
```

La clase `Person` define dos propiedades: `name` y `salary`. Al llamar al constructor, el valor de `name` es validado por el decorador `NotEmpty`, y el de `salary`, por los decoradores `NotEmpty` y `GreaterThan`. Es importante señalar, en esta última parte, que el orden de ejecución de los decoradores no tiene impacto en el funcionamiento del programa, para no complicar el mantenimiento de su código (como se ha visto al principio de este capítulo, en la sección de introducción).

3. Decoradores ECMAScript

Para utilizar decoradores ECMAScript, no es necesario habilitar las opciones de compilación en el momento de inicializar el archivo `tsconfig.json`. Al ser nativa, esta versión de los decoradores es compatible con TypeScript desde la versión 5.0.

Es importante tener en cuenta que esta versión de los decoradores es un primer paso en la implementación de la función y no es equivalente a los decoradores experimentales.

Entre 2016 y 2022, los diferentes miembros del grupo que trabajaba en la estandarización de decoradores en ECMAScript tuvieron muchas dificultades para llegar a un acuerdo. Esto se debió, principalmente, al hecho de que los decoradores se introdujeron en TypeScript muy temprano y luego permitieron el desarrollo de bibliotecas y frameworks utilizados con posterioridad en muchos proyectos (como Angular y NestJS, por ejemplo). Fue difícil producir un estándar en torno a los decoradores para responder correctamente al problema, redefiniendo al mismo tiempo la base impuesta por TypeScript y teniendo en cuenta las aplicaciones existentes. Se llegó a un consenso, pero cabe señalar ciertos puntos:

- Los decoradores de parámetros no forman parte de la primera implementación de los decoradores ECMAScript. Vendrán con la versión 2.0 de la especificación.
- Actualmente, no se ha finalizado ningún equivalente referente a metadatos en la especificación ECMAScript. Esta parte se está estudiando en otra propuesta de estandarización.

Teniendo en cuenta estos dos puntos, no es posible (en el momento en que se escribe este trabajo) aprovechar al máximo las capacidades introducidas por los decoradores experimentales a través de los decoradores nativos. Sin embargo, las capacidades de estos últimos están mejor definidas y permiten cubrir una gran parte de los escenarios en los que los decoradores son útiles.

Un decorador ECMAScript se puede definir mediante el siguiente tipo:

```
type Decorator<TTarget, TContext, TReturn> = (
  target: TTarget,
  context: TContext
) => TReturn | void
```

`TTarget` corresponde al tipo de miembro que se decorará. `TContext` contiene información relacionada con el contexto del miembro decorado. Finalmente, `TReturn` define el tipo de retorno esperado cuando se usa el decorador.

Observación

Este tipo se reutilizará en el resto del capítulo.

Todos los tipos de contexto tienen tres propiedades en común:

- "kind": el valor de esta propiedad corresponde al tipo de decorador (con el valor "class", "method", "field", "getter", "setter" o "accessor").
- "name": el nombre del miembro decorado.
- "addInitializer": una función de devolución de llamada que se ejecuta al inicializar el miembro decorado.

Además, hay otras tres propiedades disponibles en el contexto de todos los decoradores ECMAScript, excepto aquellos que decoran clases:

- "static": true si el miembro es estático.
- "private": true si el miembro es privado.
- "access": la referencia al miembro decorado.

3.1 Decoradores ECMAScript de clase

Una función se puede utilizar como decorador de clase siempre que su tipo corresponda a:

```
type Target = new (...args: any) => any;
type Context = ClassDecoratorContext>;
type Return = Target;

type ClassDecorator = Decorator<Target, Context, Return>;
```

El retorno esperado correspondiente a la firma del constructor de la clase decorada o void. El decorador acepta dos parámetros:

- target: el constructor de la clase.
- context: el contexto corresponde a la interfaz ClassDecoratorContext. Este tipo se define en el archivo de declaración base de TypeScript (lib.d.ts):

```
interface ClassDecoratorContext<
  class extends abstract new (
    ...args: any
  ) => any = abstract new (...args: any) => any
> {
```

```
  readonly kind: "class";
  readonly name: string | undefined;
  addInitializer(initializer: (this: Class) => void): void;
}
```

name permite recuperar el nombre de la clase y es undefined en el caso de una clase anónima. La función de devolución de llamada addInitializer se ejecuta cuando se inicializan los miembros estáticos de la clase.

Ejemplo:

```
const LogClassName = (
  target: new (...args: any[]) => any,
  context: ClassDecoratorContext
) => {
  context.addInitializer(() => {
    console.log(`Class ${context.name} initialized`);
  });
};
```

```
// Log: Class Person initialized
@LogClassName
class Person {
  constructor(
    public readonly firstName: string,
    public readonly lastName: string
  ) {}
}
```

Al igual que con los decoradores experimentales, es necesario importar el decorador para que se ejecute.

Ejemplo:

```
import "./person";
```

3.2 Decoradores ECMAScript de método

Una función se puede utilizar como decorador de método siempre que su tipo corresponda a:

```
type Target = (this: any, ...args: any[]) => any | void;
type Context = ClassMethodDecoratorContext;
type Return = Target;

type MethodDecorator = Decorator<Target, Context, Return>;
```

El retorno esperado corresponde a la firma del método decorado o `void`. El decorador acepta dos parámetros:

- `target`: el método en el alcance de una instancia de clase.
- `context`: el contexto correspondiente a la interfaz `ClassMethodDecoratorContext`. Este tipo se define en el archivo de declaración base de TypeScript (`lib.d.ts`):

```
interface ClassMethodDecoratorContext<
  This = unknown,
  Value extends (
    this: This, ...args: any
  ) => any = (this: This, ...args: any) => any,
> {
  readonly kind: "method";
  readonly name: string | symbol;
  readonly static: boolean;
  readonly private: boolean;
  readonly access: {
    has(object: This): boolean;
    get(object: This): Value;
  };
  addInitializer(initializer: (this: This) => void): void;
}
```

`name` permite recuperar el nombre del método en forma de cadena de caracteres o de `symbol`. La función de devolución de llamada `addInitializer` se ejecuta cuando se inicializan los miembros estáticos de la clase.

Ejemplo:

```
const LogMethod = (
  target: (this: any, ...args: any[]) => any,
  context: ClassMethodDecoratorContext
) => {
  const newMethod: typeof target = function (this, ...args) {
    console.log(
      `The ${context.name.toString()} method in ${
        target.constructor.name
      } class was executed with the following parameters: ${
        args.reduce(
         (prev, current) => `${prev}|${current}`
        )}`
    );
    return target.call(this, ...args);
  };

  return newMethod;
};

class Employee {
  constructor(
    public readonly firstName: string,
    public readonly lastName: string,
    public salary: number
  ) {}

  @LogMethod
  increaseSalary(percent: number): void {
    if (percent <= 100) {
      const amount = this.salary * (percent / 100);
      this.salary += amount;
    }
  }
}

const evelyn = new Employee("Evelyn", "Miller", 2000);

// Log: The increaseSalary method in Employee class was executed
// with the following parameters: 5
evelyn.increaseSalary(5);

// Log: 2100
console.log(evelyn.salary);
```

3.3 Decoradores ECMAScript de propiedad

Una función se puede utilizar como decorador de propiedad siempre que su tipo corresponda a:

```
type Target = undefined;
type Context = ClassFieldDecoratorContext;
type Return = (this: any, value: any) => any;

type FieldDecorator = Decorator<Target, Context, Return>;
```

El retorno esperado corresponde a una función de inicialización de propiedad o `void`. El decorador acepta dos parámetros:

- `target`: siempre definido como `undefined`.
- `context`: el contexto corresponde a `ClassFieldDecoratorContext`. Este tipo se define en el archivo de declaración base de TypeScript (`lib.d.ts`):

```
interface ClassFieldDecoratorContext<
  This = unknown,
  Value = unknown,
> {
  readonly kind: "field";
  readonly name: string | symbol;
  readonly static: boolean;
  readonly private: boolean;
  readonly access: {
    has(object: This): boolean;
    get(object: This): Value;
    set(object: This, value: Value): void;
  };
  addInitializer(initializer: (this: This) => void): void;
}
```

`name` permite recuperar el nombre de la propiedad en forma de cadena de caracteres o de `symbol`. La función de devolución de llamada `addInitializer` se ejecuta cuando se inicializan miembros estáticos de la clase o cuando se crea una instancia de la clase.

El retorno de la función decoradora es útil para anular la inicialización predeterminada de la variable. Este tipo de decorador puede resultar útil para inyectar una dependencia.

Ejemplo:

```
interface ILogger {
  debug(message: string): void;
  info(message: string): void;
  warning(message: string): void;
  error(error: Error): void;
}

const Logger = <TClass>(
  target: undefined,
  context: ClassFieldDecoratorContext<TClass, ILogger>
) => {
  return () => {
    return {
      debug(message: string) {
        console.log(`🐛 - Debug: ${message}`);
      },
      info(message: string) {
        console.log(`ℹ - Info: ${message}`);
      },
      warning(message: string) {
        console.log(`⚠ - Warning: ${ message}`);
      },
      error(error: Error) {
        console.log(`❌ - Error: ${ error.message}`);
      }
    }
  };
}

class Employee {
  @Logger
  #logger!: ILogger;

  #salary: number;

  constructor(salary: number) {
```

```
    this.#salary = salary;
  }

  increaseSalary(percent: number): void {
    if (percent >= 0) {
      const amount = this.#salary * (percent / 100);
      this.#logger.info(`Amount: ${amount}`)
      this.#salary += amount;
    } else {
      this.#logger.warning(`Percent must be positive!`)
    }
  }
}

const employee = new Employee(2100);

// Log: ℹ - Info: Amount: 105
employee.increaseSalary(5);

// Log: ✕ - Warning: Percent must be positive!
employee.increaseSalary(-10);
```

En este ejemplo, el decorador `Logger` especifica, a través del contexto, que se puede usar en propiedades que devuelven una instancia de la interfaz `ILogger`. Cuando se ejecuta, el decorador devuelve una función de inicialización que devuelve una implementación de la interfaz `ILogger` que permite el registro a través de la consola.

Luego, el decorador se utiliza en una propiedad escrita con la interfaz `ILogger`. El uso de la propiedad le permite obtener los registros en la consola a través de la implementación devuelta por la función de inicialización.

3.4 Decoradores ECMAScript de accesores

3.4.1 Decorador "getter"

Una función se puede utilizar como decorador de accesor de tipo "`getter`" siempre que su tipo corresponda a:

```
type Target = (this: any) => any;
type Context = ClassGetterDecoratorContext;
type Return = Target;

type GetterDecorator = Decorator<Target, Context, Return>;
```

El retorno esperado es la firma del accesor decorado o `void`. El decorador acepta dos parámetros:

- `target`: el descriptor de acceso en el ámbito de una instancia de clase.
- `context`: el contexto correspondiente a la interfaz `ClassGetterDecoratorContext`. Este tipo se define en el archivo de declaración base de TypeScript (`lib.d.ts`):

```
interface ClassGetterDecoratorContext<
  This = unknown,
  Value = unknown,
> {
  readonly kind: "getter";
  readonly name: string | symbol;
  readonly static: boolean;
  readonly private: boolean;
  readonly access: {
    has(object: This): boolean;
    get(object: This): Value;
  };
  addInitializer(initializer: (this: This) => void): void;
}
```

`name` permite recuperar el nombre del descriptor de acceso en forma de cadena de caracteres o de `symbol`. La función de devolución de llamada `addInitializer` se ejecuta cuando se inicializan miembros estáticos de la clase o cuando se crea una instancia de la clase.

Ejemplo:

```
const LogGetValue = (
  get: (this: any) => any,
  context: ClassGetterDecoratorContext
) => {
  return function(this: any): any {
    const value = get.call(this);
    console.log(`${context.name.toString()} value is ${value}`)
    return value;
  }
}

class Person {
  #firstName: string;
  #lastName: string;

  @LogGetValue
  get firstName() {
    return this.#firstName;
  }

  @LogGetValue
  get lastName() {
    return this.#lastName;
  }

  constructor(firstName: string, lastName: string) {
    this.#firstName = firstName;
    this.#lastName = lastName;
  }
}

const person = new Person("Evelyn", "Miller");

// Log: firstName value is Evelyn
person.firstName;

// Log: lastName value is Evelyn
person.lastName;
```

3.4.2 Decorador "setter"

Una función se puede utilizar como decorador de accesor de tipo "`setter`" siempre que su tipo corresponda a:

```
type Target = (this: any, value: any) => void;
type Context = ClassSetterDecoratorContext;
type Return = Target;

type SetterDecorator = Decorator<Target, Context, Return>;
```

El retorno esperado es la firma del accesor decorado o `void`. El decorador acepta dos parámetros:

- `target`: el descriptor de acceso en el ámbito de una instancia de clase.
- `context`: el contexto correspondiente a la interfaz `ClassSetterDecoratorContext`. Este tipo se define en el archivo de declaración base de TypeScript (`lib.d.ts`):

```
interface ClassSetterDecoratorContext<
  This = unknown,
  Value = unknown,
> {
  readonly kind: "setter";
  readonly name: string | symbol;
  readonly static: boolean;
  readonly private: boolean;
  readonly access: {
    has(object: This): boolean;
    set(object: This, value: Value): void;
  };
  addInitializer(initializer: (this: This) => void): void;
}
```

`name` permite recuperar el nombre del descriptor de acceso en forma de cadena de caracteres o de `symbol`. La función de devolución de llamada `addInitializer` se ejecuta cuando se inicializan miembros estáticos de la clase o cuando se crea una instancia de la clase.

Ejemplo:

```
const GreaterThanZero = <TClass, TValue extends number>(
  set: (this: TClass, value: TValue) => void,
  context: ClassSetterDecoratorContext
) => {
  return function(this: TClass, value: TValue) {
    if(value < 0) {
        throw new Error(`Salary must be greater than 0 !`)
      }

      set.call(this, value);
    }
  }

class Employee {
  #salary!: number;

  @GreaterThanZero
  set salary(value: number) {
    this.#salary = value;
  }
}

try {
  const employee = new Employee();
  employee.salary = -1;
} catch(e) {

  // Log: Error: Salary must be greater than 0 !
  console.error(e);
}
```

3.4.3 Decorador de accesores automáticos

Una función se puede utilizar como decorador de accesor automático siempre que su tipo corresponda a:

```
type Target<
  TClass = any,
  TValue = any

> = ClassAccessorDecoratorTarget<TClass, TValue>;
type Context = ClassAccessorDecoratorContext;
```

```
type Return<
  TClass = any,
  TValue = any
> = ClassAccessorDecoratorResult<TClass, TValue>;

type AccessorDecorator = Decorator<Target, Context, Return>;
```

El retorno esperado corresponde al de la interfaz `ClassAccessorDecoratorResult` o `void`. Este tipo se define en el archivo de declaración base de TypeScript (`lib.d.ts`):

```
interface ClassAccessorDecoratorResult<This, Value> {
  get?(this: This): Value;
  set?(this: This, value: Value): void;
  init?(this: This, value: Value): Value;
}
```

El retorno de la función decoradora permite recuperar los descriptores de acceso de tipo "`getter`" y "`setter`", así como la función de inicialización utilizada para inicializar la propiedad como se vio anteriormente (consulte la sección Decoradores experimentales de propiedad).

El decorador acepta dos parámetros:

- `target`: descriptores de acceso de tipo "`getter`" y "`setter`" en el ámbito de una instancia de clase. Su tipo corresponde al de la interfaz `ClassAccessorDecoratorTarget`. Este tipo se define en el archivo de declaración base de TypeScript (`lib.d.ts`):

```
interface ClassAccessorDecoratorTarget<This, Value> {
  get(this: This): Value;
  set(this: This, value: Value): void;
}
```

- `context`: el contexto correspondiente a la interfaz `ClassAccessorDecoratorContext`. Este tipo se define en el archivo de declaración base de TypeScript (`lib.d.ts`):

```
interface ClassAccessorDecoratorContext<
  This = unknown,
  Value = unknown,
> {
  readonly kind: "accessor";
  readonly name: string | symbol;
```

```
  readonly static: Boolean;
  readonly private: boolean;
  readonly access: {
    has(object: This): boolean;
    get(object: This): Value;
    set(object: This, value: Value): void;
  };
  addInitializer(initializer: (this: This) => void): void;
}
```

`name` permite recuperar el nombre del descriptor de acceso automático en forma de cadena de caracteres o de `symbol`. La función de devolución de llamada `addInitializer` se ejecuta cuando se inicializan miembros estáticos de la clase o cuando se crea una instancia de la clase.

El siguiente ejemplo utiliza la implementación del patrón *Publish/Subscribe*, visto anteriormente (consulte la sección Decoradores experimentales de propiedad), pero esta vez usando decoradores de acceso automáticos.

Ejemplo:

```
interface Message {
  className: string;
  propertyName: string;
  oldValue: any;
  newValue: any;
}

interface Subscribe {
  className: string;
  callback: (message: Message) => void;
}

class PublishSubscribe {
  private static subscribers: Subscribe[] = [];
  static publish(message: Message) {
    PublishSubscribe.subscribers
      .filter(s => s.className === message.className)
      .forEach(s => s.callback(message));
  }

  static subscribe<
    TConstructor extends new (...args: any[]) => any
```

```
  >(
    ctor: TConstructor,
    callback: (message: Message) => void
  ) {
    PublishSubscribe.subscribers.push({
      className: ctor.name,
      callback
    });
  }

  static unsubscribe<
    TConstructor extends new (...args: any[]) => any
  >(ctor: TConstructor) {
    PublishSubscribe.subscribers = PublishSubscribe.subscribers.filter(
      s => s.className != ctor.name
    );
  }
}

const PublishChanges = <TClass, TValue>({
    get,
    set
  }: ClassAccessorDecoratorTarget<TClass, TValue>,
  context: ClassAccessorDecoratorContext<TClass, TValue>
): ClassAccessorDecoratorResult<TClass, TValue> => {
  return {
    get() {
      return get.call(this);
    },
    set(newValue: TValue) {
      const oldValue = get.call(this);

      PublishSubscribe.publish({
          className: (this as any).constructor.name,
            propertyName: context.name.toString(),
            newValue,
            oldValue
          });

      set.call(this, newValue);
    }
  }
}
```

```
class Person {
  @PublishChanges
  accessor firstName: string;

  @PublishChanges
  accessor lastName: string;

  constructor(firstName: string, lastName: string) {
    this.firstName = firstName;
    this.lastName = lastName;
  }
}

PublishSubscribe.subscribe(Person, e =>
  console.log(
    `Property ${e.propertyName} in ${e.className} changed. Old value: ${
      e.oldValue
    } New value:${e.newValue}`
  )
);

// Log:
// Property firstName in Person changed.
// Old value: undefined
// New value:Evelyn
// Property lastName in Person changed.
// Old value: undefined
// New value:Miller
const person = new Person("Evelyn", "Miller");

// Log:
// Property firstName in Person changed.
// Old value: Evelyn
// New value:John
person.firstName = "John";

// Log:
// Property lastName in Person changed.
// Old value: Miller
// New value:Riley
person.lastName = "Riley";

PublishSubscribe.unsubscribe(Person);
```

Capítulo 7
Asincronismo

1. Introducción

El asincronismo es un concepto estrechamente relacionado con JavaScript. En el lado del navegador, las llamadas al servidor (solicitud AJAX), las llamadas a las API web y ciertas funciones de JavaScript (`setTimeout`, `setInterval...`) se resuelven de forma asíncrona. En el lado del servidor (con Node.js, por ejemplo), cualquier operación de entrada/salida es asíncrona (como escribir en un archivo, una solicitud HTTP, acceder a una base de datos, etc.). La secuencia de operaciones síncronas y asíncronas puede complicar la legibilidad del código, por lo que, con el tiempo, diversos desarrollos han permitido simplificar la creación y el uso de operaciones asíncronas. A través de los tres apartados que componen este capítulo se estudiarán diferentes técnicas, desde las más antiguas (y, por tanto, menos eficientes) hasta las más recientes (promesas combinadas con `async/await`).

2. Callback hell

El uso masivo de callbacks se considera una mala práctica; hablamos, entonces, del infierno de los callbacks. También se la conoce como la *Pyramid of doom* debido a la indentación que crece con cada llamada a una función asíncrona.

Observación

Un callback, también conocido como función de devolución de llamada, es una función a la que se llama en un punto particular del programa. Los motores de JavaScript son de un solo subproceso, lo que significa que solo pueden interpretar una instrucción a la vez. Cuando el motor que ejecuta el código llega a una llamada asíncrona, delega esta llamada a su host (el navegador, Node.js...). Este último suele ser multiproceso, lo que permite procesar varias instrucciones al mismo tiempo. Cuando delega esta llamada, el motor proporciona al host una función conocida como callback. Después de resolver la operación solicitada, el host recupera el resultado y lo pasa como parámetro a la callback que se le proporcionó; luego, esto se coloca en la pila de instrucciones del motor JavaScript. El motor procesa las instrucciones hasta que llega a la devolución de llamada y la ejecuta.

Los callbacks se utilizaron ampliamente en los primeros días de Node.js debido a la falta de una alternativa. Esta técnica tenía como objetivo sincronizar una secuencia de llamadas asíncronas.

Ejemplo:

```
function employeeExist(
    employeeId: number,
    callback: (error?: string) => void
) {
  // Asynchronous operation
}

function getFixedSalary(
  employeeId: number,
  callback: (fixedSalary: number, error?: string) => void
) {
  // Asynchronous operation
}
```

```
function getBonus(
  employeeId: number,
  callback: (bonus: number, error?: string) => void
) {
  // Asynchronous operation
}

const calculateEmployeeSalary = function(
  employeeId: number,
  handleSalary: (error?: string, fixedSalary?: number, bonus?:
number) => void
) {
  employeeExist(employeeId, error => {
    if (error) {
      handleSalary(error);
    } else {
      getFixedSalary(employeeId, (fixedSalary, error) => {
        if (error) {
          handleSalary(error);
        } else {
          getBonus(employeeId, (bonus, error) => {
            if (error) {
              handleSalary(error);
            } else {
              handleSalary(undefined, fixedSalary, bonus);
            }
          });
        }
      });
    }
  });
};
```

En este ejemplo, cuantas más llamadas asíncronas se realicen, más grande será la pirámide y más difícil de leer. Para poder encadenarse entre sí, cada función toma como parámetro un *callback*, el cual se llama con el resultado de la función anterior. Esta forma de gestionar las llamadas asíncronas plantea varios problemas:

- Leer el código es complejo.
- El manejo de errores se repite con cada llamada asíncrona, lo que complica su procesamiento y dificulta, una vez más, la legibilidad del código.

Muy rápidamente, aparecieron determinadas prácticas para limitar los efectos nocivos del uso repetido de *callbacks*, como, por ejemplo:

- Declarar las funciones asíncronas antes de usarlas.
- Utilizar nombres de funciones significativos.

Estas prácticas no corrigen todos los problemas. Cuanto más grande se vuelve una base de código, más perjudicial resulta esta técnica para la escalabilidad del proyecto.

3. Promesa

3.1 Histórico

La utilización de cadenas de *callbacks* siempre ha mostrado límites, por lo que ha surgido otra solución: las promesas. El término «promesa» fue acuñado en 1976 para describir una estructura utilizada para sincronizar la ejecución de un programa. En 1988 fue adoptado por Barbara Liskov y Liuba Shrira, quienes inventaron un sistema para encadenar promesas.

En 2010, varias bibliotecas ofrecen soporte para promesas, tales como:

- JQuery (desde la versión 1.5)
- Q.js
- When.js

Estos últimos se basan en una especificación aparecida en 2009 que permite estandarizar la implementación de las promesas: CommonJS Promises/A. Esta especificación evolucionó en 2012 para convertirse en Promise/A+. Las promesas finalmente se estandarizan con ECMAScript 2015, que integra la especificación Promise/A+, de modo que se volvieron utilizables de forma nativa en JavaScript.

■Observación

En el lado de Node.js, las API se implementaron sin utilizar promesas. Es por eso por lo que la fundación Node.js decidió mantener las API tal como están para no causar incompatibilidad en aplicaciones ya existentes. Sin embargo, Node.js proporciona una función de utilidad, `promisify`*, que permite convertir un callback en una promesa. Sin embargo, esta función se creó para usar con la API de Node.js, por lo que no se garantiza su funcionamiento al convertir una devolución de llamada de una biblioteca de terceros. Como anécdota, Ryan Dahl (el creador de Node.js) explicó en la conferencia JSConf Europe 2018 que tenía la intención de basar Node.js en promesas. Sin embargo, finalmente optó por utilizar callbacks, ya que las encontró más fáciles de usar. Durante varios años, Node.js también ha proporcionado módulos complementarios a las API básicas, que implementan parcialmente su equivalente mediante promesas (ejemplo: el módulo* `fs/promise`*).*

3.2 Promesas de ECMAScript 2015

Definida por la especificación ECMAScript 2015, una promesa es un objeto devuelto sincrónicamente por una función asíncrona. Su valor entonces aún no estará determinado y se resolverá en el futuro.

3.2.1 Resolución de promesas

La función que realizará una operación asíncrona debe devolver un objeto creado a partir del constructor `Promise`. Cuando se crea, el constructor toma como argumento una función con dos parámetros (también de tipo función): `resolve` y `reject`. Si la llamada asíncrona se resuelve correctamente, hay que llamar a la función `resolve`, pasándole el resultado de la operación. Si la operación asíncrona falla, hay que llamar a la función `reject`, pasando el motivo del error de la operación.

Ejemplo:

```
const getEmployeeSalary = (employeeId: number) => {
  return new Promise((resolve, reject) => {
    const xhr = new XMLHttpRequest();
    xhr.open("GET", `fakeUrl/${employeeId}`);
    xhr.onload = function() {
      if (this.status === 200) {
        resolve(xhr.response);
      } else {
        reject({
          status: this.status,
          statusText: xhr.statusText
        });
      }
    };
    xhr.onerror = function() {
      reject({
        status: this.status,
        statusText: xhr.statusText
      });
    };
    xhr.send();
  });
};
```

Llamar a las funciones de `resolve` y `reject` afecta al estado de la promesa e indica si se ha resuelto exitosamente o no. De hecho, la promesa puede tener diferentes estados durante su ciclo de vida:

- pending: estado inicial del objeto.
- fulfill: la operación se ha completado con éxito.
- rejected: la operación ha fallado.
- settled: La operación ya no está pendiente y ha sido rechazada o resuelta.

Los métodos que se presentarán en breve se llamarán según el estado de la promesa a la que están asociados. A continuación se muestra un diagrama que resume el ciclo de vida de una promesa:

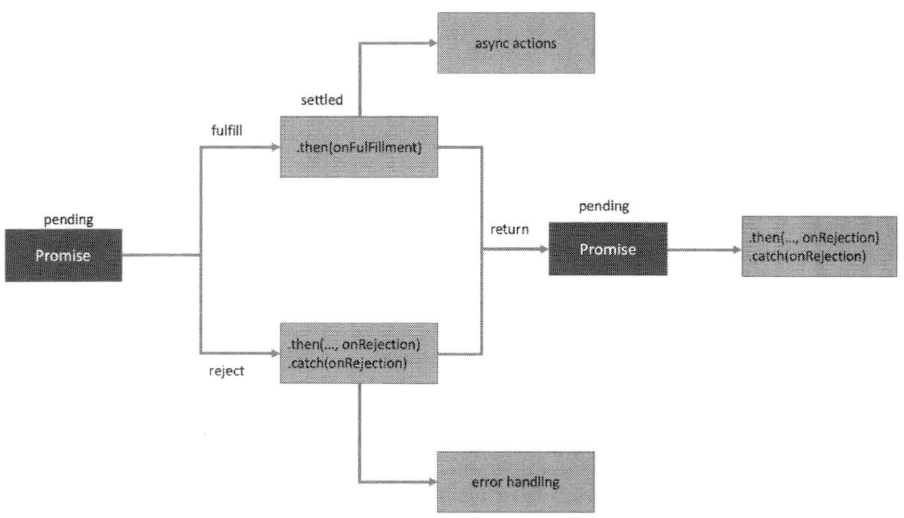

Observación

Estos estados son administrados por el motor JavaScript y no se pueden modificar ni leer directamente. El método `console.log()` utilizado con un objeto de promesa mostrará su estado actual.

3.2.2 Then, catch y finally

Una vez creada, una promesa tiene métodos que manejan su resolución o rechazo: `then()`, `catch()` y `finally()`.

El método `then()` toma como parámetros dos funciones: una a la que se llamará en caso de éxito de la promesa (estado `fulfill`) y otra (opcional) a la que se llamará en caso de fracaso (estado `rejected`). No se recomienda manejar los rechazos utilizando el método then(), sino con el método `catch()`. Esto toma una función como parámetro que se ejecutará si la promesa falla.

El último método, `finally()`, toma como parámetro una función que se ejecutará en todos los casos, independientemente de si la promesa se ha resuelto exitosamente o no (estado `settled`).

Ejemplo:

```
const getEmployeeSalary = (employeeId: number) => {
  return new Promise((resolve, reject) => {
    const xhr = new XMLHttpRequest();
    xhr.open("GET", `fakeUrl/${employeeId}`);
    xhr.onload = function() {
      if (this.status === 200) {
        resolve(xhr.response);
      } else {
        reject({
          status: this.status,
          statusText: xhr.statusText
        });
      }
    };
    xhr.onerror = function() {
      reject({
        status: this.status,
        statusText: xhr.statusText
      });
    };
    xhr.send();
  });
};

const employeeId = 10;
getEmployeeSalary(10)
  .then(fixedSalary => console.log(`Salary :${fixedSalary}`))
  .catch(reason => console.log(`Promise fail : ${reason}`));
```

El compilador de TypeScript no infiere el tipo a partir del valor pasado como parámetro a la función `resolve()`. De forma predeterminada, el tipo deducido es `unknown` y luego se tendrá que usar la afirmación de tipo (operador `as`).

Ejemplo (Visual Studio Code):

```
const getEmployeeSalary = (employeeId: number) => {
  return new Promise((resolve, reject) => {
    const xhr = new XMLHttpRequest();
    xhr.open("GET", `fakeUrl/${employeeId}`);
    xhr.onload = function() {
      if (this.status === 200) {
        resolve(xhr.response);
      } else {
        reject({
          status: this.status,
          statusText: xhr.statusText
        });
      }
    };
    xhr.onerror = function() {
      reject({
        status: this.status,
        statusText: xhr.statusText
      });
    };
    xhr.send();
  });
};

const employeeId = 10;
getEmployeeSalary(10)
        (parameter) fixedSalary: unknown
  .then(fixedSalary => console.log(`Salary :${fixedSalary}`))
  .catch(reason => console.log(`Promise fail : ${reason}`));
```

Para remediarlo, es posible utilizar una variante de la interfaz `Promise` que tiene un tipo genérico: `Promise<T>`. Tan pronto como usamos esta interfaz, TypeScript infiere el tipo correctamente.

Ejemplo (Visual Studio Code):

```
const getEmployeeSalary = (employeeId: number) => {
  return new Promise<number>((resolve, reject) => {
    const xhr = new XMLHttpRequest();
    xhr.open("GET", `fakeUrl/${employeeId}`);
    xhr.onload = function() {
      if (this.status === 200) {
        resolve(xhr.response);
      } else {
        reject({
          status: this.status,
          statusText: xhr.statusText
        });
      }
    };
    xhr.onerror = function() {
      reject({
        status: this.status,
        statusText: xhr.statusText
      });
    };
    xhr.send();
  });
};

const employeeId = 10;
getEmployeeSalary(10)
        (parameter) fixedSalary: number
  .then(fixedSalary => console.log(`Salary :${fixedSalary}`))
  .catch(reason => console.log(`Promise fail : ${reason}`));
```

Los métodos `then()`, `catch()` y `finally()` devuelven promesas. Esto hace posible encadenar llamadas asíncronas y mejorar, así, la legibilidad del código. Este es el ejemplo utilizado en la primera sección, reescrito con promesas.

Ejemplo:

```
function employeeExist(id: number) {
  return new Promise<boolean>((resolve, reject) => {
    //... Asynchronous operation
  });
}

function getFixedSalary(id: number) {
  return new Promise<number>((resolve, reject) => {
    //... Asynchronous operation
  });
```

```
}

function getBonus(id: number) {
  return new Promise<number>((resolve, reject) => {
    //... Asynchronous operation
  });
}

function handleSalary(bonus: number, salary: number) {
  //...
}

const employeeId = 10;
employeeExist(employeeId)
  .then(() => getFixedSalary(employeeId))
  .then(fixedSalary => getBonus(employeeId)
  .then(bonus => [bonus, fixedSalary]))
  .then(
    ([bonus, fixedSalary]) => handleSalary(bonus, fixedSalary)
  )
  .catch(reason => console.log(reason));
```

Observación

En el código anterior, obtener el salario fijo y las bonificaciones requiere promesas anidadas. Anidar promesas de esta manera complica la lectura del código, razón por la cual en el resto de este capítulo se propondrá un método más elegante.

En este ejemplo, los métodos `then()` solo se utilizan para procesar promesas que se han resuelto correctamente. Si todas las promesas se resuelven exitosamente, entonces los métodos `then()` se encadenan. Sin embargo, si uno de estos métodos devuelve una promesa rechazada, esta última será procesada por el método `catch()`.

3.2.3 Métodos estáticos

Es posible procesar llamadas asíncronas simultáneas gracias a varios métodos estáticos presentes en el objeto `Promise`. Todos estos métodos estáticos toman como parámetro un objeto iterable que contiene promesas y devuelven una promesa:

- `Promise.all()`: si todas las promesas se resuelven correctamente, este método devuelve un arreglo que contiene sus respectivos resultados. Si se rechaza una de las promesas, entonces este método falla con el motivo de la primera promesa rechazada.

Ejemplo:

```
const employeeId = 10;
employeeExist(employeeId)
  .then(() => Promise.all([getBonus(employeeId),
getFixedSalary(employeeId)]))
  .then(([bonus, fixedSalary]) => handleSalary(bonus, fixedSalary))
  .catch(reason => console.log(reason));
```

- `Promise.allSettled()`: este método devuelve una matriz que contiene los resultados de las promesas (resueltas con éxito o rechazadas).

Ejemplo:

```
const employeeId = 10;
employeeExist(employeeId)
  .then(() => Promise.allSettled([
    getFullName(emlpoyeeId),
    getAddress(employeeId)
  ]))
  .then(results => results.map(result => {
    value: result.value,
    error: result.reason
  }))
  .catch(reason => console.log(reason));
```

- `Promise.any()`: este método devuelve el resultado de la primera promesa resuelta con éxito. Si ninguna promesa se resuelve exitosamente, entonces este método falla debido al rechazo de la primera promesa.

Ejemplo:

```
const employeeId = 10;
getAvatar(employeeId)
  .then(() => Promise.any([
    fetch("https://.../first.png").then(response => response.blob()),
    fetch("https://.../second.png").then(response => response.blob())
  ]))
  .then((blob) => displayAvatar(URL.createObjectURL(blob)))
  .catch(reason => console.log(reason));
```

- `Promise.race()`: este método devuelve el resultado de la primera promesa resuelta o rechazada.

Ejemplo:

```
const employeeId = 10;
Promise.race([
  employeeExist(employeeId),
  new Promise(function(resolve, reject) {
    setTimeout(() => reject(new Error("request timeout")), 3000);
  })
])
  .then(result => console.log(`Result : ${result}`))
  .catch(reason => console.log(reason));
```

3.2.4 Conclusión

En definitiva, para procesar llamadas asíncronas, las promesas presentan varias ventajas en comparación a los *callbacks*:

- Simplifican la lectura de una secuencia de operaciones asíncronas y permiten encadenarlas de forma elegante.
- Para manejar los errores que ocurren durante una o más operaciones asíncronas, el método `catch()` se encadena de la misma forma que los métodos `then()` y `finally()`. Esto hace que el código sea más fácil de leer.
- Los métodos estáticos facilitan la gestión de operaciones asíncronas simultáneas.

- El constructor Promise facilita la lectura del código de resolución de una operación asíncrona con sus parámetros `resolve` y `reject`.

Las promesas han revolucionado la escritura de código asíncrono en JavaScript. Sin embargo, la legibilidad del código aún se puede mejorar, ya que no siempre es fácil mezclar código síncrono y asíncrono. Este es particularmente el caso cuando se manejan errores. Durante una operación síncrona, será necesario usar un bloque try/catch, mientras que, en el caso de una operación asíncrona, el método catch manejará el rechazo de la promesa. Por tanto, la combinación de síncrono y asíncrono puede complicar el código.

4. Async/await

Las palabras clave `async/await` aparecen por primera vez en la versión 5 de C# y permiten escribir código que se ejecuta de manera asíncrona, pero con una forma sintácticamente síncrona. Este concepto se ha implementado en TypeScript desde 2015 y se ha estandarizado en la norma ECMAScript 2017.

Las palabras clave `async/await` no reemplazan las promesas: las complementan. Para declarar operaciones asíncronas, siempre se requieren promesas. Sin embargo, para llamar a las promesas o encadenarlas, se puede utilizar el par `async/await` a fin de simplificar la escritura del código.

La palabra clave `await` permite esperar la resolución de una operación asíncrona y recuperar el resultado. Tan pronto como se utiliza la palabra clave `await` dentro de una función, esta debe tener la palabra clave `async` presente en su firma. Esta palabra clave indica que la función contiene una operación asíncrona y que el motor JavaScript debe esperar su resolución antes de continuar ejecutando el código de la función.

Sintaxis:

```
async function fnName() {
 await asynchronousOperation();
}
```

Ejemplo:

```
const getEmployeeSalary = (employeeId: number) => {
  return new Promise<number>((resolve, reject) => {
    const xhr = new XMLHttpRequest();
    xhr.open("GET", `fakeUrl/${employeeId}`);
    xhr.onload = function() {
      if (this.status === 200) {
        resolve(xhr.response);
      } else {
        reject({
          status: this.status,
          statusText: xhr.statusText
        });
      }
    };
    xhr.onerror = function() {
      reject({
        status: this.status,
        statusText: xhr.statusText
      });
    };
    xhr.send();
  });
};

async function logEmployeeSalary(employeeId: number) {
  try {
    const salary = await getEmployeeSalary(employeeId);
    console.log(`Salary : ${salary}`);
  } catch (reason) {
    console.log(`Reason : ${reason}`);
  }
}
```

En el ejemplo, la promesa se trata como si fuera código ejecutado sincrónicamente usando la palabra clave `await`:

- Su valor de retorno debe asignarse directamente a una variable sin requerir el uso del método `then()`.
- Un bloque `try/catch` debe usarse para manejar las excepciones sin requerir el uso del método `catch()`.

Además de permitir el uso de la palabra clave `await` en el cuerpo de una función, la palabra clave `async` también tiene otro impacto: una función declarada `async` siempre devuelve una promesa. En caso de que devuelva un valor que no sea una promesa, el motor JavaScript lo encapsulará automáticamente en una promesa antes de devolverlo. Esta promesa pasa directamente al estado resuelto.

Ejemplo:

```
async function getEmployeeSalary() {
  return 1000;
}

async function getBonus() {
  return new Promise(function(resolve, reject) {
    resolve(1000);
  });
}

// Log: Promise {<resolved>: 1000}
console.log(getEmployeeSalary());

// Log: Promise {<pending>}
console.log(getBonus());
```

Además de ser utilizable en las funciones con nombre, palabra clave `async` se puede usar en funciones anónimas o en métodos.

Ejemplo:

```
async () => {
  //...
};

class Employee {
  async getSalary() {
    //...
  }
}

const employee = {
  async getSalary() {
    //...
  }
};
```

El siguiente ejemplo repite el de la segunda sección (consulte la sección Callback hell), pero usando promesas y las palabras clave `async/await` en lugar de *callbacks*.

Ejemplo:

```
function employeeExist(id: number) {
  return new Promise<boolean>((resolve, reject) => {
    //... Asynchronous operation
  });
}

function getFixedSalary(id: number) {
  return new Promise<number>((resolve, reject) => {
    //... Asynchronous operation
  });
}

function getBonus(id: number) {
  return new Promise<number>((resolve, reject) => {
    //... Asynchronous operation
  });
}

function handleSalary(bonus: number, salary: number) {
  //...
}

const employeeId = 10;

try {
        if (await employeeExist(employeeId)) {
    const [bonus, fixedSalary] = await Promise.all([
      getBonus(employeeId),
      getFixedSalary(employeeId)
    ]);
    handleSalary(bonus, fixedSalary);
  }
} catch (e) {
  console.log(e);
}
```

Observación

Tenga cuidado con no abusar de la palabra clave `await`. Cada vez que se usa, se inicia la operación asíncrona asociada; luego el motor JavaScript ejecutará otras instrucciones hasta que se complete la operación asíncrona. No hay que olvidar, pues, los métodos estáticos (`Promise.all`, `Promise.race`...) que permiten lanzar llamadas asíncronas en paralelo. Además, si no se utiliza el resultado de la operación asíncrona, la palabra clave `await` ya no es necesaria.

En el ejemplo anterior, `await` se usa fuera de un bloque de funciones; hablamos, entonces, de *top level await*. Estandarizada por la norma ECMAScript 2022, esta funcionalidad es compatible con los navegadores más recientes y Node.js desde la versión 14.8. Dicha funcionalidad solo puede utilizarse en un módulo que respete el estándar ESM, definido por ECMAScript 2016 y recientemente soportado por Node.js. Para ser utilizada en TypeScript con Node.js, existen algunos requisitos previos:

- La opción de compilación `target` debe estar configurada en `es2017` o una versión más reciente del estándar ECMAScript.
- La opción de compilación `module` debe configurarse en `node16` o `nodenext`.
- La opción de compilación `moduleResolution` debe establecerse en `node16` o `nodenext`. Esta opción tiene un impacto en las rutas relativas de importación de módulos, los cuales deben especificar la extensión del archivo importado:
  - `.ts` solo para los tipos,
  - `.js` para los archivos que se transpilarán.

El uso de promesas junto con las palabras clave `async`/`await` hace que escribir código asíncrono sea mucho más fácil. TypeScript permite transpilar esta funcionalidad para que sea compatible con estándares anteriores a ES2017.

Capítulo 8
Sistema de tipo avanzado

1. Introducción

Este capítulo explica conceptos avanzados sobre el sistema de tipos. Las características presentadas en este capítulo permitirán que sus programas alcancen un alto nivel de tipado, lo que reducirá en gran medida el riesgo de errores durante su ejecución.

2. Alias de tipo

Los alias de tipo permiten definir tipos reutilizables o cambiar el nombre de los tipos nativos.

Sintaxis:

```
type alias = type;
```

Ejemplo:

```
type Salary = number;

type Employee = {
  firstName: string;
  lastName: string;
  salary: Salary;
};
```

```
const increaseSalary = (percent: number, employee: Employee) => {
  const increase = employee.salary * (percent / 100);
  return employee.salary + increase;
};

const evelyn: Employee = {
  firstName: "Evelyn",
  lastName: "Miller",
  salary: 2000
};

const newSalary = increaseSalary(2, evelyn);

// Log: 2040

console.log(newSalary);
```

Los alias de tipo permiten describir estructuras y tienen mucho en común con las interfaces. La mayoría de las funciones relacionadas con el tipado de una interfaz se puede usar con un alias de tipo: propiedad opcional, propiedad de solo lectura, genérica...

Ejemplo:

```
type Employee = {
  firstname: string;
  lastname: string;
  readonly salary: number;
};

type ListType<T> = Array<T>;

let employees: ListType<Employee> = [
  {
    firstname: "Evelyn",
    lastname: "Miller",
    salary: 100
  }
];
```

Una clase puede implementar un alias de tipo. Por lo tanto, una clase puede implementar interfaces o alias de tipo indistintamente.

Ejemplo:

```
type Person = {
  firstName: string;
  lastName: string;
};

class Employee implements Person {
  firstName: string;
  lastName: string;
}
```

Las interfaces se pueden ampliar utilizando alias de tipo u otras interfaces.

Ejemplo:

```
type Person = {
  firstname: string;
  lastname: string;
};

interface Salaried {
  readonly salary: number;
}

interface Employee extends Person, Salaried {
  id: number;
}
```

Desde la versión 3.7 de TypeScript, se permiten referencias circulares con alias de tipo.

Ejemplo:

```
type Employee = {
  firstName: string;

  lastName: string;
  subEmployees?: Employee[];
};
```

Existen varias diferencias entre los alias de tipo y las interfaces que permiten elegir cuándo usar uno u otro:

- Un alias de tipo no puede ser extendido/implementado por otro tipo. Sin embargo, es posible simular este comportamiento mediante la unión y la intersección de tipos, que se abordarán en las siguientes secciones (consulte la sección Tipo unión e intersección).
- La declaración de una interfaz puede estar separada en uno o más archivos. El compilador fusionará las diferentes definiciones de la interfaz para formar una única definición. Las fusión de declaraciones no existe para los alias de tipo. Por lo tanto, no es posible crear varias definiciones de alias con el mismo nombre.
- Muchas de las características mencionadas anteriormente en este capítulo solo funcionan si el alias define un tipo de objeto y no utiliza un tipo de unión (consulte la sección Tipo unión e intersección). De hecho, estas particularidades requieren que el tipo de objeto utilizado esté compuesto por miembros conocidos cuando se compila el programa, lo que no es el caso de los tipos Union. Si no se respeta esta restricción, el compilador de TypeScript arrojará un error.

Ejemplo:

```
type Constultant = {
  salary: number;
  variable: number;
};

type Manager = {
  salary: number;
  bonus: number;
};

type EmployedPerson = Constultant | Manager;

// Compilation Error TS2422: A class can only
// implement an object type or intersection of object types
```

```
// with statically known members.
class Employee implements EmployedPerson {}
```

- Un alias de tipo puede utilizar directamente tipos primitivos, tuplas, uniones e intersecciones, etc., sin usar un tipo objeto. Esto no es posible con una interfaz.

Ejemplo:

```
type EmployeeId = number;
type List<T> = Array<T>;
type Rank = string | number;
```

Observación

Dependiendo del caso, a veces es más apropiado utilizar alias de tipo o interfaces. En los casos en los que sea posible utilizar uno u otro, es imperativo ser coherente y tomar una decisión dentro de su equipo. En la comunidad TypeScript, es común que los desarrolladores usen una interfaz para escribir la estructura de un objeto en lugar de un alias de tipo porque las interfaces son más interesantes cuando se usa programación orientada a objetos. Es por eso por lo que, en el resto de este libro, en este caso específico, se preferirán las interfaces a los alias de tipo.

3. Tipo never

El tipo `never` representa un tipo que podría describirse como imposible y que nunca debe suceder. Utilizado en la firma de una función, indica que no puede devolver un resultado. Esto sucede en caso de que la función siempre arroje un error o si contiene un bucle infinito.

Ejemplo:

```
function throwError(message: string): never {
  throw new Error(message);
}

function worker(): never {
  while (true) {}
}
```

Observación

A diferencia del tipo `void` (consulte el capítulo Tipos e instrucciones básicas), el compilador TypeScript no siempre deduce correctamente el tipo `never`. A veces es necesario especificarlo explícitamente.

El tipo `never` también se utiliza para escribir variables. Una variable de tipo `never` no acepta ningún tipo, pero todos los tipos la aceptan. Esto significa que es imposible asignar un valor a una variable de tipo `never`, pero sí se puede asignar a una variable de otro tipo.

Ejemplo:

```
let never: never;
let any: any;
let unknown: unknown;

// Compilation error TS2322: Type 'any' is
// not assignable to type 'any'.
const a: never = any;

// Compilation error TS2322: Type 'any' is
// not assignable to type 'unknown'.
const b: never = unknown;

// Compilation error TS2322: Type 'any' is
// not assignable to type '""'.
const c: never = "";

// Compilation error TS2322: Type 'any' is
//not assignable to type '42'.
const d: never = 42;

// Compilation error TS2322: Type 'any' is
//not assignable to type 'true'.
Const e: never = true;

// Compilation error TS2322: Type 'any' is
//not assignable to type '{}'.
const f: never = {};

const h: any = never;
const i: unknown = never;
const j: string = never;
const k: number = never;
const l: boolean = never;
const m: object = never;
```

Dado que no se puede asignar ningún valor a una variable de tipo `never`, también es imposible llamar propiedades/métodos en ella. Este tipo se utiliza en casos de tipado avanzado, que se describirán en las siguientes secciones.

4. Tipo unión e intersección

4.1 Unión

En TypeScript, es posible expresar uniones de tipos utilizando el operador «|». Se interpreta como un operador «O» («OR» en inglés) y permite indicar que una variable puede ser de *typeA* o *de typeB* o *de typeN*.

Sintaxis:

```
let/const variable: typeA | typeB | ... ;
```

El compilador de TypeScript solo permite el acceso a propiedades comunes a todos los tipos especificados en la unión.

Ejemplo (Visual Studio Code):

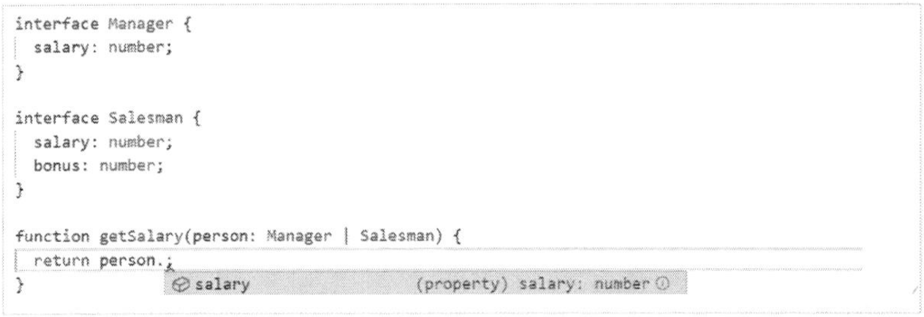

```
interface Manager {
  salary: number;
}

interface Salesman {
  salary: number;
  bonus: number;
}

function getSalary(person: Manager | Salesman) {
  return person.;
}              salary          (property) salary: number
```

Sin embargo, es posible restringir una unión a un tipo contenido en ella, en cuyo caso hablamos de discriminación.

Ejemplo:

```
interface Manager {
  salary: number;
}
```

```
interface Salesman {
  salary: number;
  bonus: number;
}

function getSalary(person: Manager | Salesman) {
  if ((person as Salesman).bonus) {
    return person.salary + (person as Salesman).bonus;
  }
  return person.salary;
}
```

En este ejemplo, el parámetro `person` está restringido al tipo `Salesman` mediante una aserción de tipo. Esto permite el acceso a propiedades específicas de la interfaz `Salesman` para aplicar un comportamiento específico. Hay otra forma de realizar esta operación sin utilizar aserciones: los tipos *guards* («guardias» en español). Se revisarán más adelante en este capítulo (consulte la sección Type guards).

Una unión se aplica de forma recursiva a todas las propiedades de los diferentes tipos que la componen. Tan pronto como los tipos que componen la unión tengan una propiedad (o subpropiedad) común, la unión se aplicará a esta propiedad.

Ejemplo Visual Studio Code):

```
interface Employee {
  salary: number;
}

interface Manager {
  salary: number;
  manage: {
    team: Employee[]
  }
}

interface CEO {
  salary: number;
  manage: {
    team: Manager[]
  }
}

function getTeams(person:  Manager | CEO) {
                        (property) team: Employee[] | Manager[]
  return person.manage.team;
}
```

En este ejemplo, las interfaces `Manager` y `CEO` tienen la propiedad `manage` en común, que es un objeto con una propiedad `team`. Por tanto, la unión también se aplica a la subpropiedad `team`.

Para que una unión de tipos sea reutilizable, es posible definirla como un alias de tipo.

Ejemplo:

```
interface Manager {
  salary: number;
}

interface Salesman {
  salary: number
  bonus: number;
}

type Employee = Manager | Salesman;

function getSalary(person: Employee) {
  if ((person as Salesman).bonus) {
    return person.salary + (person as Salesman).bonus;
  }
  return person.salary;
}
```

4.2 Intersección

En TypeScript, es posible expresar intersecciones de tipos utilizando el operador «&». Se interpreta como un operador «Y» (o «AND» en inglés) y permite indicar que una variable es de *typeA* y *de typeB* y *de typeN*. La variable tendrá entonces las propiedades de *typeA*, *typeB* y *typeN*.

Sintaxis:

```
let/const variable: typeA & typeB & ... ;
```

El compilador de TypeScript proporciona acceso a todas las propiedades de la intersección.

Ejemplo (Visual Studio Code):

```
interface Salaried {
  salary: number;
}

interface Salesman {
  bonus: number;
}

function getSalary(person: Salaried & Salesman) {
  return person.;
}               bonus        (property) Salesman.bonus: number
                salary
```

Ejemplo:

```
interface Salaried {
  salary: number;
}

interface Salesman {
  bonus: number;
}

function getSalary(person: Salaried & Salesman) {
  return person.salary + person.bonus;
}
```

Al igual que la unión de tipos, la intersección se aplica de forma recursiva sobre las propiedades de los distintos tipos que la componen.

Ejemplo (Visual Studio Code):

```
interface Employee {
  salary: number;
}

interface Manager {
  salary: number;
  manage: {
    team: Employee[]
  }
}

interface CEO {
  salary: number;
  manage: {
    team: Manager[]
  }
}

function getTeams(person: Manager & CEO) {
                        (property) team: Employee[] & Manager[]
  return person.manage.team;
}
```

Para que una intersección de tipos sea reutilizable, es posible definirla como un alias de tipo.

Ejemplo:

```
interface Person {
  firstname: string;
  lastname: string;
}

interface Salaried {
  readonly salary: number;
}

type Employee = Person & Salaried;

function getSalary(employee: Employee) {
  return employee.salary;
}
```

Si la intersección incluye tipos incompatibles (por ejemplo, `number & string`), el compilador inferirá que el tipo de variable es `never`.

Ejemplo (Visual Studio Code):

```
interface Manager {
  salary: number;
  bonus: number;
}

interface Salesman {
  salary: number;
  bonus: boolean;
}

function getSalary(person: Manager & Salesman) {
                              (property) bonus: never
  return person.salary + person.bonus;
}
```

En este ejemplo, el parámetro `person` es de tipo `Manager & Salesman`. Su propiedad `bonus` se escribe con `never` porque no puede ser de tipo `boolean & number`. De hecho, estos dos tipos no son compatibles porque no tienen propiedades en común.

5. Type guards

5.1 Introducción

El compilador solo proporciona acceso a las propiedades comunes de una unión de tipos. Para obtener información más precisa sobre la naturaleza de los tipos contenidos en la unión, es necesario utilizar la discriminación. Para lograr esto, es imperativo utilizar una condición (bloque `if...else`, ternario o bloque `switch`). Estas condiciones discriminatorias se denominan *type guards* («guardias de tipo» en español).

Como recordatorio, los tipos definidos en TypeScript solo son útiles en la compilación y no existen en el código JavaScript generado. Los *type guards* también se utilizan para afirmar el tipo de una variable durante la ejecución de un programa. Hay varios operadores que permiten crear un *type guard* nativo: `typeof`, `instanceof` e `in`.

También es posible utilizar una propiedad de tipo literal (o un modelo de tipo literal; consulte la sección Modelo de tipo literal) que será común a los tipos que componen la unión y se utilizará como propiedad discriminante (consulte la sección Unión discriminante).

Finalmente, existe una última posibilidad que le permite crear sus propias *type guards* utilizando funciones llamadas *user defined type guard functions* (funciones de protección de tipo definidas por el usuario). En estas funciones, corresponde al usuario definir cómo discriminar un tipo y devolver un booleano de confirmación (consulte la sección Type guards definidas por el usuario).

5.2 Operador typeof

Este operador unario devuelve en forma de cadena de caracteres el tipo del operando que le sigue. Este tipo es el que determina el intérprete de JavaScript durante la ejecución del programa (y no el tipo estático utilizado en TypeScript).

Ejemplo:

```
const personn = {
  firstName: "Evelyn",
  lastName: "Miller"
};

const age = 34;

// Log : object
console.log(typeof person);

// Log : string
console.log(typeof person.firstName);

// Log : number
console.log(typeof age);
```

En el contexto de los *type guards*, el operador `typeof` se puede utilizar para discriminar entre tipos primitivos (`string`, `number`, `boolean`, `undefined`, `null`, `symbol` y `bigint`) y tipos por referencia (`object` y `function`).

Ejemplo:

```
function getSalary(salary: number, bonus: number | boolean) {
  if (typeof bonus === "number") {
    return salary + bonus;
  } else {
    return salary + (bonus ? 100 : 0);
  }
}
```

Ejemplo (Visual Studio Code):

```
function getSalary(salary: number, bonus: number | boolean) {
  if (typeof bonus === "number") {
    return salary + bonus;
  } else {
                    (parameter) bonus: boolean
    return salary + (bonus ? 100 : 0);
  }
}
```

5.3 Operador instanceof

El operador `instanceof` es un operador llamado relacional. Este permite determinar si el operando izquierdo tiene el operando derecho en su cadena de prototipos.

Esto también se puede traducir como: determinar si el operando izquierdo es una instancia de la clase representada por el operando derecho.

Ejemplo:

```
class Manager {
  constructor(public readonly salary: number) {}
}

class Salesman {
  constructor(
    public readonly salary: number,
    public readonly bonus: number
  ) {}
}

const evelyn = new Manager(2000);
```

```
const john = new Salesman(2000, 200);

// Log: true
console.log(evelyn instanceof Manager);

// Log: true
console.log(evelyn instanceof Object);

// Log: false
console.log(john instanceof Manager);
```

En el contexto de los *type guards*, el operador `instanceof` es útil para discriminar tipos a partir de clases.

Ejemplo:

```
class Manager {
  constructor(public readonly salary: number) {}
}

class Salesman {
  constructor(
    public readonly salary: number,
    public readonly bonus: number
  ) {}
}

class CEO {
  constructor(
    public readonly salary: number,
    public readonly revenue: number
  ) {}
}

function getSalary(person: Manager | Salesman | CEO) {
  const baseSalary = person.salary;
  if (person instanceof Manager) {
    return baseSalary;
  } else if (person instanceof Salesman) {
    return baseSalary + person.bonus;
  } else {
    return baseSalary + person.revenue
  }
}
```

Ejemplo (Visual Studio Code):

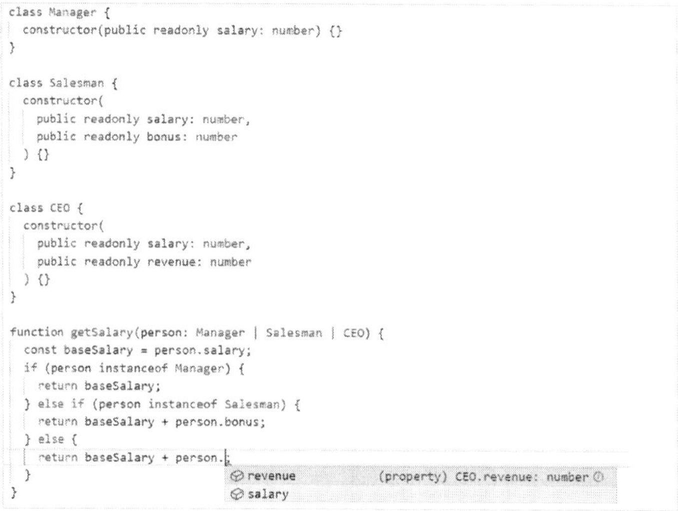

```
class Manager {
  constructor(public readonly salary: number) {}
}

class Salesman {
  constructor(
    public readonly salary: number,
    public readonly bonus: number
  ) {}
}

class CEO {
  constructor(
    public readonly salary: number,
    public readonly revenue: number
  ) {}
}

function getSalary(person: Manager | Salesman | CEO) {
  const baseSalary = person.salary;
  if (person instanceof Manager) {
    return baseSalary;
  } else if (person instanceof Salesman) {
    return baseSalary + person.bonus;
  } else {
    return baseSalary + person.
  }                             revenue    (property) CEO.revenue: number
}                               salary
```

5.4 Operador in

El operador `in` es un operador llamado relacional que le permite determinar si una propiedad (o una lista de propiedades) pertenece a un objeto determinado.

Ejemplo:

```
const employee = {
  firstname: "Evelyn",
  lastname: "Miller",
  age: 32
};

// Log: true
console.log("firstname" in employee);

// Log: false
console.log("status" in employee);
```

En el contexto de los *type guards*, es útil para discriminar tipos que tienen propiedades únicas.

Ejemplo:

```
class Manager {
  constructor(public readonly salary: number) {}
}

class Salesman {
  constructor(
    public readonly salary: number,
    public readonly bonus: number
  ) {}
}

class CEO {
  constructor(
    public readonly salary: number,
    public readonly revenue: number
  ) {}
}
 ì
function getSalary(person: Manager | Salesman | CEO) {
  const basicSalary = person.salary;
  if ("bonus" in person) {
    return basicSalary + person.bonus;
  } else if ("revenue" in person) {
    return basicSalary + person.revenue;
  } else {
    return basicSalary;
  }
}
```

Como se vio anteriormente, el operador `in` permite determinar si existe una propiedad en un objeto. En el ejemplo anterior, las propiedades del objeto se definen y escriben explícitamente. Hay casos en los que el operador se utiliza en un objeto cuyas propiedades no se conocen antes de ejecutar el programa.

Ejemplo (antes de TypeScript 4.9):

```
function tryToExtractEmployeeSalary(parsedTxtFile: unknown) {
  if (
    parsedTxtFile &&
    typeof parsedTxtFile === "object" &&
    "employeeSalary" in parsedTxtFile &&
    // Compilation Error TS2339 : Property 'employeeSalary'
    // does not exist on type 'object'.
    // Type (parameter) parsedTxtFile: object
```

```
    typeof parsedTxtFile.employeeSalary === "number" // <-- okay
    ) {
    // Compilation Error TS2339 : Property 'employeeSalary'
    // does not exist on type 'object'.
    // Type (parameter) parsedTxtFile: object
    return parsedTxtFile.employeeSalary.toString(10)
  }

  return undefined;
}
```

En el ejemplo anterior, el operador in no tiene ningún efecto sobre el tipo del parámetro `parsedTxtFile`, que está tipado con `object` después de la prueba `typeof parsedTxtFile === "object"`. Por lo tanto, el compilador TypeScript genera errores de compilación porque la propiedad `employeeSalary` no existe en el tipo `object`. Desde TypeScript 4.9, es posible utilizar el operador `in` para controlar la existencia de una propiedad en un objeto cuyas propiedades solo se conocerán durante la ejecución del programa.

Ejemplo (después de TypeScript 4.9):

```
function tryToExtractEmployeeSalary(parsedTxtFile: unknown) {
  if (
    parsedTxtFile &&
    typeof parsedTxtFile === "object" &&
    "employeeSalary" in parsedTxtFile &&
    // Type (parameter) parsedTxtFile: object &
    // Record<"employeeSalary", unknown>
    typeof parsedTxtFile.employeeSalary === "number" // <-- okay
  ) {
    // Type (parameter) parsedTxtFile: object &
    //Record<"employeeSalary", unknown>
    return parsedTxtFile.employeeSalary.toString(10)
  }
  return undefined;
}
```

El compilador de TypeScript ahora genera un tipo `Record<"propiedad verificada", unknown>` que le permite verificar la presencia de una propiedad en un objeto. Así, las propiedades solo se conocerán durante la ejecución del programa.

5.5 Unión discriminante

Para discriminar uno de los tipos de una unión, es posible utilizar una propiedad que tenga como tipo un *singleton type* («tipo singleton» en español).

Observación

El tipo singleton no es un tipo nuevo. Permite designar tanto un miembro de una enumeración como un tipo literal.

Para implementar una unión discriminativa, una propiedad debe ser común a todos los tipos de unión. Luego, esta propiedad se debe escribir con un *singleton type* diferente para cada tipo contenido en la unión.

Ejemplo:

```
interface Manager {
  type: "manager";
  salary: number;
}

interface Salesman {
  type: "salesman";
  salary: number;
  bonus: number;
}

interface CEO {
  type: "ceo";
  salary: number;
  revenue: number;
}

function getSalary(person: Manager | Salesman | CEO) {
  const baseSalary = person.salary;
  switch (person.type) {
    case "salesman":
      return baseSalary + person.bonus;
    case "ceo":
      return baseSalary + person.revenue;
    default:
      return baseSalary;
  }
}
```

Ejemplo (Visual Studio Code):

```
interface Manager {
  type: "manager";
  salary: number;
}

interface Salesman {
  type: "salesman";
  salary: number;
  bonus: number;
}

interface CEO {
  type: "ceo";
  salary: number;
  revenue: number;
}

function getSalary(person: Manager | Salesman | CEO) {
  const baseSalary = person.salary;
  switch (person.type) {
    case "salesman":
      return baseSalary + person.bonus;
    case "ceo":
      return baseSalary + person.;
    default:
      return baseSalary;
  }
}
```

```
revenue    (property) CEO.revenue: number
salary
type
```

También es posible utilizar enumeraciones como *singleton type* para implementar una unión discriminativa.

Ejemplo:

```
enum Role {
  Manager,
  Salesman,
 CEO
}

interface Manager {
  role: Role.Manager;
  salary: number;
}

interface Salesman {
  role: Role.Salesman;
  salary: number;
  bonus: number;
}
```

```
interface CEO {
  role: Role.CEO;
  salary: number;
  revenue: number;
}

type Employee = Manager | Salesman | CEO;

function calculateSalary(person: Employee) {
  const baseSalary = person.salary;
  switch (person.role) {
    case Role.Salesman:
      return baseSalary + person.bonus;
    case Role.CEO:
      return baseSalary + person.revenue;
    default:
      return baseSalary;
  }
}
```

5.6 Type guards definidas por el usuario

Como se vio anteriormente en este capítulo, es posible crear *type guards* propios que permitan definir cómo discriminar un tipo contenido en una unión.

Estos *type guards* personalizados toman la forma de una función que acepta como parámetro de entrada una variable cuyo tipo debe determinarse. El cuerpo de esta función debe devolver un valor booleano que indique si la variable es del tipo esperado. Sin embargo, la firma de la función es diferente de la de una función base. A través de una sintaxis particular, esto indicará al compilador de TypeScript, usando la palabra clave `is`, qué tipo debe usarse si la función devuelve el valor `true`.

Sintaxis:

```
function fn(variable: any): variable is type {
   // ...
}
```

Ejemplo:

```
interface Manager {
  salary: number;
}

interface Salesman {
  salary: number;
  bonus: number;
}

interface CEO {
  salary: number;
  revenue: number;
}

function isSalesman(
  person: Manager | Salesman | CEO
): person is Salesman {
  return "bonus" in person;
}

function isCEO(
  person: Manager | Salesman | CEO
): person is CEO {
  return "revenue" in person;
}

function getSalary(person: Manager | Salesman | CEO) {
  const baseSalary = person.salary;
  if (isSalesman(person)) {
    return baseSalary + person.bonus;
  } else if (isCEO(person)) {
    return baseSalary + person.revenue;
  } else {
    return baseSalary;
  }
}
```

En este ejemplo, ambas *user defined type guard functions*, `isSalesman` e `isCEO`, utilizan el operador `in` para determinar si la variable es de tipo `Salesman` o `CEO`.

Observación

La manera de determinar un tipo dentro de una user defined type guard function depende del desarrollador. Por tanto, es necesario ser riguroso porque una mala implementación puede comportar un riesgo de error en la ejecución del programa.

Ejemplo:

```
interface Manager {
  salary: number;
}

interface Salesman {
  salary: number;
  bonus: number;
}

function isSalesman(
  person: Manager | Salesman
): person is Salesman {
  return true;
}

function getSalary(person: Manager | Salesman) {
  const baseSalary = person.salary;
  if (isSalesman(person)) {
    return baseSalary + person.bonus;
  } else {
    return baseSalary;
  }
}

const manager = {
  salary: 10000
};

// Log: NaN
console.log(getSalary(manager));
```

5.7 Gestión de null y undefined

Como recordatorio, `null/undefined` se convierten en tipos por derecho propio gracias a la opción de compilación `--strictNullChecks`. Si esta no está habilitada, todos los tipos aceptan los valores `null/undefined`. De lo contrario, ningún tipo los acepta hasta que se especifique explícitamente mediante una unión de tipos.

Ejemplo (--strickNullChecks deshabilitado):

```
let firstName = "Evelyn";
let age = 34;
let isHuman = true;
let employee = {};
let employeeList = [];

firstName = undefined; // OK
age = undefined; // OK
isHuman = undefined; // OK
employee = undefined; // OK
employeeList = undefined; // OK
```

Ejemplo (--strictNullChecks habilitado):

```
let firstName = "Evelyn";
let age = 34;
let isHuman = true;
let employee = {};
let employeeList = [];

// Compilation Error TS2322: Type 'undefined' is not
// assignable to type 'string'
firstName = undefined;

// Compilation Error TS2322: Type 'undefined' is not
// assignable to type 'number'
age = undefined;

// Compilation Error TS2322: Type 'undefined' is not
// assignable to type 'boolean'
isHuman = undefined;

// Compilation Error TS2322: Type 'undefined' is not
```

```
// assignable to type '{}'
employee = undefined;

// Compilation Error TS2322: Type 'undefined' is not
// assignable to type 'any[]'
employeeList = undefined;
```

Ejemplo (--strictNullChecks habilitado):

```
let firstName: string | undefined = "Evelyn";
let age: number | undefined = 34;
let isHuman: boolean | undefined = true;
let employee: {} | undefined = {};
let employeeList: any[] | undefined = [];

firstName = undefined; // OK
age = undefined; // OK
isHuman = undefined; // OK
employee = undefined; // OK
employeeList = undefined; // OK
```

Este comportamiento se aplica automáticamente cuando se utilizan parámetros opcionales.

Ejemplo (--strickNullChecks deshabilitado - Visual Studio Code):

```
                              (parameter) bonus: number
function getSalary(salary: number, bonus?: number) {
  return bonus ? salary + bonus : salary;
}
```

Ejemplo (--strickNullChecks habilitado - Visual Studio Code):

```
                              (parameter) bonus: number | undefined
function getSalary(salary: number, bonus?: number) {
  return bonus ? salary + bonus : salary;
}
```

Para excluir `null/undefined` de una unión de tipos, debe utilizar un *type guard*. En modo strict, el compilador de TypeScript generará un error de compilación si no se realiza una discriminación, para evitar que ocurra un error durante la ejecución.

Ejemplo:

```
// Compilation error TS2532:
// Object is possibly 'undefined'.
function getSalary(salary: number, bonus?: number) {
  return salary + bonus;
}
```

Hay varias soluciones para excluir `null/undefined` de una unión mediante un type guard.

Ejemplo:

```
function getSalary(salary: number, bonus?: number) {
  if (bonus) {
    return salary + bonus;
  } else {
    return salary;
  }
}
```

Ejemplo:

```
function getSalary(salary: number, bonus?: number) {
  if (bonus !== undefined) {
    return salary + bonus;
  } else {
    return salary;
  }
}
```

Ejemplo:

```
function getSalary(salary: number, bonus?: number) {
  return bonus ? salary + bonus : salary;
}
```

Existe un operador que permite excluir automáticamente `null/undefined` de una unión sin realizar una prueba primero: *non-null assertion operator*. Representado por la notación «!», este permite afirmar que una variable tiene un valor y, por lo tanto, no puede ser `null` o `undefined`.

Ejemplo:

```
function getSalary(salary: number, bonus?: number) {
  return salary + bonus!;
}
```

Observación

Preste atención: este operador fuerza el compilador y, por lo tanto, evita que genere un error. Por lo tanto, se debe estar seguro de que la variable nunca será `null/undefined`.

5.8 Caso imposible

En el contexto de los *type guards*, hay casos que el compilador no puede resolver, por lo que utilizará el tipo `never`:

- El *type guard* busca un tipo que no esté contenido en la unión.

Ejemplo (Visual Studio Code):

```
function getSalary(salary: number, bonus: number | boolean) {
  if(typeof bonus === "string") {
                  (parameter) bonus: never
    return salary + bonus;
  }
}
```

- Ya se han discriminado los tipos pertenecientes a la unión.

Ejemplo (Visual Studio Code):

```
function getSalary(salary: number, bonus: number | boolean) {
  if(typeof bonus === "number") {
    return salary + bonus;
  } else if (typeof bonus === "boolean") {
    const basicBonus = bonus ? 100 : 0;
    return salary + basicBonus
  } else {
                  (parameter) bonus: never
    return salary + bonus;
  }
}
```

5.9 Función de afirmación

Hay funciones de control que generan errores si no se cumple una condición; las llamamos «funciones de afirmación» (*assert functions* en inglés).

Ejemplo:

```
function getSalary(salary: any, bonus: any) {
  assert(typeof salary === 'number')
  assert(typeof bonus === 'number')
  return (salary * 12).toFixed(2) + bonus.tofixed(2);
}

// Runtime Error: bonus.tofixed is not a function
getSalary(1200, 1000);
```

Observación

El ejemplo anterior utiliza la función `assert` *nativa de Node.js y, por lo tanto, solo funciona dentro de un programa que se ejecute con Node.js.*

En el ejemplo anterior, se produce un error al ejecutar el programa porque TypeScript no pudo inferir el tipo del parámetro `bonus`. Antes de la versión 3.7 de TypeScript, era necesario definir el tipo de función `assert` de Node.js, para que actuara como *type guard* (consulte la sección Type guards - Type guards definidas por el usuario). El compilador podría, entonces, deducir correctamente el tipo de variable controlada.

Para evitar redefinir tipos, existe una palabra clave que se puede utilizar en la firma de funciones de aserción: `asserts`.

Sintaxis:

```
function fn(condition: any): asserts condition {
   // ...
}
```

Ejemplo:

```
function assert(condition: any, msg?: string): asserts condition
{
  if (!condition) {
    throw new Error(msg);
  }
}

function getSalary(salary: any, bonus: any) {
  assert(typeof salary === "number");
  assert(typeof bonus === "number");

  // Compilation error TS2551: Property 'tofixed'
  //does not exist on type 'number'
  return (salary * 12).toFixed(2) + bonus.tofixed(2);
}

getSalary(1200, 1000);
```

`asserts «condition»` permite indicar al compilador de TypeScript que la condición pasada como parámetro es verdadera si la función de aserción se ejecuta sin generar un error. Gracias a esta nueva palabra clave, el ejemplo visto anteriormente ya no se compila y TypeScript devuelve un error en el método `tofixed` mal escrito. Por lo tanto, `asserts` permite que las funciones de aserción actúen como *type guards*.

Cuando la función de aserción usa una variable en lugar de una condición pasada como parámetro, es posible usar otra sintaxis muy cercana a la de los *user defined type guards* (consulte la sección Type guards - Type guards definidas por el usuario).

Sintaxis:

```
function fn(variable: any): asserts variable is type {
  // ...
}
```

Ejemplo:

```
function assertIsNumber(val: any): asserts val is number {
  if (typeof val !== "number") {
    throw new Error("Not a number");
  }
```

```
}

function getSalary(salary: any, bonus: any) {
  assertIsNumber(salary);
  assertIsNumber(bonus);

  // Compilation error TS2551: Property 'tofixed'
  // does not exist on type 'number'
  return (salary * 12).toFixed(2) + bonus.tofixed(2);
}

getSalary(1200, 1000);
```

6. Tipos literales

Los tipos literales permiten restringir los valores posibles para un parámetro o variable. Hay tres familias de tipos literales: cadenas de caracteres, numéricos y booleanos.

Ejemplo:

```
let firstName: "Evelyn" = "Evelyn";

// Compilation Error TS2322: Type 'Miller' is
// not assignable to type 'Evelyn'.
firstName = "Miller";

let age: 34 = 34;

// Compilation Error TS2322: Type '35' is
// not assignable to type '34'.
age = 35;

let isCeo: true = true;

// Compilation Error TS2322: Type 'false' is
// not assignable to type 'true'.
isCeo = false;
```

Este ejemplo ayuda a comprender mejor la unicidad intrínseca de un tipo literal. De hecho, los tipos literales representan subconjuntos lógicos de otros tipos (`number` para el tipo `34`, `string` para el tipo `"Evelyn"` y `boolean` para el tipo `false`). Esta unicidad no excluye las características que se aplican al tipo de referencia. Es posible, por ejemplo, utilizar todos los métodos `string` en el tipo `"Evelyn"`.

Ejemplo (Visual Studio Code):

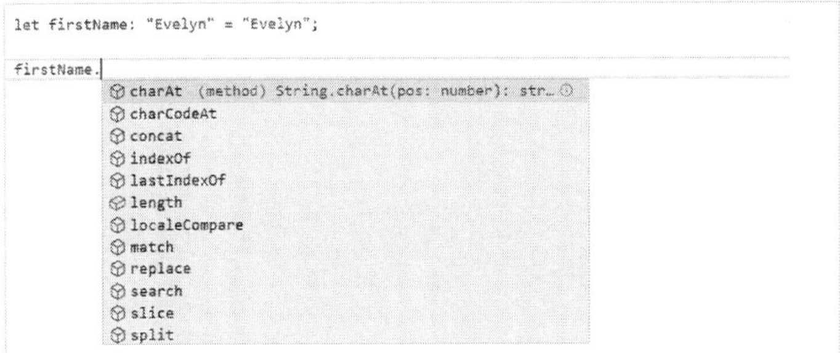

Como se ha visto anteriormente en este capítulo, los tipos literales se pueden utilizar como propiedad discriminante (consulte la sección Unión discriminante). Además, pueden restringir un tipo para que use una lista de valores cuando se utiliza en una unión.

Ejemplo:

```
type OfficeSupply = "laptop" | "bag" | "battery" | "phone";

class Employee {
  officeSupplies: OfficeSupply[] = [];

  addOfficeSupply(supply: OfficeSupply) {
    this.officeSupplies.push(supply);
  }
}

const employee = new Employee();
employee.addOfficeSupply("bag");

// Compilation error TS2345:
// Argument of type '"tv"' is not assignable
// to parameter of type 'officeSupply'.
employee.addOfficeSupply("tv");
```

TypeScript ofrece autocompletado en uniones realizadas mediante tipos literales.

Ejemplo (Visual Studio Code):

```
type OfficeSupply = "laptop" | "bag" | "battery" | "phone";

class Employee {
  officeSupplies: OfficeSupply[] = [];

  addOfficeSupply(supply: OfficeSupply) {
    this.officeSupplies.push(supply);
  }
}

const employee = new Employee();
employee.addOfficeSupply("bag");

employee.addOfficeSupply("");
                          bag        bag
                          battery
                          laptop
                          phone
```

Sin embargo, el uso de tipos literales en este caso específico no permite reemplazar las enumeraciones. De hecho, la unión es un tipo y, por lo tanto, no existe durante la ejecución del programa. Así, no es posible acceder a uno de los valores que lo componen, como ocurre con las enumeraciones (consulte el capítulo Tipos e instrucciones básicas).

7. Modelo de tipo literal

Los modelos de tipos literales (*Template Literal Types en inglés*) se basan en los que hemos visto anteriormente, en combinación con la sintaxis de interpolación de cadenas de caracteres. Permiten utilizar una o más expresiones de tipo o alias de tipo previamente definidos dentro de otro tipo.

Ejemplo:

```
type employeeName = "Evelyn";
// type checkEmployee = "Check employee: Evelyn"
type checkEmployee = `Check employee: ${employeeName}`;
```

Se pueden utilizar para escribir la firma de una función.

Ejemplo:

```
function greetingEmployee(
  firstname: string,
  lastname: string
): `Welcome ${string} ${string}` {
  return `Welcome ${firstname} ${lastname}`;
}
```

Se pueden utilizar en combinación con otras funciones de TypeScript relacionadas con los tipos.

Ejemplo 1 (Union):

```
type employeeName = "Evelyn" | "Patrick";

// type checkEmployee = "Check employee: Evelyn" |
//                      "Check employee: Patrick"
type checkEmployee = `Check employee: ${employeeName}`;
```

Ejemplo 2 (Discriminated union):

```
interface Manager {
  type: `${string}Manager`;
  salary: number;
}

interface Salesman {
  type: `${string}Salesman`;
  salary: number;
  bonus: number;
}

interface CEO {
  type: `${string}CEO`;
  salary: number;
  revenue: number;
}

function getSalary(person: Manager | Salesman | CEO) {
  const baseSalary = person.salary;
  switch (person.type) {
    case "mainSalesman":
      return baseSalary + person.bonus;
```

```
      case "mainCEO":
        return baseSalary + person.revenue;
      default:
        return baseSalary;
    }
  }
```

Para ayudar a manipular cadenas de caracteres dentro de modelos de tipo literal, TypeScript proporciona varias funciones de utilidad:

– `Uppercase<StringType>`: convierte cada carácter de la cadena a mayúsculas.

Ejemplo:

```
type employeeName<
  T extends string,
  U extends string
> = Uppercase<`${T} ${U}`>;

// Type: type evelyn = "EVELYN MILLER"
type evelyn = employeeName<"Evelyn", "Miller">;
```

– `Lowercase<StringType>`: convierte cada carácter de la cadena a minúsculas.

Ejemplo:

```
type employeeName<
  T extends string,
  U extends string
> = Lowercase<`${T} ${U}`>;

// Type: type evelyn = "evelyn miller"
type evelyn = employeeName<"Evelyn", "Miller">;
```

- `Capitalize<StringType>`: convierte el primer carácter de la cadena a mayúscula.

Ejemplo:

```
type employeeName<
  T extends string,
  U extends string
> = Capitalize<`${T} ${U}`>;

// Type: type evelyn = "Evelyn miller"
type evelyn = employeeName<"evelyn", "miller">;
```

- `Uncapitalize<StringType>`: convierte el primer carácter de la cadena a minúsculas.

Ejemplo:

```
type employeeName<
  T extends string,
  U extends string
> = Uncapitalize<`${T} ${U}`>;

// Type: type evelyn = "evelyn Miller"
type evelyn = employeeName<"Evelyn", "Miller">;
```

Observación

A diferencia de otros tipos de utilidades proporcionados por TypeScript (como `Required<T>`, `ReadOnly<T>`...), los tipos que hemos visto con anterioridad se integran directamente en el compilador por razones de rendimiento. Por lo tanto, no están definidos en el archivo `lib.d.ts`.

8. Tipo index

Cuando se define un tipo de objeto en TypeScript, sus propiedades deben declararse explícitamente. Una propiedad no declarada en el tipo no se puede agregar de forma dinámica más adelante.

Ejemplo:

```
interface Employee {
  name: string;
}

// Compilation error TS2322:
// Type '{ name: string; salary: number; }'
// is not assignable to type 'Employee'.
// Object literal may only specify known properties,
// and 'salary' does not exist in type 'Employee'.
const employee1: Employee = {
  name: "Evelyn",
  salary: 10000
};
```

El tipo index permite tipar el índice de un objeto.

Sintaxis:

```
interface InterfaceName {
  [key: type] : type;
}

type TypeName = {
  [key: type] : type;
}

class ClassName = {
  [key: type] : type;
}
```

Este tipo permite agregar propiedades arbitrarias a un objeto y restringir su tipo.

Ejemplo:

```
class Employee {
  constructor(public readonly name: string) { }
}

class Manager {
  constructor(public readonly title: string) { }
}

interface EmployeeList {
  [key: string]: Employee; // Index Signature
}

const list: EmployeeList = {};
list["evelyn"] = new Employee("Evelyn");
list.evelyn = new Employee("Evelyn");

// Compilation error TS2741:
// Property 'name' is missing in type 'Manager'
// but required in type 'Employee'.
list["john"] = new Manager("John");
```

Un objeto tipado con la interfaz `EmployeeList` puede contener cualquier propiedad siempre que sean cadenas de caracteres y devuelvan objetos de tipo `Employee`. En este ejemplo, se agrega un objeto de otro tipo a la lista, lo que provoca un error en tiempo de compilación.

Definir una propiedad de tipo index agrega algunas restricciones:

- La clave debe ser necesariamente de tipo `string`, `number`, `symbol` o un modelo de tipo literal (los dos últimos son compatibles desde la versión 4.4 de TypeScript).

Observación

Es posible utilizar tipos unión.

- El tipo de otras propiedades en la declaración (aparte del index) debe coincidir con los definidos por las propiedades de tipo index.

Ejemplo (index único):

```
class Employee {
  constructor(public readonly name: string) { }
}

class Manager {
  constructor(public readonly title: string) { }
}

// Compilation error TS2411:
// Property 'manager' of type 'Manager'
// is not assignable to string index type 'Employee'.
interface EmployeeList {
  [key: string]: Employee; // Index Signature
  manager: Manager;
}
```

Ejemplo (index múltiple):

```
class Employee {
  constructor(public readonly name: string) { }
}

class Manager {
  constructor(public readonly title: string) { }
}

interface EmployeeList {
  [key: string]: Employee | Manager;
  [index: símbolo ]: Manager;
}

const list: EmployeeList = {};
list["Evelyn"] = new Employee("Evelyn");
list["John"] = new Manager("John");
list[símbolo()] = new Manager("John");
```

Como se ha visto anteriormente, es posible utilizar un símbolo como clave o tipo literal.

Ejemplo:

```
class Employee {
  constructor(public readonly name: string) { }
}

class Manager {
  constructor(public readonly title: string) { }
}

interface EmployeeList {
  [key: `${number}-${string}`]: Employee | Manager;
}

const list: EmployeeList = {};
list["1-Evelyn"] = new Employee("Evelyn");
list["2-John"] = new Manager("John");

// Compilation error TS7053:
// Element implicitly has an 'any' type because expression of
// type '"Patrick"' can't be used to index type 'EmployeeList'.
// Property 'Patrick' does not exist on type 'EmployeeList'
list["Patrick"] = new Employee("Evelyn");
```

Ejemplo:

```
class Employee {
  static defaultName = "Evelyn";
  static [propName: string]: string | number;
}

Employee["maxAge"] = 99;
```

Hay varias opciones de compilación que afectan a los tipos index:

- `noPropertyAccessFromIndexSignature`: esta opción de compilación garantiza que las propiedades declaradas mediante un tipo index sean accesibles solo a través de la notación que utiliza el índice del objeto. De lo contrario, se generará un error de compilación (para acceder a las propiedades de un objeto, es posible utilizar la notación con un punto `obj.property` o bien el índice del objeto `obj["property"]`).

Ejemplo:

```
interface Employee {
  firstname: string;
  lastname: string;
  [key: string]: number | string;
}

const employee1: Employee = {
  firstname: "Evelyn",
  lastname: "Miller",
  salary: 10000
};

// Log: Evelyn
console.log(employee1.firstname);

// Log: Miller
console.log(employee1["lastname"]);

// Compilation Error TS4111: Property 'salary' comes
// from an index signature, so it must be accessed with
['salary'].
console.log(employee1.salary);
```

- `noUncheckedIndexedAccess`: esta opción de compilación agrega el tipo `undefined` a cada declaración de tipo index. Cuando se utiliza una propiedad no definida explícitamente en un objeto, se garantiza que se establezca su valor.

Ejemplo (sin la opción habilitada):

```
interface Employee {
  firstname: string;
  lastname: string;
  [key: string]: number | string;
}

const employee1: Employee = {
  firstname: "Evelyn",
  lastname: "Miller",
  salary: 10000
};
```

```
// Type : (index) Employee[string]: string | number
+employee1.bonus;
```

Ejemplo (con la opción habilitada):

```
interface Employee {
  firstname: string;
  lastname: string;
  [key: string]: number | string;
}

const employee1: Employee = {
  firstname: "Evelyn",
  lastname: "Miller",
  salary: 10000
};

// Type: (index) Employee[string]: string | number | undefined
// Compilation Error TS18048: 'employee1.bonus'
// is possibly 'undefined'.
+employee1.bonus;
```

- `suprimirImplicitAnyIndexErrors`: esta opción de compilación suprime los errores de compilación relacionados con el uso de una propiedad a través del índice de un objeto cuando no se ha declarado ningún tipo index en este objeto.

9. Mapped type

9.1 Antes de TypeScript 2.1

Los *mapped types* (tipos mapeados) son tipos que toman un genérico como parámetro (consulte el capítulo Genericidad) tomando un tipo objeto como parámetro. Permiten iterar sobre las propiedades de un tipo y modificarlas, creando así un nuevo tipo. Para comprender completamente su interés, he aquí un primer ejemplo escrito en TypeScript 2.0, antes de la existencia de los *mapped types*. Este ejemplo utiliza el método `Object.freeze` definido en el archivo de declaración base de TypeScript (`lib.d.ts`).

Ejemplo (TypeScript 2.0):

```
freeze<T>(o: T): T;
```

Observación

El método `Object.freeze()` evita cualquier modificación de un objeto. Ya no será posible modificar, añadir o eliminar las propiedades de este objeto.

Ejemplo (TypeScript 2.0):

```
interface Employee {
  name: string;
  salary: number;
}

interface ReadonlyEmployee {
  readonly name: string;
  readonly salary: number;
}

function freezeEmployee(p: Employee): ReadonlyEmployee {
  return Object.freeze(p);
}

const employee: Employee = {
  name: "Evelyn",
  salary: 10000
};

const immutableEmployee1 = Object.freeze(employee);
immutableEmployee1.name = "John";

const immutableEmployee2 = freezeEmployee(employee);

// Compilation error TS2540:
// Cannot assign to 'name' because
// it is a read-only property.
immutableEmployee2.name = "John";
```

Antes de TypeScript 2.1, el archivo `lib.d.ts` definía el método `Object.freeze` para devolver el tipo `T` del objeto que se le pasaba como parámetro. Como muestra el ejemplo anterior, el objeto `employeeImmutable1` no es, por tanto, inmutable. El cambio de su propiedad `name` provocará un error al ejecutar el programa, pero ningún error al compilar.

Para corregir esto, era imperativo:

- Agregar una interfaz que describiera el mismo objeto, pero que tuviera todas sus propiedades en `readonly` (`ReadonlyEmployee` en el ejemplo).
- Agregar una función `freezeEmployee()` que solo se usase para convertir el tipo `Employee` al tipo `ReadonlyEmployee`.

Gracias a los *mapped types*, ya no es necesario realizar estos dos pasos. Se ha cambiado el método `Object.freeze` definido en el archivo de declaración base de TypeScript (`lib.d.ts`).

Ejemplo (TypeScript 2.1+):

```
freeze<T>(o: T): Readonly<T>;
```

Ya no devuelve directamente el tipo `T` pasado como parámetro. Para reflejar su acción, utiliza un *mapped type*: `Readonly<T>`. Esto le permite pasar como `readonly` todas las propiedades del tipo `T` que se le pasan como parámetro.

Ejemplo (TypeScript 2.1+):

```
interface Employee {
  name: string;
  salary: number;
}

const employee: Employee = {
  name: "Evelyn",
  salary: 10000
};

const freezeEmployee = Object.freeze(employee);

// Compilation error TS2540:
// Cannot assign to 'name' because
// it is a read-only property.
freezeEmployee.name = "John";
```

9.2 Operadores

El *mapped type* `Readonly<T>` se define en el archivo de declaración base de TypeScript (`lib.d.ts`):

```
type Readonly<T> = {
  readonly [P in keyof T]: T[P]
};
```

Se utilizan varios operadores para definir su comportamiento:

– `keyof`: permite acceder a las claves de las propiedades de un objeto.

Ejemplo (Visual Studio Code):

```
interface Employee {
  name: string;
  salary: number;
}
      type EmployeeKeys = "name" | "salary"
type EmployeeKeys = keyof Employee;
```

– *lookup type*: anotado como `T[P]` (donde `T` es un objeto y `P` el tipo de una propiedad), permite acceder al tipo de las propiedades de un objeto.

Ejemplo (Visual Studio Code):

```
interface Employee {
  name: string;
  salary: number;
}
      type SalaryType = number
type SalaryType = Employee["salary"];
```

La notación `[P in keyof T]` permite recorrer las claves de propiedades de un tipo `T`. La notación `T[P]` permite obtener el tipo de cada una de estas propiedades. Al manejar estos dos operadores, puede crear sus propios *mapped types*.

Ejemplo:

```
type Undefinedify<T> = { [P in keyof T]: T[P] | undefined };

type Stringify<T> = { [P in keyof T]: string };

type Promisify<T> = { [P in keyof T]: Promise<T[P]> };
```

Observación

Los operadores utilizados dentro de los mapped types permiten manipular las propiedades del tipo objeto `T` que se les pasa como parámetro. Por lo tanto, los mapped types no son útiles en tipos primitivos.

Ejemplo:

```
type UselessType = number
type UselessType = Readonly<number>;
```

9.3 Remapeado de claves

Desde TypeScript 4.1, la palabra clave `as` permite crear/filtrar nuevas claves a partir de claves pasadas como entrada a un *mapped type*.

Sintaxis:

```
type TypeWithNewKey<T> = {
  [K in keyof T as NewKeyType]: T[K]
}
```

Ejemplo:

```
type Getters<T> = {
  [K in keyof T as `get${Capitalize<string & K>}`]: () => T[K]
};

interface Employee {
  firstname: string;
  lastname: string;
  age: number;
  salary: string;
}
```

```
// The type Employee is converted to:
// type LazyEmployee = {
//   getFirstname: () => string;
//   getLastname: () => string;
//   getAge: () => number;
//   getSalary: () => string;
// }
type LazyEmployee = Getters<Employee>;
```

9.4 Mapped type nativo

Hay *mapped types* listos para su uso definidos en el archivo `lib.d.ts`.

He aquí algunos ejemplos:

- `Readonly<T>`: convierte todas las propiedades de tipo `T` a solo lectura (`readonly`). Existen diferentes variantes, como `ReadOnlyArray`, `ReadOnlyMap` o `ReadOnlySet`. También es posible convertir una matriz a solo lectura mediante `Readonly<T>` sin necesidad de la interfaz `ReadonlyArray`.

Ejemplo:

```
const baseSalaries: Readonly<number[]> = [10000, 20000];

// Compilation error TS2339:
// Property 'push' does not exist
// on type 'readonly number[]'.
baseSalaries.push(10);

// Compilation error TS2542:
// Index signature in type 'readonly number[]'
// only permits reading.
BaseSalaries [0] = 10;

const basedSalariesSet: Readonly<Set<number>> = new Set(   [10000, 20000]
);

basedSalariesSet.add(10);
basedSalariesSet.delete(1);
```

- Required<T>: elimina el operador que hace que una propiedad sea opcional («?») del conjunto de propiedades de tipo T. Este *mapped type* utiliza el operador «-» para eliminar la opcionalidad de las propiedades.

Definición (lib.d.ts):

```
type Required<T> = {
  [P in keyof T]-?: T[P];
};
```

Ejemplo:

```
interface Employee {
  name?: string;
  salary?: number;
}

// Compilation error TS2741:
// Property 'salary' is missing in type '{ name: string; }'
// but required in type 'Required<Employee>'.
const requiredEmployee1: Required<Employee> = {
  name: "Evelyn"
};

const requiredEmployee2: Required<Employee> = {
  name: "Evelyn",
  salary: 10000
};
```

- Partial<T>: hace que todas las propiedades de tipo T sean opcionales.

Definición (lib.d.ts):

```
type Partial<T> = {
  [P in keyof T]?: T[P];
};
```

Ejemplo:

```
interface Employee {
  name: string;
  salary: number;
}

// Compilation error TS2741:
// Property 'salary' is missing in
// type '{ name: string; }' but required in type 'Employee'.
```

```
const employee: Employee = {
  name: "Evelyn"
};

const partialEmployee: Partial<Employee> = {
  name: "Evelyn"
};
```

- `Record<K extends keyof any, T>`: transforma un conjunto de propiedades `K` en tipo `T`. Este *mapped type* permite escribir colecciones de elementos, al igual que el tipo `index`. Puede ser de tipo `string` o `number`, o literal (para definir un subconjunto de `string` o `number`) o modelo de tipo literal.

Definición (lib.d.ts):

```
type Record<K extends keyof any, T> = {
  [P in K]: T;
};
```

Ejemplo:

```
interface Employee {
  name: string;
  salary: number;
}

type BestEmployee = "Evelyn" | "John";

// Compiltation error TS1337:
// An index signature parameter type cannot be a union type.
// Consider using a mapped object type instead.
type BestEmployeeDictionary = {
  [key: BestEmployee]: Employee;
};

type BestEmployeeDictionary2 = Record<BestEmployee, Employee>;
```

- `Pick<T, K extends keyof T>`: selecciona un subconjunto `K` de propiedades de un tipo `T`. Al extraer un subconjunto de un objeto, este *mapped type* permite tiparlo con precisión.

Definición (lib.d.ts):

```
type Pick<T, K extends keyof T> = {
 [P in K]: T[P];
};
```

Ejemplo:

```
interface Employee {
  name: string;
  salary: number;
}

// Compilation error TS2322:
// Type '{ name: string; salary: number; }'
// is not assignable to type 'Pick<Employee, "name">'.
// Object literal may only specify known properties,
// and 'salary' does not exist in type 'Pick<Employee, "name">'.
const employeeName1: Pick<Employee, "name"> = {
  name: "Evelyn",
  salary: 10000
};

const employeeName2: Pick<Employee, "name"> = {
  name: "Evelyn"
};
```

10. Afirmación constante

La afirmación constante permite hacer que una variable sea inmutable. Solo se puede utilizar con variables de tipo primitivo, arreglos u objetos literales. No tiene los mismos efectos dependiendo de si es una variable de tipo primitivo o un objeto. Al igual que la afirmación de tipo, tiene dos notaciones.

Sintaxis 1:

```
let/const variable = value as const;
```

Sintaxis 2:

```
let/const variable = <const> value;
```

En TypeScript, se puede declarar una variable usando la palabra clave `const` o `let`. Hay una diferencia notable a nivel de tipado.

Ejemplo (let - Visual Studio Code):

```
    let firstName: string
let firstName = "Evelyn";
```

Ejemplo (const - Visual Studio Code):

```
    const firstName: "Evelyn"
const firstName = "Evelyn";
```

Cuando se utiliza la palabra clave `const`, el tipo se vuelve literal, lo que impide que se reasigne. Es posible lograr el mismo resultado con la palabra clave `let` para que la variable no sea modificable mediante una aserción constante.

Ejemplo (Visual Studio Code):

```
    let firstName: "Evelyn"
let firstName = "Evelyn" as const;
```

En el caso de objetos, la afirmación constante aplicará la palabra clave `readonly` a todas las propiedades del objeto.

Ejemplo:

```
let employee = {
  name: "Evelyn",
  salary: 10000,
  supplies: ["laptop", "bag"]
} as const;

// Compilation error TS2540:
// Cannot assign to 'name' because
// it is a read-only property.
employee.name = "John";

// Compilation error TS2339:
```

```
// Property 'push' does not exist
// on type 'readonly ["laptop", "bag"]'.
employee.supplies.push("pen");
```

Ejemplo (Visual Studio Code):

```
let employee: {
    readonly name: "Evelyn";
    readonly salary: 10000;
    readonly supplies: readonly ["laptop", "bag"];
}
let employee = {
  name: "Evelyn",
  salary: 10000,
  supplies: ["laptop", "bag"]
} as const;
```

La afirmación constante se aplica a las propiedades de un objeto de forma recursiva. Por lo tanto, las subpropiedades se ven afectadas y también pasan a ser `readonly`. En cuanto a los arreglos, son tipados con tuplas `readonly`.

11. Tuplas variádicas

Las tuplas ya se han presentado en el capítulo Tipos e instrucciones básicas. Pero hay una particularidad, presente desde TypeScript 4.0, que aún no se ha abordado: las tuplas variádicas. Antes de la aparición de esta funcionalidad, el uso del operador `rest` (consulte el capítulo Tipos e instrucciones básicas) en tuplas no permitía un tipado eficiente.

Ejemplo:

```
function concat(tuple1, tuple2) {
  return [...tuple1, ...tuple2];
}
```

En el ejemplo anterior, se define una función para concatenar dos tuplas. Sin tuplas variádicas, la única forma de escribir esta función es mediante sobrecargas.

Ejemplo:

```
function concat(tuple1: [], tuple2: []): [];
function concat<A>(tuple1: [A], tuple2: []): [A];
function concat<A, B>(tuple1: [A, B], tuple2: []): [A, B];
function concat<A, B, C>(tuple1: [A, B, C], tuple2: []): [A, B, C];
function concat<A2>(tuple1: [], tuple2: [A2]): [A2];
function concat<A1, A2>(tuple1: [A1], tuple2: [A2]): [A1, A2];
function concat<A1, B1, A2>(tuple1: [A1, B1], tuple2: [A2]): [A1, B1,
A2];
//...
```

Cada sobrecarga generará un posible escenario. La primera sobrecarga tiene en cuenta el caso en el que ambas tuplas están vacías; la segunda, el caso en que la `tuple1` contiene un valor de tipo `A` y la `tuple2` está vacía... Esta técnica es muy tediosa y complica la escritura. Para simplificar esto, es posible utilizar genéricos con una unión de tipos. Sin embargo, se perderá el tamaño de las tuplas o el orden de los elementos en la tupla final.

Desde TypeScript 4.0, varias características nuevas relacionadas con las tuplas permiten escribirlas de manera más eficiente:

- Al declarar un tipo, el operador `spread` de una tupla ahora puede ser de tipo genérico.

Sintaxis:

```
type tuple<T extends type[]> = [type1, type2, ...T];
```

- El operador `rest` se puede utilizar en cualquier lugar dentro de una tupla.

Ejemplo:

```
type Arr = readonly any[];
function concat<
  T extends Arr,
  U extends Arr
>(arr1: T, arr2: U): [...T, ...U] {
  return [...arr1, ...arr2];
}

const employees = ['Evelyn', 'John'] as const;
const salaries = [1200, 1000];

// Return type : ["Evelyn", "John", ...number[]]
concat(employees, salaries);
```

En el ejemplo anterior, se utilizan las dos funcionalidades mencionadas con anterioridad para escribir correctamente la función de concatenación. La afirmación constante se utiliza en el arreglo `employees` para transformarla en una tupla. La función concatena una tupla con una matriz de números y el tipo de retorno tiene en cuenta el de la tupla.

12. Tipo condicional

12.1 Conceptos básicos

Los tipos condicionales permiten ir más allá de los *mapped types* en la manipulación de tipos. También son tipos genéricos que toman un tipo `T` como parámetro. La particularidad de los tipos condicionales es que utilizan una condición dentro de su declaración. La condición probará la compatibilidad entre el tipo `T` y un tipo elegido; luego, el tipo condicional devolverá un nuevo tipo según el resultado.

Sintaxis:

```
T extends U ? A : B
```

Ejemplo (Visual Studio Code):

```
interface Employee {
  name: string;
  salary: number;
}

type IsEmployee<T> = T extends Employee ? "yes" : "no";

    type Yes = "yes"
type Yes = IsEmployee<Employee>;
```

Ejemplo (Visual Studio Code):

```
interface Employee {
  name: string;
  salary: number;
}

type IsEmployee<T> = T extends Employee ? "yes" : "no";

    type Yes = "no"
type Yes = IsEmployee<string>;
```

En este ejemplo, la expresión `T extends Employee` significa que el tipo `T` se puede asignar al tipo `Employee`. Por lo tanto, el operador ternario se puede traducir de la siguiente manera: si el tipo `T` es un subconjunto de `Employee`, entonces se devuelve el tipo «`yes`»; en caso contrario, se devuelve «`no`».

Ejemplo (Visual Studio Code):

```
interface Employee {
  name: string;
  salary: number;
}

interface Salesman {
  name: string;
  salary: number;
  bonus: number;
}

type IsEmployee<T> = T extends Employee ? "yes" : "no";

    type Yes = "yes"
type Yes = IsEmployee<Salesman>;
```

En este nuevo ejemplo, `Salesman` se puede asignar a `Employee` porque contiene las propiedades `name` y `salary`. Por lo tanto, la condición devuelve el tipo «`yes`».

Observación

Un tipo condicional puede hacer referencia a sí mismo y, por tanto, ser recursivo. Esta técnica debe usarse con moderación porque puede resultar costosa rápidamente en el tiempo de compilación. Se introdujo con TypeScript 4.1 en particular para permitir la expresión de ciertos tipos con una profundidad costosa, como el tipo de utilidad `Awaited` *definido en el archivo lib.d.ts.*

12.2 Distributividad

Un tipo T pasado como argumento a un tipo condicional puede ser una unión. Si este tipo T se usa en el operando izquierdo de la palabra clave extends, entonces la condición se distribuye entre todos los tipos de unión.

Ejemplo:

```
interface Employee {
  name: string;
  salary: number;
}

interface Manager {
  name: string;
  salary: number;
  team: Employee[];
}

interface CEO {
  name: string;
  salary: number;
  team: Manager[];
}

type Person = Employee | Manager | CEO;

type ExcludeEmployee<T> = T extends { team: any[] } ? T : never;

type Supervisor = ExcludeEmployee<Person>;
```

Para comprender completamente cómo se distribuye la condición, debemos analizar el ejemplo anterior paso a paso. Contiene tres interfaces (Employee, Manager, CEO) y un alias de tipo (Person) que las utiliza dentro de una unión.

Luego se crea un tipo condicional:

```
type ExcludeEmployee<T> = T extends { team: any[] } ? T : never;
```

El tipo `ExcludeEmployee<T>` solo acepta tipos con una propiedad `team` de tipo `any[]`. En tipos condicionales, `never` se utiliza para excluir tipos. El tipo `Supervisor` se crea combinando los tipos `ExcludeEmployee<T>` y `Person`. El compilador de TypeScript crea el tipo `Supervisor` en varios pasos.

- Paso 1: el tipo condicional se aplica a cada tipo de unión.

```
type Supervisor =
  | ExcludeEmployee<Employee>
  | ExcludeEmployee<Manager>
  | ExcludeEmployee<CEO>;
```

- Paso 2: la condición se aplica a cada uno de los tipos.

```
type Supervisor =
  | (Employee extends { team: any[] } ? Employee : never)
  | (CEO extends { team: any[] } ? CEO : never)
  | (Manager extends { team: any[] } ? Manager : never);
```

- Paso 3: el resultado forma una nueva unión. En caso de que se cumpla la condición, el tipo probado se devuelve tal cual; de lo contrario, se convierte en `never`.

```
type Supervisor = never | Manager | CEO;
```

- Paso 4: El tipo `never` se excluye de la unión, obteniendo así el resultado final.

```
type Supervisor = Manager | CEO;
```

Ejemplo (Visual Studio Code):

```
    type Supervisor = Manager | CEO
type Supervisor = ExcludeEmployee<Person>;
```

En el caso de que se utilice el tipo `T` en el operando derecho de la palabra clave `extends`, la condición no se distribuye.

Ejemplo:

```
interface Employee {
  name: string;
  salary: number;
}

interface Manager {
  name: string;
  salary: number;
  team: Employee[];
}

interface CEO {
  name: string;
  salary: number;
  team: Manager[];
}

type Person = Employee | Manager | CEO;

type ExcludeEmployee<T> = { team: any[] } extends T ? T : never;

type Supervisor = ExcludeEmployee<Person>;
```

Ejemplo (Visual Studio Code):

```
    type Supervisor = never
type Supervisor = ExcludeEmployee<Person>;
```

En este ejemplo, el tipo condicional `ExcludeEmployee<T>` verifica que el objeto con una propiedad `team` se pueda asignar al tipo `T` pasado como parámetro. A diferencia del ejemplo anterior, donde la condición se ha distribuido sobre la unión, aquí la condición se prueba globalmente y, por lo tanto, devuelve el tipo `never` (porque el tipo `Employee` no tiene una propiedad `team`).

12.3 Operador infer

Los tipos condicionales permiten utilizar una palabra clave muy útil: infer. Esta permite recuperar el tipo deducido por el compilador de TypeScript y usarlo en un tipo condicional.

Ejemplo (Visual Studio Code):

```
interface Employee {
  name: string;
  salary: number;
}

type Unpacked<T> = T extends (infer U)[] ? U : T;

     type UnpackedEmployee = Employee
type UnpackedEmployee = Unpacked<Employee[]>
```

Al utilizar esta palabra clave, se aplican varias restricciones:

- El tipo solo se utiliza en el operando a la derecha de la palabra clave `extends`.
- El tipo deducido debe devolverse de forma obligatoria si la condición se evalúa como `true`.

La palabra clave `infer` se puede utilizar repetidamente en el mismo tipo condicional.

Ejemplo (Visual Studio Code):

```
type ExtractPropertyType<T> = T extends { name: infer U; salary: infer U } ? U : T;

     type EmployeePropertyTypes = string | number
type EmployeePropertyTypes = ExtractPropertyType<Employee>;
```

Desde la versión 4.7 de TypeScript, es posible utilizar la palabra clave `extends` después de la palabra clave `infer` para aplicar una restricción de tipo. Si se respeta la restricción, entonces la condición se considera verdadera.

Ejemplo:

```
interface Employee {
  name: string;
  salary: number;
}

interface Manager {
  bonus: number;
  employees: Employee[];
}

type ExtractPropertyTypes<T> = T extends {
  name: infer U extends string,
  salary: infer V extends number
} ? U | V : T;

// Type: ExtractEmployeeProperties = string | number
type ExtractEmployeeProperties =
ExtractPropertyTypes<Employee>;

// Type: ExtractCarProperties = Manager
type ExtractManagerProperties = ExtractPropertyTypes<Manager>;
```

12.4 Tipo condicional nativo

Al igual que los *mapped types*, existen tipos condicionales predefinidos presentes en el archivo `lib.d.ts`. He aquí algunos ejemplos:

- `Exclude<T,U>`: excluye del tipo T todos los tipos asignables a `U`.

Definición (`lib.d.ts`):

```
type Exclude<T, U> = T extends U ? never : T;
```

Ejemplo (Visual Studio Code):

```
type SomeTypes = string | number | boolean;

     type StringOrBoolean = string | boolean
type StringOrBoolean = Exclude<SomeTypes, number>;
```

– `Extract<T,U>`: extrae del tipo `T` todos los tipos asignables a `U`.

Definición (`lib.d.ts`):

```
type Extract<T, U> = T extends U ? T : never;
```

Ejemplo (Visual Studio Code):

```
type SomeTypes = string | number | boolean;

    type StringType = string
type StringType = Extract<SomeTypes, string>;
```

`Omit<T, K extends keyof any>`: construye un nuevo tipo con propiedades de tipo `T` que no existen en claves de tipo `K`.

Definición (`lib.d.ts`):

```
type Omit<T, K extends keyof any> = Pick<T, Exclude<keyof T, K>>;
```

Ejemplo (Visual Studio Code):

```
interface Employee {
  name: string;
  salary: number;
}

interface Manager {
  name: string;
  salary: number;
  team: Employee[];
}
    type GetTeam = {
        team: Employee[];
    }
type GetTeam = Omit<Manager, keyof Employee>;
```

– `NonNullable<T>`: excluye del tipo `T` todos los tipos asignables a `null` o `undefined`.

Definición (`lib.d.ts`):

```
type NonNullable<T> = T extends null | undefined ? never : T;
```

Ejemplo (Visual Studio Code):

```
type SomeTypes = string | boolean | null | undefined;

      type StringOrBoolean = string | boolean
type StringOrBoolean = NonNullable<SomeTypes>;
```

– `Parameters<T extends (...args: any) => any>`: recupera los parámetros de un tipo de función dentro de una tupla. Existe un equivalente en el caso en que la función toma un constructor como parámetro: `ConstructorParameters`.

Definición (`lib.d.ts`):

```
type Parameters<T extends (...args: any) => any> = T extends (
   ...args: infer P
) => any
   ? P
   : never;
```

Ejemplo (función - Visual Studio Code):

```
interface Employee {
  name: string;
  salary: number;
}

type CreateEmployee = (name: string, salary: number) => Employee;

      type CreateEmployeeParams = [string, number]
type CreateEmployeeParams = Parameters<CreateEmployee>;
```

Ejemplo (constructor - Visual Studio Code):

```
interface Employee {
  name: string;
  salary: number;
}

type EmployeeConstructor = {
  new (name: string, salary: number): Employee;
};
    type ConstructorEmployeeParams = [string, number]
type ConstructorEmployeeParams = ConstructorParameters<EmployeeConstructor>;
```

- `ReturnType<T extends (...args: any) => any>`: recupera el tipo de retorno de una función. Existe un equivalente para las funciones constructoras utilizadas para crear instancias: `InstanceType`.

Definición (`lib.d.ts`):

```
type ReturnType<T extends (...args: any) => any> = T extends (
  ...args: any
) => infer R
  ? R
  : any;
```

Ejemplo (función - Visual Studio Code):

```
interface Employee {
  name: string;
  salary: number;
}

type CreateEmployee = (name: string, salary: number) => Employee;

    type CreateEmployeeReturnType = Employee
type CreateEmployeeReturnType = ReturnType<CreateEmployee>;
```

Ejemplo (funciones de constructor - Visual Studio Code):

```
interface Employee {
  name: string;
  salary: number;
}

type EmployeeConstructor = {
  new (name: string, salary: number): Employee;
}
    type ConstructorEmployeeReturnType = Employee
type ConstructorEmployeeReturnType = InstanceType<EmployeeConstructor>;
```

13. Operador satisfies

A veces sucede que se desea conservar la inferencia del compilador al usar un objeto literal y verificar que se ajuste a un tipo. Cuando este tipo contiene una unión, el compilador de TypeScript tendrá en cuenta posteriormente solo los elementos comunes a la unión (consulte la sección Tipo unión e intersección - Unión). Luego, el compilador utilizará el tipo explícito en lugar de la inferencia para validar el código.

En tal caso, ya no es posible utilizar un elemento que podría haberse determinado mediante inferencia de tipos.

Ejemplo:

```
interface Manager {
  salary: number;
}

interface Salesman {
  salary: number;
  bonus: number;
}

type Employee = Manager | Salesman;

type Team = {
  employees: Employee[],
};

function getSalary(salary: number, bonus?: number) {
  return bonus ? salary + bonus : salary;
}

const team: Team = {
  employees: [{
    salary: 2000,
    bonus: 10
  }, {
    salary: 2000,
  }]
};

// Compilation Error T2339:
```

```
// Property 'bonus' does not exist on type 'Employee'.
// Property 'bonus' does not exist on type 'Manager'

const newSalary = getSalary(
  team.employees[0].salary,
  team.employees[0].bonus
);
```

En el ejemplo anterior, la variable `team` puede tener varios miembros correspondientes a la unión entre `Salesman` y `Manager`. Una vez que se escribe esta variable con el alias de tipo `Team`, el compilador tratará a todos los empleados como una unión de tipo `Employee`. Por lo tanto, es imposible utilizar la propiedad `bonus` del primer elemento de la matriz sin utilizar un *type guard*. Sin embargo, la inferencia de tipos lo permite y, en el ejemplo anterior, el compilador puede inferir la variable `team` y corresponde al siguiente tipo anónimo.

Ejemplo:

```
{
  employees: ({
    salary: number;
    bonus: number;
  } | {
    salary: number;
    bonus?: undefined;
  })[];
}
```

En tal caso, es posible comprobar que la variable corresponde a un tipo utilizando el operador `satisfies`. Esto valida que la estructura del objeto se ajuste al tipo y preserva la inferencia realizada por el compilador. Al volver al ejemplo anterior y usar `satisfies` para verificar que la variable coincida con el tipo `Team`, el compilador de TypeScript no arroja un error.

Ejemplo:

```
interface Manager {
  salary: number;
}

interface Salesman {
  salary: number;
  bonus: number;
}

type Employee = Manager | Salesman;

type Team = {
  employees: Employee[],
};

function getSalary(salary: number, bonus?: number) {
  return bonus ? salary + bonus : salary;
}

const team = {
  employees: [{
    salary: 2000,
    bonus: 10
  }, {
    salary: 2000,
  }]
} satisfies Team;

const newSalary = getSalary(
  team.employees[0].salary,
  team.employees[0].bonus
);
```

Capítulo 9
TypeScript y programación funcional

1. Introducción

Desde hace varios años, la programación funcional ha vuelto a estar en primer plano. Popular entre los desarrolladores web, este paradigma a menudo se ha limitado al ámbito científico y académico. Ahora, este estilo de programación se utiliza para el desarrollo de aplicaciones web a gran escala y ha sido destacado especialmente por Facebook, que es conocido por sus proyectos que utilizan programación funcional (en particular, React, Immutable.js, ReScript...).

TypeScript, por su parte, es un lenguaje llamado *multiparadigma*. Los desarrolladores pueden elegir el estilo de programación que quieren utilizar para desarrollar sus proyectos. La programación orientada a objetos (consulte el capítulo Programación orientada a objetos) es uno de los estilos de programación más populares en TypeScript, pero el lenguaje también tiene capacidades funcionales que lo convierten en una opción interesante cuando se desea desarrollar un proyecto con este paradigma. Sin embargo, TypeScript se considera un lenguaje parcialmente funcional porque no implementa ciertas capacidades específicas del mundo funcional, pero, por otro lado, su naturaleza *multiparadigma* permite mezclar estilos de programación.

La programación funcional tiene fama de ser difícil de aprender, pero en realidad no es así. Muchos desarrolladores han recibido formación en programación orientada a objetos. Sin embargo, la programación funcional se opone a esta última en diversos conceptos que veremos a lo largo de este capítulo. Es lógico tener algunas ideas preconcebidas al principio: la programación funcional ofrece un enfoque diferente para resolver ciertos problemas, por lo que es necesario adoptar una mentalidad diferente a la hora de aprenderla. También es preferible no tener prejuicios sobre el uso de teorías matemáticas durante el desarrollo. De hecho, la programación funcional toma prestados varios conceptos matemáticos, como el Currying o las Lambda (o funciones flecha), que ya se han abordado en un capítulo anterior (consulte el capítulo Tipos e instrucciones básicas - Funciones).

Antes de entrar en más detalles sobre las capacidades funcionales de TypeScript, es importante aclarar que este paradigma implica que el lenguaje debe tener la noción de función como *first class citizen* (objeto de primera clase). TypeScript ofrece un soporte total para las funciones y permite a los desarrolladores escribir un programa utilizando solo funciones que se pueden combinar entre sí. Las funciones pueden ser parámetros o valores de retorno de otras funciones; hablamos entonces de función de primer orden.

Ejemplo:

```
const salaries = [1700, 2250, 2000, 1850];

const greatThanTwoThousand = (nb: number) => {
  return nb > 2000;
};

const filter = <T>(
  array: Array<T>,
  fn: (value: T) => boolean
) => {
  let filteredValues: Array<T> = [];
  array.forEach(value => {
    if (fn(value)) {
      filteredValues.push(value);
    }
  });
  return filteredValues;
};
```

```
const result = filter(salaries, greatThanTwoThousand);
// Log: [ 2250 ]
console.log(result);
```

Escribir un programa con funciones proporciona a los desarrolladores una serie de ventajas, entre las que se incluyen:

- Testabilidad: al estar el programa compuesto por múltiples funciones que se llaman entre sí, es sencillo probarlas de forma independiente.
- Mantenibilidad y legibilidad: a diferencia de las clases que contienen datos y comportamientos, las funciones se centran en abordar un problema a la vez. Por lo tanto, son fáciles de mantener y pueden reescribirse/reemplazarse con relativamente poco impacto en el resto del código. Una función también es más fácil de leer y comprender.
- Reutilizabilidad: esta es una de las mayores ventajas de la programación funcional. Al ser el programa una composición de funciones que se ocupan de problemas únicos, se pueden reutilizar en diferentes partes del programa para resolver problemas más complejos.

Observación

La programación funcional es un tema extremadamente amplio que podría justificar escribir un libro por sí solo. Este capítulo tiene como único objetivo presentarle este paradigma con TypeScript. Por lo tanto, no se cubrirán ciertos temas avanzados en programación funcional (como, por ejmplo, la teoría de categorías).

2. Función pura e impura

Lo primero que hay que aprender al iniciarse en la programación funcional es la noción de pureza. Se dice que una función es pura si:

- No causa ningún *side effect* (efecto secundario en español).
- Devuelve el mismo valor para los mismos parámetros.

Estas dos reglas permiten aumentar la fiabilidad de un programa. Una función pura no causa impactos incontrolados durante su ejecución porque garantiza que su funcionamiento no pueda alterar el de otra función.

Para evitar causar efectos secundarios, en ningún caso una función debe cambiar el valor de una variable. Por tanto, se dice que una función es `impure` si muta una variable global.

Ejemplo:

```
let value = 1295;

const add = (number: number)=> {
  value += number;
};

add(42);

// Log: 1337
console.log(value);
```

En este ejemplo, la función `add` incrementa la variable de valor global con el parámetro `number` que se le pasa. Este incremento provoca un efecto secundario global y, por lo tanto, puede tener un impacto en el funcionamiento de otra función que utilice esta variable. Este tipo de impacto puede ser la fuente de un error en una aplicación y debe considerarse peligroso.

Observación

Preste atención a las funciones que no tienen tipo de retorno. Su ejecución presenta una alta probabilidad de provocar un efecto secundario. Generalmente, este es un buen indicador para determinar si una función es pura o impura.

La función `add` se puede escribir de tal manera que no mute la variable `value`. Para ello, es necesario proporcionar todos los parámetros que necesita para operar y devolver un resultado.

Ejemplo:

```
const value = 1295;

const add = (number1: number, number2: number) => {
  return number1 + number2;
};

const result1 = add(value, 42);
// Log: 1337
console.log(result1);
```

Una función también se considera impura si no devuelve el mismo valor para los mismos parámetros. Este comportamiento puede ocurrir si la función depende de una variable global.

Ejemplo:

```
let value = 1;

const isNegative = () => {
  return value < 0;
};

const result1 = isNegative();
// Log: false
console.log(result1);

value = -1;

const result2 = isNegative();
// Log: true
console.log(result2);
```

Observación

Preste atención a las funciones que no tienen parámetros. Ejecutarlas puede devolver valores diferentes porque es muy probable que se basen en valores externos a la función. Generalmente, este es un buen indicador para determinar si una función es pura o impura.

En este ejemplo, la función `isNegative` se puede escribir de modo que no dependa de la variable global `value`. Para ello, es necesario proporcionar como parámetro el valor que se ha de probar.

Ejemplo:

```
const isNegative = (number: number) => {
  return number < 0;
};

// Log: false
console.log(isNegative(1));

// Log: true
console.log(isNegative(-1));
```

Esta función ya no crea un efecto de borde. Además, si se vuelve a llamar con los mismos parámetros, devolverá exactamente el mismo resultado.

Finalmente, hay un caso más especial.

Ejemplo:

```
const divide = (number1: number, number2: number) => {
  let success = false;
  let result = NaN;

  if (number2 !== 0) {
    result = number1 / number2;
    success = true;
  }
  return {
    success,
    result
  };
};

const result1 = divide(200, 2);
// Log: { success: true, result: 100 }
console.log(result1);

const result2 = divide(200, 2);
// Log: { success: true, result: 100 }
console.log(result2);

const result3 = divide(200, 0);
// Log: { success: false, result: NaN }
console.log(result3);
```

En este ejemplo, la función `divide` crea un efecto secundario local, pero este no tendrá ningún impacto en el funcionamiento de otra función. Por tanto, esta función es, en teoría, impura, pero el resultado obtenido al ejecutarla con los mismos parámetros será siempre el mismo. Este caso es especial, pero en la práctica su uso en un programa cumple con las reglas de pureza de una función. Una función como esta se evaluará de manera diferente según los proyectos o los equipos de desarrollo. Dado que los errores por descuido son comunes en el desarrollo de proyectos, a veces es preferible aplicar las reglas de pureza de manera estricta para garantizar la máxima fiabilidad.

Observación

En el resto de este capítulo, siempre se respetarán de forma estricta las reglas de pureza de funciones.

3. Inmutabilidad

En la sección anterior, la definición de una función pura dependía principalmente de cómo se implementaba. Sin embargo, es posible tratar los efectos secundarios como errores al compilar con TypeScript. Para ello es necesario declarar las variables de forma inmutable. La noción de mutación ya se ha abordado anteriormente con el uso de las palabras clave `var`, `let` y `const` (consulte el capítulo Tipos e instrucciones básicas). Usar `const` para declarar una variable evita que se reasigne más adelante. Por tanto, la referencia de esta variable se vuelve inmutable y su valor ya no se puede modificar.

En programación funcional, es preferible utilizar variables inmutables, ya que evitan la creación de efectos secundarios y ayudan a los desarrolladores a implementar funciones puras. Además, el uso de la inmutabilidad facilita el análisis de variables durante las sesiones de depuración. En efecto: si los valores no se pueden modificar, las mutaciones se asignarán a nuevas variables. Entonces resulta fácil comparar la variable original y la versión modificada que ha devuelto una función.

Como recordatorio, he aquí un ejemplo de cómo declarar una variable inmutable con la palabra clave `const`:

```
const firstName: string = "Evelyn";

// Compilation Error TS2588:
// Cannot assign to 'firstName' because it is a constant.
firstName = "John";
```

La palabra clave `const` plantea un problema porque, cuando se usa para declarar una variable, solo la referencia es inmutable. Esto significa que, en el caso de un objeto, sus propiedades son mutables. En consecuencia, es posible modificar los valores contenidos en un objeto.

Ejemplo:

```
const employe = {
    prenom: "Martin",
    nom: "Dupont",
    salaire: 2000
};

// The salary change is valid
employe.salaire = 2100;
```

TypeScript ofrece dos soluciones para abordar este problema. La primera opción es declarar cada propiedad de un tipo como de solo lectura mediante la palabra clave `readonly`. Después de crear una instancia de un objeto, será imposible modificar los valores de las propiedades.

Ejemplo:

```
interface Employee {
  readonly firstName: string;
  readonly lastName: string;
  readonly salary: number;
}

 const employee: Employee = {
  firstName: "Martin",
  lastName: "Dupont",
  salary: 2000
};
```

```
// Compilation Error TS2540:
// Cannot assign to 'salary' because it is a read-only property.
employee.salary = 2100;
```

La segunda opción es el uso del *mapped type* utilitario `Readonly<T>` (consulte el capítulo Sistema de tipos avanzados). Cuando se usa en otro tipo, automáticamente hace que todas las propiedades contenidas en ese tipo sean de solo lectura. Por lo tanto, es una forma muy práctica de conseguir que un objeto sea completamente inmutable sin tener que usar la palabra clave `readonly` en todas sus propiedades (algunos tipos pueden tener docenas de propiedades).

Ejemplo:

```
interface Employee {
  firstName: string;
  lastName: string;
  salary: number;
}

const employee: Readonly<Employee> = {
  firstName: "Martin",
  lastName: "Dupont",
  salary: 2000
};

// Compilation Error TS2540:
// Cannot assign to 'salary' because it is a read-only property.
employee.salary = 2100;
```

Observación

El uso del tipo `Readonly<T>` también es muy útil para convertir un tipo contenido en un módulo externo en un tipo inmutable. Este caso es común cuando se utilizan bibliotecas de terceros.

Con el uso del tipo `Readonly<T>`, para obtener una variante de un objeto, resulta obligatorio recrear una nueva instancia basada en el objeto inicial. Para ello, el método más sencillo es utilizar el operador `spread` (consulte el capítulo Tipos e instrucciones básicas). Este permite ser conciso al crear una copia de un objeto.

Ejemplo:

```
interface Employee {
  firstName: string;
  lastName: string;
  salary: number;
}

const increaseSalary = (
  employee: Readonly<Employee>,
  percent: number
): Readonly<Employee> => {
  const increase = employee.salary * (percent / 100);
  const salary = employee.salary + increase;

  return {
    ...employee,
    salary
  };
};

const evelyn: Readonly<Employee> = {
  firstName: "Evelyn",
  lastName: "Miller",
  salary: 2000
};

const employeeIncreased = increaseSalary(evelyn, 5);
// Log: { firstName: 'Evelyn', lastName: 'Miller', salary: 2100 }
console.log(employeeIncreased);
```

Observación

El uso del operador `spread` para la clonación de objetos puede resultar costoso en términos de rendimiento si el objeto de origen tiene muchas propiedades. Este problema de desempeño se puede abordar utilizando el concepto de participación estructural (Structural Sharing). Se trata de un concepto relativamente complejo de implementar, por lo que es mejor usar una biblioteca (Immutable.js implementa este tipo de concepto).

Declarar un arreglo con la palabra clave `const` plantea el mismo problema que para un objeto. La inmutabilidad también se realiza en la referencia del arreglo, y no en los elementos que contiene. Por lo tanto, es posible agregar o eliminar elementos en una instancia de un arreglo declarada con la palabra clave `const`.

Ejemplo:

```
const numbers: number[] = [1, 2, 3, 4, 5];
numbers.push(6);

// Log: [ 1, 2, 3, 4, 5, 6 ]
console.log(numbers);
```

En este caso concreto, también es posible utilizar el tipo `Readonly<T>` o la interfaz `ReadonlyArray<T>`. Una vez que se utiliza uno de estos dos tipos, los métodos que crean efectos secundarios dentro de la tabla ya no están disponibles.

Ejemplo:

```
const numbers: Readonly<number[]> = [1, 2, 3, 4, 5];

// Compilation Error TS2339:
//Property 'push' does not exist on type 'readonly []'.
numbers.push(6);
```

Ejemplo:

```
const numbers: ReadonlyArray<number> = [1, 2, 3, 4, 5];

// Compilation Error TS2339:
//Property 'push' does not exist on type
'ReadonlyArray<number>'.
numbers.push(6);
```

Una vez que una matriz está tipada con `ReadonlyArray<T>` o `Readonly<T>`, solo se pueden utilizar los métodos/propiedades que le permiten funcionar de manera inmutable. Entre todos estos métodos/propiedades, algunos son particularmente útiles:

- `concat`: devuelve un nuevo arreglo que contiene los elementos de otros arreglos pasados como parámetros.

- `join`: convierte un arreglo en una cadena de caracteres. Cada elemento está separado por un delimitador especificado como parámetro.
- `slice`: devuelve una parte del arreglo correspondiente a un índice inicial y final.
- `every`: determina si todos los elementos del arreglo coinciden con una condición.
- `some`: determina si ciertos elementos del arreglo coinciden con una condición.
- `forEach`: itera el arreglo pasando cada elemento a una función de devolución de llamada.
- `map`: convierte todos los elementos en una nueva instancia de un arreglo.
- `filter`: filtra, según una condición, los elementos de una nueva instancia de un arreglo.
- `reduce`: calcula la combinación de todos los elementos del arreglo utilizando una regla definida por una función de devolución de llamada.

Cuando una matriz está tipada con `ReadonlyArray<T>` o `Readonly<T>`, no define métodos para agregar o eliminar un elemento. Por tanto, es necesario, al igual que con los objetos, utilizar el operador `spread`.

Ejemplo:

```
const numbers: ReadonlyArray<number> = [1, 2, 3, 4, 5];
const newArray = [...numbers, 6];

// Log: [ 1, 2, 3, 4, 5, 6 ]
console.log(newArray);
```

Observación

El uso del operador spread para la clonación de arreglos puede resultar costoso en términos de rendimiento si el arreglo contiene muchos elementos. Este problema de desempeño se puede abordar utilizando el concepto de participación estructural (Structural Sharing). Se trata de un concepto relativamente complejo de implementar, por lo que es mejor usar una biblioteca (Immutable.js implementa este tipo de concepto).

La versión 3.4 de TypeScript introdujo una nueva capacidad sintáctica que se puede utilizar para transformar un objeto mutable en un objeto inmutable: as `const` (consulte el capítulo Sistema de tipos avanzados).

Ejemplo:

```
const employee = {
  firstName: "John",
  lastName: "Riley",
  salary: 2000
} as const;

// Compilation Error TS2540:
// Cannot assign to 'salary' because it is a read-only property.
employee.salary = 2100;
```

Esta sintaxis también funciona en arreglos.

Ejemplo:

```
const salaries = [1700, 2250, 2000, 1850] as const;
// Compilation Error TS2339:
// Property 'push' does not exist on type
// 'readonly [1700, 2250, 2000, 1850]'.
salaries.push(1900);
```

Tenga en cuenta, sin embargo, que esta capacidad sintáctica está limitada a ciertos tipos de escenarios:

- Conversión de un tipo primitivo en un tipo Singleton (consulte el capítulo Sistema de tipos avanzados).
- Conversión de las propiedades de un objeto literal a solo lectura.
- Conversión de una matriz en una `Tuple` de solo lectura.

4. Iteración

Iterar un arreglo en un contexto donde los efectos secundarios están prohibidos puede resultar complicado. El problema se demuestra fácilmente con un ejemplo de una función que calcula una suma.

Ejemplo:

```
const sum = (numbers: ReadonlyArray<number>) => {
  let result = 0;
  numbers.forEach((number: number) => {
    result += number;
  });
  return result;
};
```

En este ejemplo, es obligatorio declarar una variable mutable para poder recalcular la suma en cada iteración. Por tanto, la función es impura si se prohíben los efectos secundarios locales. Para calcular la suma en este caso específico, es preferible no utilizar el método `forEach` (lo mismo aplica a los bucles `for` y `while`). Prohibir el uso de bucles en programación lleva a la pregunta: ¿cómo iterar sobre una matriz sin utilizar un método u operador? ¡La respuesta es usar la recursividad!

Este concepto es relativamente sencillo de entender: se dice que una función es recursiva desde el momento en que se llama a sí misma. Sin embargo, es necesario incluir una terminación en la función para que no se ejecute infinitamente. Calcular el factorial de un número permite demostrar el beneficio de la recursividad.

Ejemplo:

```
const factorial = (number: number): number => {
  if (number >= 1) {
    return number * factorial(number - 1);
  } else {
    return 1;
  }
};

 // Log: 362880
console.log(factorial(9));
```

Sin embargo, la recursividad no es suficiente por sí sola para iterar una matriz; debe combinarse con el uso del método `slice` definido por la interfaz `ReadonlyArray<T>`. Esta combinación permite realizar iteraciones recursivas.

Ejemplo:

```
const sum = (numbers: ReadonlyArray<number>): number => {
  if (numbers.length) {
    return numbers[0] + sum(numbers.slice(1));
  } else {
    return 0;
  }
};

// Log: 0
console.log(sum([]));

// Log: 15
console.log(sum([1, 2, 3, 4, 5]));
```

Este ejemplo ayuda a comprender claramente el uso de una iteración recursiva. Mientras el tamaño de la matriz sea mayor que cero, se volverá a llamar a la función con un nuevo arreglo creada por el método `slice`. Al llamar a este método, se eliminará el primer elemento del arreglo (`numbers.slice(1)`). Este elemento se utilizará en la ejecución actual de la función (`numbers[0]`) antes de ser eliminado. Para finalizar el bucle, tan pronto como el arreglo ya no contenga ningún elemento, es necesario devolver el valor 0 (este valor no causará ningún problema al calcular una suma). Como el método `slice` no causa ningún efecto secundario, permite la iteración respetando estrictamente el concepto de pureza.

Sin embargo, no siempre es apropiado utilizar la iteración recursiva. De hecho, la interfaz `ReadonlyArray<T>` ya define un conjunto de métodos para iterar sobre una instancia de una matriz para realizar diferentes tipos de operaciones. Este es el caso del método `reduce`, que permite calcular la combinación de todos los elementos de un arreglo mediante una regla definida en una función de llamada. En el caso de una suma, este es el método perfecto para evitar el uso de una iteración recursiva.

Ejemplo:

```
const numbers = [1, 2, 3, 4, 5];
const sum = numbers.reduce((prev, current) => prev + current);


// Log: 15
console.log(sum);
```

Hay otros dos métodos (utilizados a menudo por los desarrolladores de TypeScript) que pueden evitar la iteración recursiva en muchos casos: `map` y `filter`. El primero permite convertir los elementos de una matriz y el segundo permite filtrarlos.

Ejemplo:

```
enum Gender {
  Male,
  Female
}

interface Employee {
  firstName: string;
  lastName: string;
  salary: number;
  gender: Gender;
}

type ReadonlyEmployee = Readonly<Employee>;

const employees: ReadonlyArray<ReadonlyEmployee> = [
  {
    firstName: "Jean",
    lastName: "Dubois",
    salary: 1700,
    gender: Gender.Male
  },
  {
    firstName: "Françoise",
    lastName: "Marchand",
    salary: 2250,
    gender: Gender.Female
  },
  {     firstName: "Martin",
```

```
    lastName: "Dupont",
    salary: 2000,
    gender: Gender.Male
  },
  {
    firstName: "Marie",
    lastName: "Legrand",
    salary: 1850,
    gender: Gender.Female
  }
];

const averageSalaryPerGender = (
  employees: ReadonlyArray<ReadonlyEmploye>,
  gender: Gender
): number => {
  const correspondingEmployees = employees
    .filter(employee => employee.gender === gender);

  const total = correspondingEmployees
    .map(employee => employee.salary)
    .reduce((prev, current) => prev + current);

  return total / correspondingEmployees.length;
};

const averageMaleSalary = averageSalaryPerGender(
  employees,
  Gender.Male
);
// Log: 1850
console.log(averageMaleSalary);

const averageFemaleSalary = averageSalaryPerGender(
  employees,
  Gender.Female
);
// Log: 2050
console.log(averageFemaleSalary);
```

5. Condiciones

Al igual que las iteraciones, el uso de condiciones puede resultar complicado cuando las mutaciones están prohibidas. La función `divide`, utilizada anteriormente en este capítulo, ilustra bien el hecho de que las condiciones pueden forzar el uso de mutaciones.

Una primera técnica para evitar mutaciones al utilizar una condición es el uso de un `return` al final de la condición. Esto le permite devolver un valor sin modificar una variable local. En programación funcional, para lograr una mayor compacidad del código, es común utilizar operadores ternarios. Al utilizar la función `divide`, un operador ternario permite evitar la creación de una mutación.

Ejemplo:

```
const divide = (number1: number, number2: number) => {
  return number2 !== 0
    ? { success: true, result: number1 / number2 }
    : { success: false, result: NaN };
};

const result1 = divide(200, 2);
// Log: { success: true, result: 100 }
console.log(result1);

const result2 = divide(200, 0);
// Log: { success: false, result: NaN }
console.log(result2);
```

Observación

En el caso de condiciones múltiples (o anidadas), los operadores ternarios pueden ser menos prácticos, más complejos de mantener y, en ocasiones, requieren duplicar código. Entonces es preferible volver al uso de los operadores `if`, `else if` y `else`.

6. Función parcial

Las funciones parciales permiten implementar el concepto de aplicación parcial. Es una técnica que reduce el número de parámetros de una función para producir otra con menos argumentos.

La ventaja de la aplicación parcial es que permite la definición de funciones incompletas que tienen un alto nivel de reutilización posterior.

Ejemplo:

```
interface Employee {
  firstName: string;
  lastName: string;
  salary: number;
}

const increaseSalary = (percent: number) => {
  return (employee: Readonly<Employee>) => {
    const increase = employee.salary * (percent / 100);
    const salary = employee.salary + increase;

    return {
      ...employee,
      salary
    };
  };
};

const increaseSalaryByTwoPercent = increaseSalary(2);

const evelyn = {
  firstName: "Evelyn",
  lastName: "Miller",
  salary: 2000
};

const increasedEvelyn = increaseSalaryByTwoPercent(evelyn);
// Log: { firstName: 'Evelyn', lastName: 'Miller', salary: 2040 }
console.log(increasedEvelyn);

const john = {
  firstName: "John",
```

```
  lastName: "Riley",
  salary: 1800
};

const increasedJohn = increaseSalaryByTwoPercent(john);
// Log: { firstName: 'John', lastName: 'Riley', salary: 1836 }
console.log(increasedJohn);
```

7. Currying

En programación funcional, el *Currying* es una técnica para convertir una función con varios argumentos en un conjunto de funciones, cada una con un único argumento. El concepto de *Currying* suele confundirse con el de aplicación parcial. Este último permite generar una nueva función tomando menos argumentos que la original, mientras que el *Currying* produce tantas funciones como parámetros hay presentes en la función original.

Para ilustrar el uso del *Currying*, tomemos el ejemplo de una función que permite crear un objeto de tipo `Person`.

Ejemplo:

```
interface Person {
  firstName: string;
  lastName: string;
}

const create = (firstName: string, lastName: string) => {
  const person: Person = {
    firstName,
    lastName
  };
  return person;
};

// Log: { firstName: 'Evelyn', lastName: 'Miller' }
const person = create("Evelyn", "Miller");
console.log(person);
```

Esta función se puede escribir de manera que permita usarla como una función de *Currying*.

Ejemplo:

```
const create = (firstName: string) => {
  return (lastName: string) => {
    const p: Person = {
      firstName,
      lastName
    };
    return p;
  };
};

const person = create("Evelyn")("Miller");
// Log: { firstName: 'Evelyn', lastName: 'Miller' }
console.log(person);
```

El uso de funciones flecha sin un `return` intermedio simplifica la sintaxis de la función.

Ejemplo:

```
const create = (firstName: string) => (lastName: string) => {
  const p: Person = {
    firstName,
    lastName
  };
  return p;
};

const person = create("Evelyn")("Miller");
// Log: { firstName: 'Evelyn', lastName: 'Miller' }
console.log(person);
```

Como se ve, es relativamente fácil escribir una función con *Currying*. Sin embargo, para funciones ya existentes, será necesario crear funciones utilitarias para convertirlas.

Ejemplo:

```
const curry2 = <T1, T2, T3>(toCurry: (t1: T1, t2: T2) => T3) => {
  return (t1: T1) => (t2: T2) => toCurry(t1, t2);
};

const curriedPow = curry2(Math.pow);

const result = curriedPow(2)(3);
// Log: 8
console.log(result);
```

Observación

Se debe definir una función utilitaria siempre que difiera el número de parámetros que se pueden pasar a una función.

Además de las funciones utilitarias que permiten «curryficar» otras funciones, es posible crear funciones que hagan la operación inversa. Estamos hablando aquí de decurryficación (*uncurrying*).

Ejemplo:

```
const curriedPow = curry2(Math.pow);

const uncurry2 = <T1, T2, T3>(
  toUncurry: (t1: T1) => (t2: T2) => T3
) => {
  return (t1: T1, t2: T2) => toUncurry(t1)(t2);
};

const uncurriedPow = uncurry2(curriedPow);

const result = uncurriedPow(2, 3);
// Log: 8
console.log(result);
```

8. Pattern Matching

Muchos lenguajes orientados funcionalmente permiten el uso del concepto de *Pattern Matching* (filtrado por patrón en español), que permite verificar si un valor coincide con una regla (*Pattern*). Si esta se cumple, entonces es posible ejecutar un bloque de código que devuelva un valor. Una función de coincidencia (*matching*) recuperará el parámetro de entrada para analizarlo mediante un conjunto de patrones. Estos permitirán que la función de coincidencia defina qué bloque de código se ejecutará.

Observación

Desafortunadamente, el concepto de Pattern Matching no está presente en de forma nativa en TypeScript. El lenguaje aún no tiene las capacidades sintácticas para implementarlo. En la actualidad, el Pattern Matching está pendiente de estandarización en ECMAScript.

Es posible implementar el *Pattern Matching* utilizando una función anónima autoejecutada con retorno. Esta función aceptará un valor como parámetro y usará condiciones (`if, else...if, else` o `switch`) para analizarlo y ejecutar un bloque de código en consecuencia.

Ejemplo:

```
const salaries: ReadonlyArray<number> = [1700, 2250, 2000, 1850];

const increasedSalary = (salary: number) => {
  return ((s) => {
    if (s <= 1800) {
      // increase by 5%
      return s + s * 0.05;
    } else if (s > 1800 && s <= 2000) {
      // increase by 3%
      return s + s * 0.03;
    } else {
      // increase by 2% (default)
      return s + s * 0.02;
    }
  })(salary);
};

const increasedSalaries = salaries.map(increasedSalary);
```

```
// Log: [ 1785, 2295, 2060, 1905.5 ]
console.log(increasedSalaries);
```

Esta solución es útil ocasionalmente, pero, para un uso más intensivo de *Pattern Matching*, es preferible que cree usted mismo tipos y funciones de utilidades que permitan implementarlas fácilmente en un programa.

Primero, es necesario crear un conjunto de tipos que permitan definir un `Pattern`.

Ejemplo:

```
// The Condition type define a function that can return true
// or false. A value will be analyzed by the function when the
// Pattern Matching will be used.
type Condition<TValue> = (value: TValue) => boolean;

// The Execution type defines a function that will be used
// when a value corresponds to a Condition
type Execution<TValue, TResult> = (value: TValue) => Tresult;

// The Pattern interface will be used to create an association
// between a Condition and an Execution. The Pattern Matching
// will take in parameter a collection of Pattern.
interface Pattern<TValue, TResult> {
  condition: Condition<TValue>;
  execution: Execution<TValue, Tresult>;
}
```

Se debe implementar una función match con los siguientes parámetros:

- Un valor para probar.
- Un arreglo `Pattern`.
- Una función opcional que establece la ejecución predeterminada.

Es mejor definir el arreglo `Pattern` como un parámetro `rest` en la función match. Esto permitirá agregar una cantidad ilimitada de patrones. En la mayoría de los lenguajes de programación funcional, la ejecución predeterminada siempre se define en último lugar. Dado que es imposible establecer un parámetro después de usar el operador `rest`, se debe aplicar *Currying* a la función `match`.

Ejemplo:

```
// The match function uses a filter and a recursive iteration to
// retrieve which Execution has to be done. If no pattern is
// matching, the function will execute the default behavior. If
// no default behavior is defined, the function will throw an
// exception.
const match = <TValue>(value: TValue) => <Tresult>(
  ...patterns: Array<Pattern<TValue, Tresult>>
) => (defaultExecute?: Execution<TValue, TResult>): TResult => {
  const filteredPatterns = patterns
    .filter((
        pattern: Pattern<TValue, Tresult>
      ) => pattern.condition(value)
  );

  return filteredPatterns.length >= 1
    ? filteredPatterns[0].execution(value)
    : !!defaultExecute
    ? defaultExecute(value)
    : throwError();
};

const throwError = <TResult>(): TResult => {
  throw new Error(
    "Error: No pattern matched. Please use a wildcard pattern."
  );
};
```

Para mejorar sintácticamente la creación de `Patterns` y acercarse a la norma ECMAScript que se está estandarizando en la actualidad, es posible definir una función utilitaria when.

Ejemplo:

```
const when = <TValue>(condition: Condition<TValue>) => {
  return <Tresult>(
    execution: Execution<TValue, Tresult>
  ): Pattern<TValue, TResult> => {
    return {
      condition,
      execution
    };
  };
};
```

Usando el ejemplo de la función `increaseSalary` que hemos visto anteriormente en este capítulo, es posible usar la función match para convertir un arreglo que contiene los salarios en otro que contiene esos mismos salarios, pero aumentados.

Ejemplo:

```
const salaries: ReadonlyArray<number> = [1700, 2250, 2000, 1850];

const increaseSalary = (salary: number, percent: number) => {
  const increase = salary * (percent / 100);
  return salary + increase;
};

const increasedSalaries = salaries.map((salary) => {
  return match(
    salary
  )(
    when((s: number) => s <= 1800)(s => increaseSalary(s, 5)),
    when(
      (s: number) => s > 1800 && s <= 2000
    )(s => increaseSalary(s, 3))
  )(s => increaseSalary(s, 2));
});

// Log: [ 1785, 2295, 2060, 1905.5 ]
console.log(increasedSalaries);
```

9. Composición de funciones

Una de las ventajas de la aplicación parcial es que permite combinar funciones entre sí, en particular mediante el uso de los conceptos de pipe (tubería) y composición.

Observación

TypeScript no tiene capacidades sintácticas que permitan el uso de composición o de pipe. Para este último, se está estandarizando un operador de pipeline según TC39.

Los pipes permiten encadenar llamadas a funciones una tras otra. Luego se llamará a la siguiente función con el valor de retorno de la anterior.

Ejemplo:

```
enum Gender {
  Male,
  Female
}

interface Employee {
  firstName: string;
  lastName: string;
  salary: number;
  gender: Gender;
}

const employees = [
 {
    firstName: "Bryan",
    lastName: "Hill",
    salary: 1700,
    gender: Gender.Male
  },
  {
    firstName: "Evelyn",
    lastName: "Miller",
    salary: 2250,
    gender: Gender.Female
  },
  {
    firstName: "John",
    lastName: "Riley",
    salary: 2000,
    gender: Gender.Male
  },
  {
    firstName: "Virginia",
    lastName: "Rozier",
    salary: 1850,
    gender: Gender.Female
  }
];

type Function<T> = (arg: T) => T;

const pipe = <T>(
```

```
  function1: Function<T>,
  function2: Function<T>
): Function<T> => {
  return (arg: T) => {
    return function2(function1(arg));
  };
};

const womens = (employees: ReadonlyArray<Employee>) => {
  return employees.filter(e => e.gender === Gender.Female);
};

const earnsMoreThan2000 = (
  employees: ReadonlyArray<Employee>
) => {
  return employees.filter(e => e.salary > 2000);
};

const womensThatEarnsMoreThan2000 = pipe(
  womens,
  earnsMoreThan2000
);

const result = womensThatEarnsMoreThan2000(employees);
// Log:
// [{
//   firstName: 'Evelyn',
//   lastName: 'Miller',
//   salary: 2250,
//   gender: 1
// }]
console.log(result);
```

Se puede crear una función utilitaria para encadenar un número ilimitado de funciones.

Ejemplo:

```
type Function<T> = (arg: T) => T;

const pipe = <T>(...functions: Array<Function<T>>): Function<T>
=> {
  return (arg: T) =>
    functions.reduce((prev, current) => current(prev), arg);
```

```
};

const nb = 1;
const increment = (nb: number) => nb + 1;
const multiplyByTwo = (nb: number) => nb * 2;
const double = (nb: number) => nb * nb;

const pipedFunctions = pipe(
  increment,
  multiplyByTwo,
  double
);

const result = pipedFunctions(nb);
// Log: 16
console.log(result);
```

La composición es exactamente lo opuesto al concepto de tubería. Permite crear funciones más complejas.

Ejemplo:

```
type Function<T> = (arg: T) => T;
const compose = <T>(
  ...functions: Array<Function<T>>
  ): Function<T> => {
  return (arg: T) =>
    functions
      .reverse()
      .reduce((prev, current) => current(prev), arg);
};

const nb = 16;
const decrement = (nb: number) => nb - 1;
const divideByTwo = (nb: number) => nb / 2;

const composedFunctions = compose(
  decrement,
  divideByTwo,
  Math.sqrt
);

const result = composedFunctions(nb);
// Log: 1
console.log(result);
```

10. Para ir más lejos...

Este capítulo es solo una descripción general de cómo utilizar la programación funcional en TypeScript. Este paradigma es muy interesante y algunas de sus capacidades básicas se pueden utilizar fácilmente en combinación con la programación orientada a objetos. Sin embargo, para ir más allá es necesario interesarse por la teoría de categorías para comprender los tipos de datos algebraicos (`Functor`, `Monad`, `Monoid`...).

Algunas bibliotecas de código abierto también permiten ir más allá al implementar ciertos conceptos vistos a lo largo de este capítulo:

- Immutable.js: biblioteca creada por Facebook que proporciona estructuras de datos inmutables implementando *Structural Sharing* (mediante el uso de Hash maps tries, una tabla de asociación que permite compartir estructuras de datos).
- Ramda: biblioteca que proporciona funciones de utilidad para implementar programación funcional.
- fp-ts: biblioteca inspirada en Haskell y Scala (dos lenguajes de programación funcionales). Contiene un conjunto de tipos, implementaciones y abstracciones entre las más útiles en programación funcional (ejemplo: `Maybe`, `Option`, `Functor`, `Either`...).

Capítulo 10
Un primer proyecto con Node.js

1. Introducción

La finalidad de este capítulo es poner en práctica los diferentes conceptos aprendidos en los capítulos anteriores del libro. El objetivo es desarrollar una API utilizando TypeScript y Node.js. Se construirá en varias etapas para poder explicar paso a paso los conceptos que se ponen en práctica.

Observación

Una API o application programming interface (interfaz de programación de aplicación) se caracteriza por un conjunto de clases/métodos/funciones que ofrecen servicios. El objetivo principal es reducir la complejidad de implementar estos servicios proporcionando una fachada que puedan utilizar aplicaciones de terceros. Estos servicios se implementan a través de puntos finales (endpoints).

Para desarrollar esta API, es necesario apoyarse en una arquitectura REST (*REpresentational State Transfer*). Este estilo de arquitectura se basa en verbos y códigos HTTP para simplificar la comprensión y el uso de una API.

Como parte de esta práctica, se creará un directorio empresarial para administrar los empleados de una sociedad.

Para manipular una API Rest, es preciso utilizar un cliente. No es necesario instalar software para ello; más adelante, en este capítulo, se configurará un explorador de API, que estará disponible directamente cuando se inicie el programa. Sin embargo, antes de configurar este explorador, realizará las primeras pruebas de llamada a la API utilizando su navegador web.

2. Configurar el proyecto

En esta sección, configurará la estructura del proyecto.

- Cree un directorio de su elección que contendrá toda la aplicación.
- Abra este directorio con Visual Studio Code.
- Luego, cree un subdirectorio src.
- En la carpeta src, agregue el archivo index.ts.
- Desde Visual Studio Code, abra el panel de comandos (usando el método abreviado de teclado [Ctrl][Mayús] P en Linux/Windows y [Cmd][Mayús] P en macOS).
- Abra la terminal de Visual Studio Code ejecutando el comando **Toggle Terminal**:

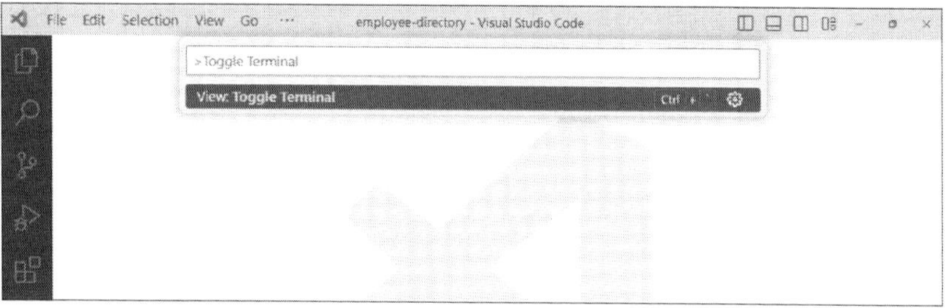

Observación

Los distintos comandos que se detallan en las siguientes secciones se pueden introducir en cualquier terminal. Sin embargo, se recomienda utilizar la terminal integrado de Visual Studio Code, ya que es más cómodo.

2.1 Crear el archivo package.json

Para configurar una aplicación Node.js, es necesario utilizar el comando `NPM init` para crear un archivo package.json en la raíz del proyecto. Este archivo contiene cierta información específica de la aplicación (nombre, descripción, autor, versión, licencia, dependencias...).

- En la terminal integrada de Visual Studio Code, introduzca el siguiente comando:

```
npm init -y
```

Observación

A partir de este paso, cualquier comando que se deba ejecutar en la terminal integrada de Visual Studio Code se debe ubicar en la raíz del proyecto.

- Abra el archivo package.json y cambie la propiedad `name` a `employee-directory`:

```
"name": "employee-directory"
```

- Luego agregue la siguiente propiedad:

```
"private": true
```

Observación

Este campo es imprescindible para evitar cualquier publicación de la aplicación. Así, limita el riesgo de manipulación accidental.

- Antes de continuar, verifique que el archivo package.json contenga la siguiente información:

```
{
  "name": "employee-directory",
  "version": "1.0.0",
  "description": "",
  "main": "index.js",
  "scripts": {
    "test": "echo \"Error: no test specified\" && exit 1"
  },
  "keywords": [],
  "author": "",
```

```
  "license": "ISC",
  "private": true
}
```

2.2 Configurar TypeScript

2.2.1 Instalación

El compilador de TypeScript se puede instalar globalmente (consulte el capítulo Introducción). Sin embargo, es preferible instalarlo de forma local para cada proyecto a fin de administrar con mayor precisión la versión de TypeScript utilizada durante la compilación.

- En la terminal integrada de Visual Studio Code, introduzca el siguiente comando:

```
npm install typescript --save-dev
```

Observación

Este comando instala la versión 5.0.0 de TypeScript como una dependencia del proyecto. La opción `--save-dev` permite especificar que esta dependencia solo será útil para la fase de desarrollo. Las dependencias de desarrollo se agrupan en la propiedad `devDependencies` del archivo package.json.

- Abra el archivo package.json y verifique que la propiedad `devDependencies` contenga la dependencia `typescript`:

```
"devDependencies": {
  "typescript": "^5.0.0"
}
```

Dentro del proyecto aparecen dos nuevos elementos:

- La carpeta node_modules: contiene todas las dependencias de la aplicación. Hay dos subcarpetas: typescript y bin. Esta última contiene las herramientas provenientes de las dependencias instaladas y que ahora se pueden utilizar a través de una terminal. Se usarán más adelante en este capítulo.

– El archivo package-lock.json: las versiones de las dependencias en el archivo package.json corresponden a intervalos y no siempre son fijos. Por lo tanto, al instalar dependencias, NPM buscará la versión más alta respetando el intervalo definido por la dependencia. Esto significa que, al restaurar las dependencias del proyecto, las versiones instaladas pueden variar. El archivo package-lock.json permite congelar las versiones de las dependencias que se van a restaurar. Este archivo es administrado automáticamente por NPM.

2.2.2 Configuración de TypeScript

El propio Visual Studio Code incluye una versión de TypeScript. Se utiliza esta versión para proporcionar todas las funciones del lenguaje (autocompletado, *refactoring*, *quick fixes*...). Al desarrollar un proyecto, es mejor utilizar la versión de TypeScript instalada localmente en lugar de la integrada en Visual Studio Code.

▶En la carpeta src, abra el archivo index.ts y agregue el siguiente código, que utilizará para verificar que la configuración de TypeScript sea correcta:

```
console.log("Hello World!");
```

▶Desde Visual Studio Code, abra el panel de comandos (usando el método abreviado de teclado [Ctrl][Mayús] P en Linux/Windows y [Cmd][Mayús] P en macOS).

▶Ejecute el comando **Select TypeScript Version**:

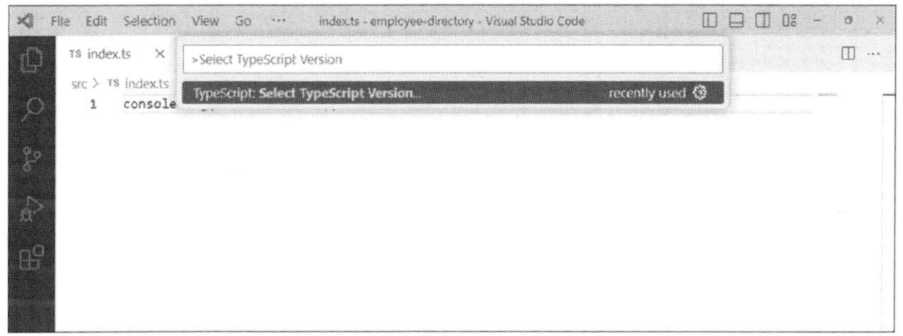

▶ En la lista desplegable, seleccione **Use Workspace Version**:

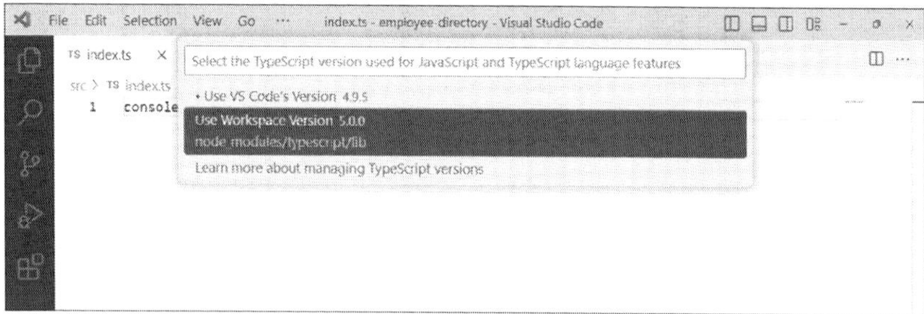

▶ Abra el archivo settings.json contenido en el nuevo directorio .vscode que se creó cuando ejecutó el comando. Verifique que contenga la propiedad `typescript.tsdk`:

```
{
  "typescript.tsdk": "node_module/typescript/lib"
}
```

Observación

Este archivo le permite sobreescribir la configuración de Visual Studio Code directamente desde un espacio de trabajo cargado en el explorador.

▶ En la terminal integrada de Visual Studio Code, inicialice la configuración del compilador de TypeScript introduciendo el siguiente comando:

```
npm exec tsc -- --init
```

Observación

El comando `exec` le permite ejecutar un script npm contenido en un package (aquí, el script tsc contenido en el paquete TypeScript).

▶ Abra el archivo tsconfig.json

▶ Agregue la siguiente línea después de la propiedad `compilerOptions`:

```
 "include": ["src"]
```

Observación

De forma predeterminada, si el compilador se inicia mediante el comando `tsc`, buscará en el directorio actual los archivos para compilar, incluidos los subdirectorios (excepto ciertos directorios, en particular `node_modules`). Es posible modificar este comportamiento predeterminado mediante las propiedades `exclude`, `include` y `files` en el archivo tsconfig.json. Además, la opción de compilación `--listFiles` le permite enumerar todos los archivos admitidos por el compilador en la salida del terminal.

- Luego, modifique la propiedad `target` con el valor `ES2022`:

```
"target":"ES2022"
```

Observación

Cuando se escribió este libro, la última versión LTS de Node.js admitía todos los estándares hasta la versión ES2022. Por lo tanto, es más relevante utilizar esta versión porque no tiene sentido transpilar funcionalidades que sean compatibles de forma nativa con el contexto de ejecución. Es posible comprobar la compatibilidad con ECMAScript en Node.js a través del sitio de referencia: https://node.green/

- Descomente y cambie la propiedad `outDir` a `dist`:

```
"outDir": "dist"
```

Observación

La propiedad `outDir` permite especificar al compilador que coloque los archivos transpilados en el directorio indicado en valor.

- Ahora descomente la propiedad `sourceMap` para poder depurar el programa. Luego, verifique que el valor de la propiedad sea `true`:

```
"sourceMap": true
```

▶ En la raíz del proyecto, cree el archivo tsconfig.prod.json y agregue la siguiente configuración:

```
{
 "extends": "./tsconfig.json",
 "compilerOptions": {
  "sourceMap": false
 }
}
```

Observación

La propiedad `extends` permite recuperar todas las opciones de compilación definidas en un archivo fuente. El objetivo de este paso es recuperar la configuración de TypeScript del proyecto para redefinir la propiedad `sourceMap` y deshabilitar la generación de archivos `.map` útiles solo para depurar la aplicación. El archivo `tsconfig.prod.json` está dedicado a las opciones para compilar la aplicación y entregarla a un entorno de producción.

▶ Abra el archivo package.json y elimine el script `test` contenido en la propiedad `scripts`.

▶ A continuación, agregue un nuevo script con el nombre de `build` que llamará al compilador TypeScript mediante el comando `tsc`:

```
"scripts": {
 "build": "tsc"
}
```

▶ En la terminal integrada de Visual Studio Code, introduzca el siguiente comando:

```
npm install rimraf --save-dev
```

Observación

`rimraf` es un paquete que permite eliminar directorios de forma recursiva. Es útil al configurar un paso de compilación para eliminar los archivos compilados previamente.

▶ Abra el archivo package.json y agregue un nuevo script llamado `prebuild` que usará `rimraf` para eliminar el directorio dist:

```
"prebuild": "rimraf dist"
```

Observación

Un script npm cuyo nombre incluye el prefijo `pre` se ejecuta automáticamente antes que uno sin el prefijo. En nuestro caso, `prebuild` se ejecutará automáticamente antes de `build` para eliminar el directorio de salida de la compilación.

- Luego, agregue un nuevo script llamado `build:prod` que invocará al script de compilación pasando el archivo de configuración de producción (`tsconfig.prod.json`) como parámetro:

```
"build:prod": "npm run build -- -p tsconfig.prod.json"
```

- Para finalizar, agregue un nuevo script llamado `start` que iniciará el programa con Node.js:

```
"start": "node ./dist/index"
```

El proyecto ya está listo para compilarse y ejecutarse en un entorno de desarrollo y producción. Ahora es cuestión de validar el funcionamiento de los scripts de NPM.

Para comenzar, probará el lanzamiento del programa en modo de producción:

- En la terminal integrada de Visual Studio Code, compile la aplicación con el comando `NPM run`, utilizando el script `build:prod`:

```
npm run build:prod
```

- Abra el archivo `index.js` contenido en el nuevo directorio `dist` que se ha creado al ejecutar el comando. Verifique que contenga el siguiente código:

```
"use strict";
console.log("Hello World!")
```

- En la terminal integrada de Visual Studio Code, inicie la aplicación con el comando NPM usando el script `start`:

```
npm start
```

▶ A continuación, verifique que la aplicación se ha ejecutado exitosamente:

```
> employee-directory@1.0.0 start
> node dist/index.js

Hello World!
```

Ahora iniciará el programa en modo de depuración:

▶ En la terminal integrada de Visual Studio Code, compile la aplicación con el comando `NPM run` usando el script `build`:

```
npm run build
```

▶ Abra el archivo `index.js` contenido en el nuevo directorio `dist` que se ha creado al ejecutar el comando. Verifique que contenga el siguiente código:

```
"use strict";
console.log("Hello World!")
//# sourceMappingURL=index.js.map
```

▶ Desde Visual Studio Code, abra el panel de comandos (usando el método abreviado de teclado [Ctrl][Mayús] P en Linux/Windows y [Cmd][Mayús] P en macOS).

▶ Ejecute el comando **Toggle Auto Attach**:

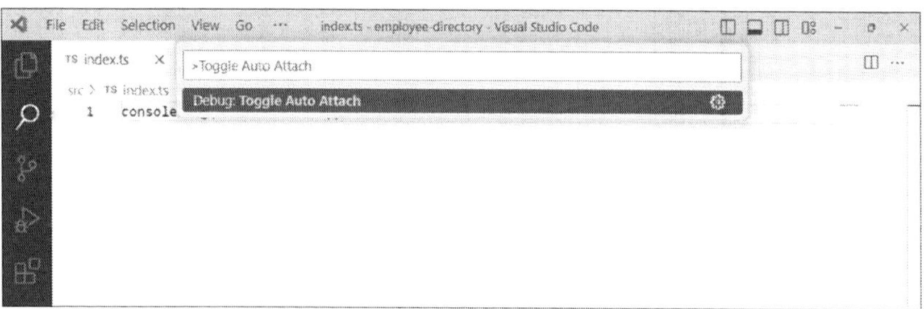

▶ Se le ofrece una lista de modos de depuración. Seleccione el modo Smart y reinicie Visual Studio Code para que surta efecto.

Observación

El modo Smart le permite iniciar el depurador de Visual Studio Code automáticamente cuando se inicia un script npm que no es el directorio `node_modules`. Esto inicia automáticamente el depurador cuando se utiliza el comando `start`.

- Agregue un punto de interrupción en la primera línea del archivo index.ts.
- En la terminal integrada de Visual Studio Code, inicie la aplicación con el comando NPM usando el script `start`:

```
npm start
```

- Luego, verifique que el depurador se ha conectado correctamente durante el inicio y que se ha detenido en la línea 1:

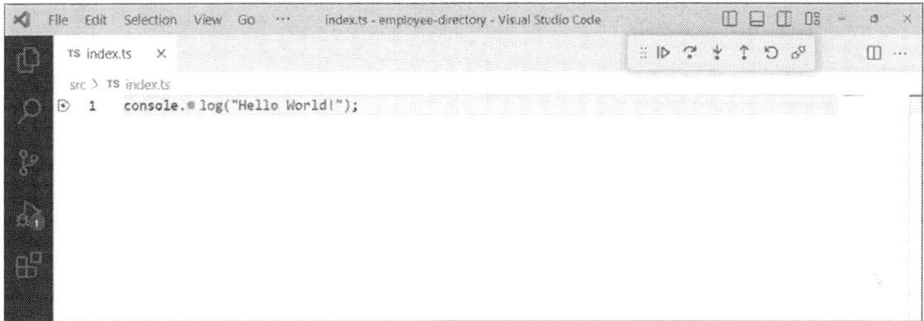

- Pulse la tecla [F5] para continuar ejecutando el programa.

Ahora puede agregar puntos de interrupción y depurar la aplicación directamente desde Visual Studio Code.

2.3 Una primera aplicación

Configurar la biblioteca Fastify

Creada en 2018, Fastify es una biblioteca Node.js liviana que le permite desarrollar aplicaciones web. Se utiliza principalmente para crear API Rest. Menos popular que su homóloga Express.js, destaca por su mejor rendimiento en términos de volumen de procesamiento de consultas y ha encontrado un lugar entre las bibliotecas de Node.js más populares. Su funcionalidad se puede ampliar mediante un sistema de complementos.

▶ En la terminal integrada de Visual Studio Code, instale Fastify con el siguiente comando:

```
npm install fastify
```

Observación

A diferencia de las dependencias de desarrollo, Fastify se utilizará cuando se ejecute la aplicación. Por tanto, su instalación se realiza sin la opción `--save-dev`. De forma predeterminada, NPM agregará la dependencia en la propiedad `dependencies` del archivo `package.json`.

▶ Agregue las declaraciones de tipo de Node.js mediante el siguiente comando:

```
npm install @types/node --save-dev
```

▶ En la carpeta `src`, abra el archivo `index.ts` y elimine todo el código que contiene.

▶ Al comienzo del archivo, importe la función exportada de forma predeterminada desde Fastify:

```
import fastify from "fastify";
```

Observación

La exportación predeterminada de Fastify expone una función que permite crear un servidor. Hay una multitud de opciones para configurar el servidor cuando se crea. Estas opciones permiten definir, por ejemplo, el tiempo de espera de la solicitud, el tamaño máximo de los cuerpos de solicitud aceptados, el tiempo de espera de ejecución de los complementos, activar el registrador predeterminado...

- Aún en el archivo `index.ts`, cree un servidor Fastify activando el registrador predeterminado:

```
const app = fastify({
  logger: true
});
```

- Defina una ruta para procesar solicitudes `GET`. Luego, devuelva una respuesta que contenga el valor "`Hello world`":

```
app.get("/", async () => "Hello world");
```

- Llame al método `listen` para iniciar el servidor web. El siguiente código provoca un error de compilación que se corregirá en los siguientes pasos:

```
try {
  await app.listen({ port: 3000 });
} catch (err) {
  app.log.error(err);
  process.exit(1);
}
```

Observación

La llamada a la función `listen` está encapsulada en un bloque `try/catch` para manejar el caso en el que el servidor web no se inicia correctamente.

- Para corregir el error de compilación, cree una *IIFE* (*Immediately Invoked Function Expression*) asíncrona y mueva el código de inicio del servidor al interior:

```
(async () => {
  try {
    await app.listen({ port: 3000 })
  } catch (err) {
    app.log.error(err)
    process.exit(1)
  }
})();
```

Observación

El uso de la palabra clave `await` fuera de una función provoca un error de compilación porque esto solo es posible si el estándar de módulo utilizado es `ESM`, y no `CommonJS`.

- Antes de continuar, verifique que el archivo `server.ts` contenga el siguiente código:

```
import Fastify from "fastify";

const app = Fastify({
  logger: true
});

app.get("/", async () =>  "Hello world");

(async () => {
  try {
    await app.listen({ port: 3000 });
  } catch (err) {
    app.log.error(err);
    process.exit(1);
  }
})();
```

En la terminal integrada de Visual Studio Code, introduzca el siguiente comando:

```
npm run build
```

- Verifique que la carpeta `dist` contenga los archivos *index.js* e *index.js.map*; luego, inicie el servidor usando el script `start` con NPM:

```
npm start
```

- Abra el navegador de su elección e introduzca la URL `localhost:3000`. Debería recibir la respuesta "`Hello world`".

3. Crear el framework MVC

Observación

El objetivo de esta sección es utilizar ciertos conceptos vistos en capítulos anteriores de este libro (como decoradores, tipos literales...). Sin embargo, para un proyecto empresarial, no se recomienda crear un framework MVC propio, sino utilizar una biblioteca de terceros (por ejemplo, Nest.js, Loopback, Sails.js, FoalTS...).

Model-View-Controller (MVC) es un patrón de diseño muy popular para desarrollar aplicaciones web. En una aplicación MVC, las responsabilidades se dividen entre los siguientes elementos:

- El modelo: solo contiene los datos de la aplicación y no tiene lógica.
- La vista: presenta los datos contenidos en la parte del modelo.
- El controlador: contiene la lógica de manipulación de datos y reacciona a las acciones del usuario para actualizar el modelo.

Estas partes interactúan según el siguiente diagrama:

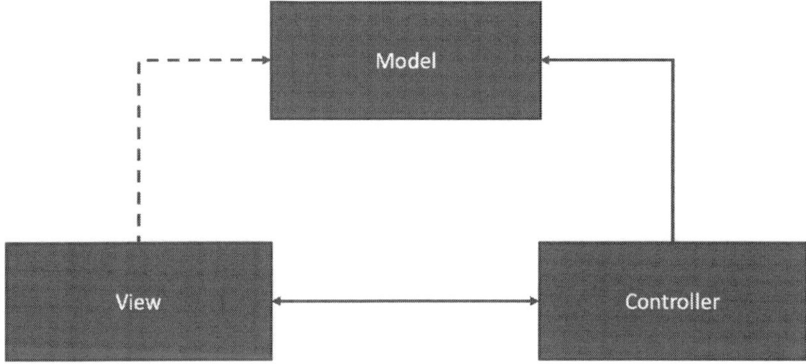

En esta sección, creará la parte del controlador. La pieza del modelo se colocará más adelante.

3.1 Registro de rutas

El registro de rutas sirve para crear todos los controladores y sus acciones. Esto permite montar todas las rutas de la aplicación con el enrutador proporcionado por Fastify.

- En el directorio src, cree un directorio core.
- En el directorio core, cree un directorio mvc.
- En el directorio mvc, cree el archivo types.ts.
- Dentro del archivo, agregue el alias de tipo `HttpVerb` que contiene el tipo literal "`get`" y expórtelo:

```
export type HttpVerb = "get";
```

Observación

Otros verbos HTTP se definirán más adelante, cuando sean necesarios para el correcto funcionamiento de la aplicación.

- A continuación, agregue una interfaz que defina la información sobre una ruta. Permite recuperar el nombre del controlador, el de la acción que se ha de ejecutar, así como el verbo http y la ruta que permite acceder a este en el contexto de una aplicación web. Esta información es útil para crear rutas en el enrutador de Fastify:

```
export interface IRoute {
  controller: string;
  action: string;
  httpVerb: HttpVerb;
  path: string;
}
```

- En el directorio mvc, cree el archivo routeCollection.ts.
- Importe la interfaz `IRoute` desde el archivo `types.ts`:

```
import type { IRoute } from "./types";
```

- Agregue la clase `RouteCollection` y expórtela:

```
export class RouteCollection {

}
```

La colección de rutas es única en una aplicación web. Primero, implementará un singleton (consulte el capítulo Programación orientada a objetos).

- Defina una propiedad privada estática `#instance` en la clase `RouteCollection`. Esta propiedad permite almacenar la instancia única de la clase:

```
static #instance: RouteCollection;
```

- Agregue un constructor privado:

```
private constructor() {

}
```

Finalmente, agregue un método estático `getInstance` que cree la instancia en la clase si no está definida en la propiedad `#instance` y que luego la devuelva.

```
static getInstance(): RouteCollection {
  if (!this.#instance) {
    this.#instance = new RouteCollection();
  }

  return this.#instance;
}
```

- Ahora que ha implementado el patrón singleton para la clase `RouteCollection`, agréguele una propiedad privada `#routes` que contenga información de ruta:

```
#routes: IRoute[];
```

- Inicialice la propiedad `#routes` en el constructor de la clase:

```
this.#routes = [];
```

- A continuación, añada un método `add` para agregar información sobre una ruta a la colección de rutas. El parámetro del método acepta un valor de tipo `IRoute` que no contenga una propiedad `path`. Utilice el tipo utilitario `Omit` para eliminar esta propiedad del tipo de parámetro.

```
add(route: Omit<IRoute, "path">) {

}
```

▶ En el método, agregue la ruta a la tabla de rutas. Para `path`, se debe reconstituir utilizando el nombre del controlador:

```
this.#routes.push({
  ...route,
  path: `/${
    route.controller.replace("Controller", "").toLowerCase()}`
  }
);
```

▶ Para completar la implementación de la clase `RouteCollection`, agregue un descriptor de acceso `get` que devuelva las rutas:

```
get routes() {
  return this.#routes;
}
```

▶ Antes de continuar, verifique que el archivo routeCollection.ts contenga el siguiente código:

```
import type { IRoute } from "./types";


export class RouteCollection {
  static #instance: RouteCollection;

  #routes: IRoute[];

  get routes() {
    return this.#routes;
  }

  private constructor() {
    this.#routes = [];
  }

  static getInstance(): RouteCollection {
    if (!this.#instance) {
      this.#instance = new RouteCollection();
    }

    return this.#instance;
  }
```

```
  add(route: Omit<IRoute, "path">) {
    this.#routes.push({
      ...route,
      path: `/${
        route.controller.replace("Controller", "").toLowerCase()
      }`
    });
  }
}
```

3.2 Fábrica de controladores

La fábrica de controladores permite centralizar la creación de instancias de controladores y luego se utiliza al crear el enrutador Fastify.

- En el directorio mvc, cree el archivo controladorFactory.ts.
- Agregue la clase `ControllerFactory` y expórtela:

```
export class ControllerFactory {

}
```

- La fábrica de controladores es única en una aplicación web. En primer lugar, se trata nuevamente de implementar un singleton. Defina una propiedad privada estática `#instancia` en la clase `ControllerFactory`. Esta propiedad permite almacenar la instancia única de la clase:

```
static #instance: ControllerFactory;
```

- Luego, agregue un constructor privado:

```
private constructor() {

}
```

▶ Finalmente, agregue un método estático `getInstance` que cree la instancia en la clase si no está definida en la propiedad `#instance` y que luego la devuelva.

```
static getInstance(): ControllerFactory {
  if (!this.#instance) {
    this.#instance = new ControllerFactory ();
  }

  return this.#instance;
}
```

▶ Ahora que se ha implementado el patrón singleton para la clase `ControllerFactory`, agregue una propiedad privada `#controllers` de tipo `Map` que almacenará las instancias de los controladores. Estos tendrán como clave el nombre del constructor del controlador.

```
readonly #controllers: Map<string, unknown> = new Map();
```

▶ Agregue un método `register` que acepte un parámetro que coincida con el tipo de constructor de un controlador. Este método crea una instancia del controlador y lo agrega a la lista de controladores.

```
register(ctor: new () => unknown) {
  this.#controllers.set(ctor.name, new ctor());
}
```

▶ Luego, agregue un método get que acepte el nombre del controlador como parámetro. El método recupera la instancia del constructor para devolverla o arroja un error si el controlador no existe.

```
get(controllerName: string) {
  const controller = this.#controllers.get(controllerName);

  if(!controller) {
    throw new Error(`Unknown controller: ${controllerName}`);
  }

  return controller;
}
```

▶Antes de continuar, verifique que el archivo `controladorFactory.ts` contenga el siguiente código:

```
export class ControllerFactory {
  static #instance: ControllerFactory;

  readonly #controllers: Map<string, unknown> = new Map();

  static getInstance(): ControllerFactory {
    if(!this.#instance) {
      this.#instance = new ControllerFactory();
    }

    return this.#instance;
  }

  register(ctor: new () => unknown) {
    this.#controllers.set(ctor.name, new ctor());
  }

  get(controllerName: string) {
    const controller = this.#controllers.get(controllerName);

    if(!controller) {
      throw new Error(`Unknown controller: ${controllerName}`);
    }
    return controller;
  }
}
```

3.3 El decorador Controller

El decorador de clase `Controller` permite anotar una clase para que pueda considerarse un controlador.

▶En el directorio mvc, cree el archivo controlador.ts.

▶Importe la fábrica de controladores creada anteriormente:

```
import { ControllerFactory } from "./controllerFactory";
```

▶ A continuación, defina un decorador de clase agregando el constructor de una clase a la lista de controladores mediante el método `register` de la clase `ControllerFactory` y expórtelo.

```
export const Controller = <
  TConstructor extends new (...args: unknown[]) => unknown
>(
  target: TConstructor,
  context: ClassDecoratorContext<TConstructor>
) => {
  ControllerFactory.getInstance().register(target);
};
```

▶ Antes de continuar, verifique que el archivo controlador.ts contenga el siguiente código:

```
import { ControllerFactory } from "./controllerFactory";

export const Controller = <
  TConstructor extends new (...args: unknown[]) => unknown
>(
  target: TConstructor,
  context: ClassDecoratorContext<TConstructor>
) => {
  ControllerFactory.getInstance().register(target);
};
```

3.4 La fábrica de decoradores Action

La fábrica de decoradores `Action` crea decoradores de métodos para anotar cualquier método que pueda ejecutarse cuando el enrutador Fastify llama a una ruta HTTP.

▶ En el directorio mvc, cree el archivo `action.ts`.

▶ Importe la clase `RouteCollection` y el tipo `HttpVerb`.

```
import type { HttpVerb } from "./types";
import { RouteCollection } from "./routeCollection";
```

- Luego, agregue una fábrica de decoradores de métodos llamada `action` tomando como parámetro un valor de tipo `HttpVerb`. Defina de paso, mediante un tipo genérico, el objetivo del decorador. Luego aplique una restricción a este tipo genérico para que extienda la clase `Object`:

```
const action = <TController extends Object>(
  httpVerb: HttpVerb
) => {

};
```

- En la función `action`, devuelva un decorador de métodos y use el tipo genérico para tipar su contexto:

```
return (
  target: (this: TController, ...args: any[]) => unknown,
  context: ClassMethodDecoratorContext<TController>
) => {

};
```

- Ahora, use la función `addInitializer` contenida en el contexto para definir una función de devolución de llamada para agregar una ruta a través de la clase `RouteCollection`. El nombre del controlador corresponde al de su constructor; el de la acción, al nombre del método contenido en el contexto.

```
context.addInitializer(function () {
  RouteCollection.getInstance().add({
    controller: this.constructor.name,
    action: context.name.toString(),
    httpVerb
  });
});
```

Observación

La función de devolución de llamada se utiliza cuando la fábrica de controladores crea la instancia del controlador. Este paso ocurre cuando agrega la inicialización de la aplicación con Fastify.

Ahora defina una variable `Get` y expórtela. Asigne la variable llamando a la fábrica de decoradores con el valor del parámetro "get" para crear un decorador que le permita agregar acciones vinculadas a una ruta de tipo HTTP GET.

```
export const Get = action("get");
```

Antes de continuar, verifique que el archivo controlador.ts contenga el siguiente código:

```
import type { HttpVerb } from "./types";
import { RouteCollection } from "./routeCollection";

const action = <
  TController extends Object,
>(httpVerb: HttpVerb) => {
  return (
    target: (this: TController, ...args: any[]) => unknown,
    context: ClassMethodDecoratorContext<TController>
  ) => {
    context.addInitializer(function () {
      RouteCollection.getInstance().add({
        controller: this.constructor.name,
        action: context.name.toString(),
        httpVerb
      });
    });
  };
};

export const Get = action("get");
```

3.5 Crear el controlador EmployeeController

Ahora usará los decoradores `Controller` y `Get` para crear su primer controlador.

En el directorio src, cree un directorio de controladores.

En el directorio de controladores, agregue el archivo EmployeeController.ts.

- Importe los decoradores `Controller y Get`:

```
import { Controller } from "../core/mvc/controller";
import { Get } from "../core/mvc/action";
```

- A continuación, agregue la clase `EmployeeController` y expórtela.

```
export class EmployeeController {

}
```

- Anote la clase `EmployeeController` con el decorador `Controller`.

```
@Controller
```

- Agregue un método `getAll` dentro del controlador que devuelva una matriz que contenga empleados. Un empleado contiene las propiedades `id`, `firstName`, `lastName`, `email` de tipo `string`, así como una propiedad `salary` de tipo `number`.

```
async getAll() {
  return [{
    id:  "1",
    firstName: "Thomas A.",
    lastName: "Anderson",
    email: "thomas.anderson@mister-anderson-corporation.com",
    salary: 2000
  }];
}
```

- Anote el método `getAll` con el decorador `Get`:

```
@Get
```

- Antes de continuar, verifique que el archivo controlador.ts contenga el siguiente código:

```
import { Controller } from "../core/mvc/controller";
import { Get } from "../core/mvc/action";

@Controller
export class EmployeeController {

  @Get
  async getAll() {
    return [{
```

```
        id:  "1",
        firstName: "Thomas A.",
        lastName: "Anderson",
        email: "thomas.anderson@misterandersoncorporation.com",
        salary: 2000
      }];
    }
  }
```

3.6 Inicializar la aplicación

Finalmente, iniciará la aplicación y utilizará la acción getAll del controlador.

▶ En el directorio core, cree el archivo server.ts.

▶ Importe `fastify` a través de la exportación predeterminada de la biblioteca, así como el tipo `FastifyInstance`.

```
import fastify, { FastifyInstance } from "fastify";
```

▶ A continuación, importe las clases `RouteCollection` y `ControllerFactory`.

```
import { RouteCollection } from "./mvc/routeCollection";
import { ControllerFactory } from "./mvc/controllerFactory";
```

▶ Agregue una clase Server y expórtela.

```
export class Server {

}
```

▶ Agregue una propiedad privada de solo lectura `#fastifyInstance` de tipo `FastifyInstance` y use la función `fastify` en el constructor para asignarle una instancia de Fastify.

```
#fastifyInstance: FastifyInstance;

constructor() {
  this.#fastifyInstance = fastify();
}
```

▶A continuación, agregue el método asíncrono privado `#initialize-Controllers`.

```
async #initializeControllers() {

}
```

Observación

Dentro de este método, recuperará la lista de archivos contenidos en el directorio `controllers` y utilizará la función `import` en cada archivo. Esta llamada carga dinámicamente todos los archivos `controller` contenidos en el directorio para crear los controladores en la fábrica de controladores y agregar las rutas a la lista de rutas.

▶Importe la función `join` desde `path` y `readdir` desde `fs/promises`.

```
import { join } from "path";
import { readdir } from "fs/promises";
```

▶En el método `inicializeControllers`, restaure la ruta del directorio de controladores desde el directorio actual:

```
const controllersPath = join(__dirname, "..", "controllers");
```

▶Luego, llame a la función asíncrona `readdir` con la opción `withFileTypes` establecida en `true`. Esta llamada devuelve información sobre todos los archivos contenidos en el directorio:

```
const files = await readdir(
  controllersPath,
  { withFileTypes: true }
);
```

▶Ahora, deberá iterar los archivos JavaScript para crear la lista de importaciones que hay que realizar:

```
const filesToImport = files.filter((file) =>
  file.name
    .endsWith(".js"))
    .map((fileName) => import(
      join(controllersPath, fileName.name)
    )
);
```

- Finalmente, use el método `all` de la clase `Promise` para comenzar a importar todos los archivos:

```
await Promise.all(filesToImport);
```

- Agregue el método privado `#setupRouter`:

```
#setupRouter() {

}
```

- En el método `setupRouter`, recorra la lista de rutas:

```
for (const route of RouteCollection.getInstance().routes) {

}
```

- Para cada ruta, recupere la instancia del controlador asociada con la ruta:

```
const controller = ControllerFactory
  .getInstance()
  .get(route.controller);
```

- Luego, obtenga el método correspondiente a la acción que debe ejecutarse por esta ruta:

```
const method = (controller as any)[route.action];
```

Siempre iterando en las rutas, use el valor de propiedad `httpVerb`, el `path` y el método correspondiente a la acción para establecer la ruta en la instancia del enrutador Fastify mediante una función de devolución de llamada:

```
this.#fastifyInstance[route.httpVerb](route.path, async (
  req,
  res) => {

});
```

- En esta función de devolución de llamada, llame al método y devuelva su resultado para enviarlo con la respuesta proporcionada como parámetro:

```
const result = await method.call(controller, req);
res.send(result);
```

- Ahora agregue un método asíncrono `start` y llame a los métodos `#initializeControllers` y `#setupRouter`. Luego, escuche en el puerto 3000 como se ve en la sección Configurar la biblioteca Fastify.

```
async start() {
  await this.#initializeControllers();
  this.#setupRouter();

  try {
    await  this.#fastifyInstance.listen({ port: 3000 });
  } catch (err) {
    this.#fastifyInstance.log.error(err);
    process.exit(1);
  }
}
```

- Antes de continuar, verifique que el archivo `server.ts` contenga el siguiente código:

```
import fastify, { FastifyInstance } from "fastify";
import { RouteCollection } from "./mvc/routeCollection";
import { ControllerFactory } from "./mvc/controllerFactory";
import { join } from "path";
import { readdir } from "fs/promises";

export class Server {
  #fastifyInstance: FastifyInstance;

  constructor() {
    this.#fastifyInstance = fastify();
  }

  async #initializeControllers() {
    const controllersPath = join(__dirname, "..", "controllers");

    const files = await readdir(
      controllersPath,
      { withFileTypes: true }
    );

    const filesToImport = files.filter((file) =>
      file
        .name
        .endsWith(".js"))
```

```
        .map((fileName) => import(
          join(controllersPath, fileName.name)
        )
    );

    await Promise.all(filesToImport);
  }


  #setupRouter() {
    for (const route of RouteCollection.getInstance().routes) {
       const controller = ControllerFactory
        .getInstance()
        .get(route.controller);

      const method = (controller as any)[route.action];

      this.#fastifyInstance[route.httpVerb](route.path, async (
        req,
        res) => {
          const result = await method.call(controller, req);
          res.send(result);
        });
      }

  }

  async start() {
    await this.#initializeControllers();
    this.#setupRouter();

    try {
      await  this.#fastifyInstance.listen({ port: 3000 });
    } catch (err) {
      this.#fastifyInstance.log.error(err);
      process.exit(1);
    }
  }

}
```

▶ En la carpeta `src`, abra el archivo `index.ts` y elimine todo el código que contiene.

- Importe la clase `Server`, cree una instancia y llame al método `start` en una IIFE asíncrona.

```
import { Server } from "./core/server";

(async () => {
  const server = new Server();
  await server.start();
})();
```

- En la terminal integrada de Visual Studio Code, ejecute el script `build` con NPM.

```
npm run build
```

- Para iniciar el servidor, en la terminal integrada de Visual Studio Code, ejecute el script `start` con NPM.

```
npm start
```

- Abra el navegador de su elección e introduzca la URL `localhost:3000/employee`. Debería obtener el JSON que contiene la tabla de empleados previamente definida en el método `getAll`.

4. Validación y OpenApi

En esta parte, se trata de configurar la creación de empleados en el directorio de la empresa. Para hacer esto, es necesario crear una acción que se ejecutará durante una llamada HTTP de tipo POST. Los datos proporcionados en el cuerpo de la solicitud se validan mediante un esquema JSON. Fastify implementa de forma nativa la validación de documentos JSON a través de la especificación `JSON Schema` (https://json-schema.org/).

Una de las ventajas de confiar en la validación de esquemas es que también permite, a través de otras bibliotecas del ecosistema Fastify, configurar una descripción y un explorador API de tipo `OpenApi` (https://www.openapis.org/).

4.1 Tipado de esquemas

La validación de esquemas es una característica que requiere varias partes. Para comenzar, definiremos los elementos utilizados para crear el esquema JSON para validar un modelo.

- En el directorio `core`, cree un directorio `schema`.
- En el directorio `schema`, cree un archivo `types.ts`.
- Agregue el alias de tipo `SchemaBaseProperty`. Este tipo define la estructura básica de una propiedad de esquema. Agregue una propiedad `description` de tipo `string`. Será útil para mostrar la información de la propiedad en el explorador de API.

```
type SchemaBaseProperty = {
  description: string;
};
```

- A continuación, defina un alias de tipo `SchemaIntegerProperty` para validar un valor de tipo `Integer`. Agregue una propiedad tipo que tenga el tipo `"integer"` y una propiedad `minimum` opcional para validar que el número entero sea mayor o igual a un valor determinado.

```
type SchemaIntegerProperty = {

  type: "integer";
  minimum?: number;
};
```

- Ahora defina un alias de tipo `SchemaStringProperty` para validar un valor de tipo `String`. Agregue una propiedad `type` con tipo `"string"` y una propiedad `pattern` opcional para validar que la cadena de caracteres corresponde a una expresión regular.

```
type SchemaStringProperty = {
  type: "string";
  pattern?: string;
};
```

- Ahora que estos tres tipos están definidos, cree un nuevo alias `SchemaPropertyOptions` correspondiente a la intersección del tipo `SchemaBaseProperty` con la unión entre `SchemaIntegerProperty` y `SchemaStringProperty`, y expórtelo.

```
export type SchemaPropertyOptions = SchemaBaseProperty & (
  SchemaIntegerProperty | SchemaStringProperty
);
```

- Finalmente, agregue un alias de tipo Schema que corresponda a la estructura de una solicitud que contiene un cuerpo. Este cuerpo es de tipo `Object` y contiene varias propiedades de tipo `SchemaPropertyOptions`.

```
export type Schema = {
  body: {
    type: "object",
    properties: Record<string, SchemaPropertyOptions>,
    required: Array<string>
  },
}
```

- Antes de continuar, verifique que el archivo tipos.ts contenga el siguiente código:

```
type SchemaBaseProperty = {
  description: string;
};

type SchemaIntegerProperty = {
  type: "integer";
  minimum?: number;
};

type SchemaStringProperty = {
  type: "string";
  pattern?: string;
};

export type SchemaPropertyOptions = SchemaBaseProperty & (
  SchemaIntegerProperty | SchemaStringProperty
);

export type Schema = {
  body: {
```

```
    type: "object",
    properties: Record<string, SchemaPropertyOptions>,
    required: Array<string>
  },
}
```

▶ En el directorio schema, cree el archivo `esquemaCollection.ts`.

▶ Importe los tipos `Schema` y `SchemaPropertyOptions`.

```
import type { Schema, SchemaPropertyOptions } from "./types";
```

▶ Luego, agregue la clase `SchemaCollection` y expórtela:

```
export class SchemaCollection {

}
```

▶ La colección de esquemas es única en una aplicación web. Defina una propiedad privada estática `#instance` en la clase `SchemaCollection`. Esta propiedad le permite almacenar la instancia única de la clase:

```
static #instance: SchemaCollection;
```

▶ Luego, agregue un constructor privado.

```
private constructor() {

}
```

▶ Finalmente, agregue un método estático `getInstance` que cree la instancia en la clase si no está definida en la propiedad `#instance` y luego la devuelva.

```
static getInstance(): SchemaCollection{
  if (!this.#instance) {
    this.#instance = new SchemaCollection();
  }

  return this.#instance;
}
```

- Con el patrón singleton ahora implementado para la clase `SchemaCollection`, agregue una propiedad privada `#schemas` de tipo `Map` que almacenará las instancias de los esquemas. Estos tendrán como clave el nombre del modelo que tiene un esquema de validación.

```
#schemas: Map<string, Schema> = new Map();
```

- Agregue un método `add` con el nombre del esquema, el nombre de la propiedad y las opciones de validación como parámetros.

```
add(
  schemaName: string,
  propertyName: string,
  options: SchemaPropertyOptions
) {

}
```

- Recupere el esquema de la colección de esquemas. Si no existe, cree una nueva instancia correspondiente al tipo `Schema`. Utilice el operador `satisfies` para comprobar la compatibilidad con el tipo `Schema`.

```
const schema = this.#schemas.get(schemaName) || {
  body: {
    type: "object",
    properties: {},
    required: []
  },
} satisfies Schema;
```

- Ahora agregue las opciones correspondientes a la `propiedad` properties del objeto `body`. Agregue también la propiedad en el arreglo `required` para forzar su presencia en el objeto `body`.

```
schema.body.properties[propertyName] = options;
schema.body.required.push(propertyName);
```

- Redefina el esquema en la colección usando el método `set`.

```
this.#schemas.set(schemaName, schema);
```

- Finalmente, agregue un método `get` que recuperará el esquema.

```
getSchema(schemaName: string) {
  return this.#schemas.get(schemaName);
}
```

▶ Antes de continuar, verifique que el archivo `esquemaCollection.ts` contenga el siguiente código:

```
import type { Schema, SchemaPropertyOptions } from "./types";

export class SchemaCollection {
  static #instance: SchemaCollection;

  #schemas: Map<string, Schema> = new Map();

  private constructor() {

  }

  static getInstance(): SchemaCollection {
    if (!this.#instance) {
      this.#instance = new SchemaCollection();
    }

    return this.#instance;
  }

  add(
    schemaName: string,
    propertyName: string,
    options: SchemaPropertyOptions
  ) {
    const schema = this.#schemas.get(schemaName) || {
      body: {
        type: "object",
        properties: {},
        required: []
      },
    } satisfies Schema;

    schema.body.properties[propertyName] = options;
    schema.body.required.push(propertyName);

    this.#schemas.set(schemaName, schema);
  }

  getSchema(schemaName: string) {
    return this.#schemas.get(schemaName);
  }
}
```

4.2 El decorador de propiedad SchemaProperty

El decorador de propiedad `SchemaProperty` permite anotar una propiedad del modelo para agregarla a la colección de esquemas.

- En el directorio `schema`, cree un archivo `schemaProperty.ts`.
- En este archivo, importe el tipo `SchemaPropertyOptions` y la clase `SchemaCollection`:

```
import { SchemaCollection } from "./schemaCollection";
import type { SchemaPropertyOptions } from "./types";
```

- Agregue una fábrica de decoradores de método llamada `SchemaProperty` tomando como parámetro una opción tipada con `SchemaPropertyOptions`. Defina de paso, mediante un tipo genérico, la clase correspondiente al modelo. Luego, aplique una restricción a este tipo genérico para que extienda la clase `Object`.

```
export const SchemaProperty = <TModel extends Object>(
  options: SchemaPropertyOptions
) => {

};
```

- En la función `SchemaProperty`, devuelva un decorador de propiedad y use el tipo genérico para tipar su contexto.

```
return (
  target: undefined,
  context : ClassFieldDecoratorContext<TModel>
) => {

};
```

- Ahora use la función `addInitializer` contenida en el contexto para definir una función de devolución de llamada para agregar el esquema de la propiedad a la lista de esquemas. Utilice el nombre del constructor del modelo.

```
context.addInitializer(function () {
  SchemaCollection.getInstance().add(
    this.constructor.name,
    context.name.toString(),
```

```
    options
  );
});
```

▶ Antes de continuar, verifique que el archivo esquemaProperty.ts contenga el siguiente código:

```
import { SchemaCollection } from "./schemaCollection";
import type { SchemaPropertyOptions } from "./types";


export const SchemaProperty = <TModel extends Object>(
  options: SchemaPropertyOptions
) => {
  return (
    target: undefined,
    context: ClassFieldDecoratorContext<TModel>
  ) => {
    context.addInitializer(function () {
      SchemaCollection.getInstance().add(
        this.constructor.name,
        context.name.toString(),
        options
      );
    });
  }
};
```

4.3 Vínculo entre una acción y un modelo

Ahora que se pueden agregar validaciones de esquemas en los modelos, es necesario crear un vínculo entre una acción y un modelo. Cuando se monta la ruta Fastify en el router, se debe agregar el esquema en las opciones de ruta para luego ser utilizado por la validación automática de la biblioteca.

Sin embargo, la clase `SchemaCollection` no tiene esta responsabilidad. Por tanto, es necesario introducir una nueva clase que permita mantener la conexión entre una acción y un modelo. Luego, un decorador utilizará esta clase para cargar el esquema y crear el enlace.

Esto permite que la clase `Server`, al montar el enrutador, encuentre el modelo vinculado y su esquema para pasarlos a las opciones de configuración de ruta.

- En el directorio `mvc`, cree el archivo `modelBindings.ts`.
- Agregue la clase `ModelBindings` y expórtela:

```
export class ModelBindings {

}
```

- Los enlaces de modelos son únicos en una aplicación web. Defina una propiedad privada estática `#instance` en la clase `ModelBindings`. Esta propiedad permite almacenar la instancia única de la clase:

```
static #instance: ModelBindings;
```

- Luego agregue un constructor privado:

```
private constructor() {

}
```

- Finalmente, agregue un método estático `getInstance` que cree la instancia en la clase si no está definida en la propiedad `#instance` y luego la devuelva.

```
static getInstance(): ModelBindings{
  if (!this.#instance) {
    this.#instance = new ModelBindings ();
  }

  return this.#instance;
}
```

- Con el patrón singleton ahora implementado para la clase `ModelBindings`, agregue una propiedad privada `#bindings` de tipo `Map` que almacenará el nombre del modelo para una acción. La clave coincidirá con el nombre del controlador y de la acción separados por el carácter # porque el nombre de un método es único para una clase. Esto evita duplicados cuando se agregan otros controladores. Utilice un *Template Literal Type* para validar este patrón mediante el sistema de tipado de TypeScript.

```
#bindings: Map<`${string}#${string}`, string> = new Map();
```

▶ Luego, agregue un método `bind` con los nombres del controlador, la acción y el modelo como parámetros. Defina el modelo usando la combinación del nombre del controlador y el nombre de la acción como clave.

```
bind(
  controllerName: string,
  actionName: string,
  modelName: string
) {
  this.#bindings.set(`${
      controllerName
    }#${
      actionName
    }`,
    modelName
  );
}
```

▶ Finalmente, agregue un método `get` con el controlador y los nombres de las acciones como parámetros. Este método devuelve el nombre del modelo correspondiente.

```
get(controllerName: string, actionName: string) {
  return this.#bindings.get(`${controllerName}#${actionName}`)
}
```

▶ Antes de continuar, verifique que el archivo modelBindings.ts contenga el siguiente código:

```
export class ModelBindings {
  static #instance: ModelBindings;

  #bindings: Map<`${string}#${string}`, string>;

  private constructor() {
    this.#bindings = new Map();
  }

  static getInstance(): ModelBindings {
    if (!this.#instance) {
      this.#instance = new ModelBindings();
    }

    return this.#instance;
```

```
  }

  bind(
    controllerName: string,
    actionName: string,
    modelName: string
  ) {
    this.#bindings.set(`${
        controllerName
      }#${
        actionName
      }`,
      modelName
    );
  }

  get(controllerName: string, actionName: string) {
    return
this.#bindings.get(`${controllerName}#${actionName}`)
  }
}
```

4.4 El decorador de método Model

Ahora tiene a su disposición todos los elementos necesarios para crear el decorador que activará la validación y pasará los datos del modelo validado a la acción.

- En el directorio mvc, cree un archivo model.ts.
- En este archivo, importe el tipo `FastifyRequest` y la clase `ModelBindings`.

```
import type { FastifyRequest } from "fastify";
import { ModelBindings } from "./modelBindings";
```

▶ Agregue una fábrica de decoradores de métodos llamada `Model` tomando como parámetro el constructor de una clase, que se utilizará como modelo. Defina, mediante un tipo genérico, el objetivo del decorador. Luego restrinja este tipo genérico para que extienda la clase `Object` y defina un segundo tipo genérico para el tipo de modelo. Utilice este tipo genérico para escribir el constructor del modelo.

```
export const Model = <
  TController extends Object,
  TModel extends Object
>(modelConstructor: new () => TModel) => {

}
```

▶ En la función `Model`, devuelva un decorador de método; use el primer tipo genérico para escribir su contexto y el segundo para escribir su argumento. Este último es único y, por lo tanto, obliga a la implementación en el controlador a utilizar el tipo de parámetro pasado a la fábrica de decoradores.

```
return (
    target: (this: TController, arg: TModel) => unknown,
    context : ClassMethodDecoratorContext<TController>
  ) => {

};
```

▶ Ahora use la función `addInitializer` contenida en el contexto para definir una función de devolución de llamada para cargar el esquema del modelo llamando a su constructor (la instancia del modelo activará las inicializaciones definidas en el decorador `SchemaProperty`). Luego, agregue el enlace del modelo con la acción mediante el método `bind` de la clase `ModelBindings`.

```
context.addInitializer(function () {
  new modelConstructor();
  ModelBindings.getInstance().bind(
    this.constructor.name,
    context.name.toString(),
    modelConstructor.name
  );
});
```

- Aún en la función de devolución de llamada, defina una nueva función `executeWithModel` que acepte una solicitud de tipo `FastifyRequest` como parámetro. Esta función anula dinámicamente el método y se encarga de copiar los datos de la consulta en una instancia del modelo que luego se usará para llamar al método original.

```
const executeWithModel = (req: FastifyRequest) => {
  const model = new modelConstructor();

  if(typeof req.body === 'object') {
    Object.assign(model, req.body);
  }

  return target.call(this, model);
}
```

- Finalmente, reemplace el método original con la función `executeWithModel` en el controlador.

```
(this as any)[context.name] = executeWithModel.bind(this);
```

- Antes de continuar, verifique que el archivo model.ts contenga el siguiente código:

```
import type { FastifyRequest } from "fastify";
import { ModelBindings } from "./modelBindings";


export const Model = <
  TController extends Object,
  TModel extends Object
>(modelConstructor: new () => TModel) => {
  return (
    target: (this: TController, arg: TModel) => unknown,
    context : ClassMethodDecoratorContext<TController>
  ) => {
    context.addInitializer(function () {
      new modelConstructor();
      ModelBindings.getInstance().bind(
        this.constructor.name,
        context.name.toString(),
        modelConstructor.name
      );

      const executeWithModel = (req: FastifyRequest) => {
```

```
            const model = new modelConstructor();

            if(typeof req.body === 'object') {
              Object.assign(model, req.body);
            }

            return target.call(this, model);
          }
          (this as any)[context.name] = executeWithModel.bind(this);
        })
      };
    };
```

4.5 Administrar esquemas en la clase Server

El sistema de gestión de esquemas ya está listo. Antes de crear una nueva funcionalidad en el nivel del controlador `EmployeeController`, hay un último paso para implementar: agregar esquemas al enrutador Fastify.

- Abra el archivo server.ts contenido en el directorio core.
- Importe las clases `ModelBindings` y `SchemaCollection`.

```
import { SchemaCollection } from "./schema/schemaCollection";
import { ModelBindings } from "./mvc/modelBindings";
```

- En el método `#setupRouter`, después de recuperar el controlador, use la clase `ModelBindings` para recuperar el nombre del modelo correspondiente al controlador y la acción (el nombre del modelo corresponde al nombre del esquema en nuestra implementación).

```
const schemaName = ModelBindings.getInstance().get(
  route.controller,
  route.action
);
```

- Luego, recupere el esquema mediante el método `getSchema` de la clase `SchemaCollection`. Si el esquema no existe, configúrelo como `indefinido`.

```
const schema = schemaName
  ? SchemaCollection.getInstance().getSchema(schemaName)
  : undefined;
```

- Finalmente, en el nivel del enrutador Fastify, agregue un parámetro después del que le permite definir el `path` de la ruta. El valor del parámetro es un objeto literal que contiene el esquema.

```
this.#fastifyInstance[route.httpVerb](route.path, {
  schema
}, async (req, res) => {
  const result = await method.call(controller, req);
  res.send(result);
});
```

4.6 El explorador de API

Ahora que se han agregado los esquemas a las rutas, es cuestión de configurar un explorador de API para facilitar la manipulación de las diferentes acciones de la aplicación.

- En el terminal integrado de Visual Studio Code, instale los complementos de Fastify `Swagger` y `Swagger UI` con el siguiente comando:

```
npm install @fastify/swagger @fastify/swagger-ui
```

- Abra el archivo `server.ts` contenido en el directorio `core`.
- Importe `fastifySwagger` y `fastifySwaggerUI`.

```
import fastifySwagger from "@fastify/swagger";
import fastifySwaggerUI from "@fastify/swagger-ui";
```

- Agregue un método `#setupOpenApi` asincrónico.

```
async #setupOpenApi() {

}
```

- En el método `setupOpenApi`, use el método `register` de `Fastity` para agregar el complemento `Swagger`. Luego, agregue el complemento `Swagger UI` especificando la opción `routePrefix` con el valor `/documentation` como parámetro.

```
await this.#fastifyInstance.register(fastifySwagger);
await this.#fastifyInstance.register(fastifySwaggerUI, {
  routePrefix: '/documentation'
});
```

▶En el método `start`, antes de todas las llamadas al método, invoque al método `#setupOpenApi`.

```
await this.#setupOpenApi();
```

4.7 La acción post del controlador EmployeeController

Esta acción permite agregar un empleado al directorio de la empresa. El primer paso es crear la estructura completa de esta funcionalidad sin conservar los datos enviados a través del explorador de API. La persistencia en el proyecto se agregará en la siguiente parte.

▶En el directorio src, agregue un directorio de modelos.

▶En el directorio de modelos, agregue un archivo createEmployeeModel.ts.

▶En el archivo createEmployeeModel.ts, importe el tipo SchemaProperty.

```
import { SchemaProperty } from "../core/schema/schemaProperty";
```

▶A continuación, defina una clase `CreateEmployeeModel` y expórtela.

```
export class CreateEmployeeModel {

}
```

▶Agregue una primera propiedad `firstName` de tipo `string` y use el operador «!» al final de su nombre para indicarle al compilador que no verifique si la propiedad está inicializada al crear una instancia de la clase. Anote la propiedad con el decorador `SchemaProperty` especificando en las opciones el valor de tipo con `"string"`.

```
@SchemaProperty({
  description: `Employee's first name`,
  type: "string"
})
firstName!: string;
```

▶Repita para agregar una segunda propiedad lastName de tipo `string`.

```
@SchemaProperty({
  description: `Employee's last name`,
  type: "string"
})
lastName!: string;
```

▶Repita la operación para agregar una tercera propiedad `email` de tipo `string` y definir un patrón que valide una dirección de correo electrónico.

```
@SchemaProperty({
  description: `Employee's email`,
  type: "string",
  pattern: "^[0-9a-z._-]+@{1}[0-9a-z.-]{2,}[.]{1}[a-z]{2,5}$"
})
email!: string;
```

▶Finalmente, repita la operación para agregar una última propiedad `salary` de tipo `integer` y establezca un valor mínimo en 0.

```
@SchemaProperty({
  description: `Employee's salary`,
  type: "integer",
  minimum: 0
})
salary!: number;
```

▶Antes de continuar, verifique que el archivo createEmployeeModel.ts contenga el siguiente código:

```
import { SchemaProperty } from "../core/schema/schemaProperty";

export class CreateEmployeeModel {
  @SchemaProperty({
    description: `Employee's first name`,
    type: "string"
  })
  firstName!: string;

  @SchemaProperty({
    description: `Employee's last name`,
    type: "string"
  })
  lastName!: string;
```

```
  @SchemaProperty({
    description: `Employee's email`,
    type: "string",
    pattern: "^[0-9a-z._-]+@{1}[0-9a-z.-]{2,}[.]{1}[a-z]{2,5}$"
  })
  email!: string;

  @SchemaProperty({
    description: `Employee's salary`,
    type: "integer",
    minimum: 0
  })
  salary!: number;
}
```

▶ Abra el archivo type.ts contenido en el directorio mvc y agregue el valor `"post"` como unión en el alias de tipo `HttpVerb`.

```
export type HttpVerb = "get" | "post";
```

▶ Luego, abra el archivo action.ts, configure una variable `Post` y expórtela. Asigne la variable llamando a la fábrica de decoradores con el valor del parámetro `"post"` para crear un decorador que permita agregar acciones vinculadas a una ruta de tipo HTTP post.

```
export const Post = action("post");
```

▶ Ahora abra el archivo EmployeeController.ts e importe el decorador `Post`, el decorador `Model` y la clase `CreateEmployeeModel`:

```
import { Get, Post } from "../core/mvc/action";
import { Model } from "../core/mvc/model";
import {
  CreateEmployeeModel
} from "../models/createEmployeeModel";
```

▶ Agregue un método `post` asíncrono tomando una instancia de la clase `CreateEmployeeModel` como parámetro. Este método registrará, a través de la consola, el parámetro y devolverá una promesa resuelta.

```
async post(model: CreateEmployeeModel): Promise<void> {
  console.table(model);
  return Promise.resolve();
}
```

- Anote el método `post` con el decorador `Post`.

```
@Post
```

- Ahora anote el método post con el decorador `Model` usando la clase `CreateEmployeeModel` como parámetro.

```
@Model(CreateEmployeeModel)
```

- Antes de continuar, verifique que el archivo EmployeeController.ts contenga el siguiente código:

```
import { Controller } from "../core/mvc/controller";
import { Get, Post } from "../core/mvc/action";
import { Model } from "../core/mvc/model";
import {
  CreateEmployeeModel
} from "../models/createEmployeeModel";

@Controller
export class EmployeeController {

  @Get
  async getAll() {
    return [{
      id:  "1",
      firstName: "Thomas A.",
      lastName: "Anderson",
      email: "thomas.anderson@misterandersoncorporation.com",
      salary: 2000
    }];
  }


  @Post
  @Model(CreateEmployeeModel)
  async post(model: CreateEmployeeModel): Promise<void> {
    console.table(model);
    return Promise.resolve();
  }
}
```

▶ En la terminal integrada de Visual Studio Code, ejecute el script `build` con NPM:

```
npm run build
```

▶ Para iniciar el servidor, en la terminal integrada de Visual Studio Code, ejecute el script `start` con NPM:

```
npm start
```

▶ Abra el navegador de su elección e introduzca la URL `localhost:3000/documentation`. El explorador de API debería abrirse. Pruebe cómo funciona la acción de publicar utilizando los datos que se ofrecen por defecto u otros que usted elija.

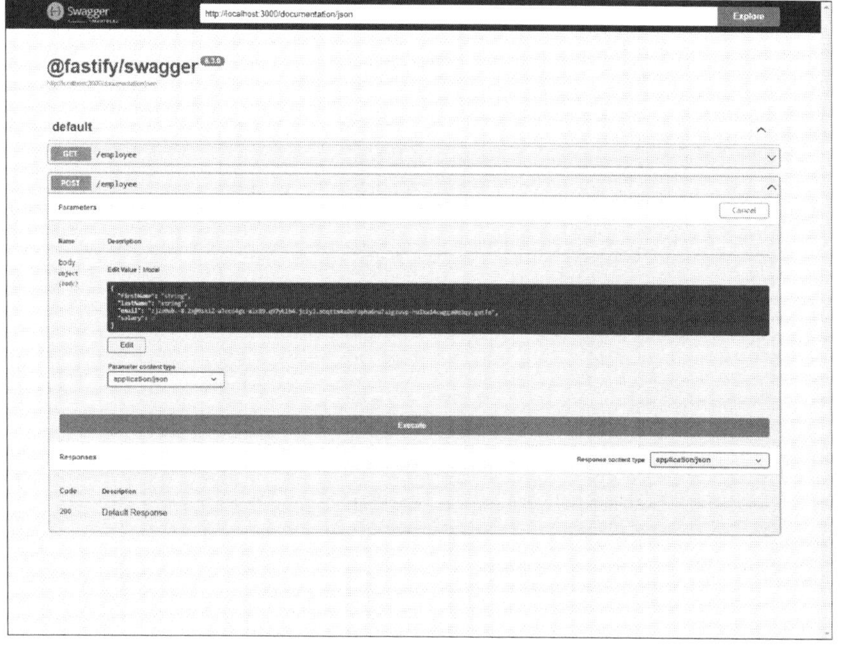

5. Acceso a datos y su persistencia

Acceder a los datos y conservarlos directamente desde un controlador se considera una mala práctica porque multiplica las responsabilidades del controlador y no permite la reutilización de ese código.

Se trata, por tanto, de implementar una verdadera capa de acceso a los datos utilizando el patrón de diseño Repository. Este permite desacoplar la persistencia de los datos del resto de la aplicación al ofrecer una capa de abstracción (correspondiente a un repositorio de datos) y se puede utilizar independientemente del modo de persistencia de los datos (base de datos SQL, archivo plano, datos en memoria...). Este patrón de diseño aumenta la capacidad de prueba y mantenimiento del programa. Gracias a la genericidad, centraliza la forma de manejar los diferentes objetos de negocio de la aplicación, evitando así la duplicación de código.

Observación

Este patrón de diseño no debe confundirse con herramientas llamadas ORM (Object Relational Mapping o Mapeo Relacional de Objetos). Los ORM facilitan el uso de una base de datos SQL en una aplicación mediante programación orientada a objetos. Pueden generar automáticamente consultas SQL. A diferencia de los ORM, el patrón Repository no está vinculado a un modo de persistencia.

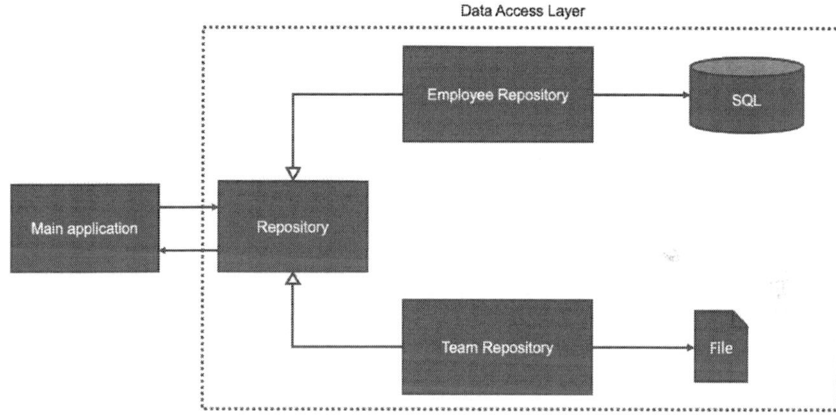

5.1 Tipado de las entidades de trabajo

- En el directorio core, cree un directorio data.
- En el directorio data, cree el archivo types.ts.
- En el archivo types.ts, agregue una interfaz IEntity. Esta interfaz define una propiedad id que será común a todas las entidades del proyecto:

```
export interface IEntity {
  id: string;
}
```

- En el directorio src, cree un directorio entities.
- En el directorio entities, cree un archivo employee.ts.
- En el archivo employee.ts, importe la interfaz `IEntity`.

```
import type { IEntity } from "../core/data/types";
```

- Agregue la clase `Employee` y expórtela. Luego implemente la interfaz `IEntity`:

```
export class Employee implements IEntity {
  id!: string;
}
```

- Agregue las propiedades `firstName`, `lastName`, `email` de tipo `string` y `salary` de tipo `number` a la clase `Employee`.

```
firstName!: string;
lastName!: string;
email!: string;
salary!: number;
```

- Antes de continuar, verifique que el archivo employee.ts contenga el siguiente código:

```
import { IEntity } from "../core/data/types";

export class Employee implements IEntity {
  id!: string;
  firstName!: string;
  lastName!: string;
  email!: string;
  salary!: number;
}
```

5.2 Persistencia de datos

Se crea la entidad de trabajo que se manipulará. Ahora es necesario implementar la parte *Repository* para gestionar la persistencia y el acceso a los datos. Comenzará definiendo una abstracción para gestionar este aspecto técnico, así como una clase que implemente este último para gestionar la persistencia de los datos en la memoria.

- En la carpeta de datos, abra el archivo types.ts, agregue la interfaz `IStorage` y expórtela. Esto acepta un parámetro genérico `TEntity` con la restricción de implementar la interfaz `IEntity`.

```
export interface IStorage<TEntity extends IEntity> {

}
```

- Agregue un método `getEntities` que devuelva una matriz de entidades de solo lectura como promesa:

```
getEntities(): Promise<ReadonlyArray<TEntity>>;
```

- Luego agregue un método `save` que tome una entidad como parámetro y devuelva una promesa sin un tipo de retorno:

```
save(entity: TEntity): Promise<void>;
```

- En la carpeta data, cree el archivo MemoryStorage.ts.
- En el archivo MemoryStorage.ts, importe las interfaces `IEntity` y `Storage`.

```
import type { IEntity, IStorage } from "./types";
```

- Agregue la clase `MemoryStorage` que implementa `Istorage`.

```
export class MemoryStorage<
  TEntity extends IEntity
> implements IStorage<IEntity> {

}
```

- En la clase `MemoryStorage`, cree una propiedad `protected` denominada `entities` cuyo tipo sea una matriz. Esta contiene la lista de entidades para manipular.

```
protected entities: Array<TEntity>;
```

Agregue un constructor que inicialice la propiedad `entities` con una matriz vacía:

```
constructor() {
  this.entities = [];
}
```

Agregue un método asíncrono `getEntities` que devuelva la lista de entidades almacenadas como una promesa resuelta:

```
async getEntities() {
  return Promise.resolve(this.entities);
}
```

Luego, agregue un método asíncrono `save` que tome una entidad como parámetro:

```
async save(entity: TEntity) {

}
```

En este método, verifique si la entidad ya existe dentro de los datos persistentes. Si la entidad existe, se reemplaza; de lo contrario, se agrega.

```
const index = this.entities.findIndex(e => e.id === entity.id);

if (index === -1) {
  this.entities.push(entity);
} else {
  this.entities[index] = entity;
}
```

Para finalizar, devuelva una promesa resuelta:

```
return Promise.resolve();
```

Antes de continuar, verifique que el archivo Storage.ts contenga el siguiente código:

```
import type { IEntity, IStorage } from "./types";

export class MemoryStorage<
  TEntity extends IEntity
> implements IStorage<IEntity> {
  protected entities: Array<TEntity>;
```

```
  constructor() {
    this.entities = [];
  }

  async getEntities() {
    return Promise.resolve(this.entities);
  }

  async save(entity: TEntity): Promise<void> {
    const index = this.entities.findIndex(
      e => e.id === entity.id
    );

    if (index === -1) {
      this.entities.push(entity);
    } else {
      this.entities[index] = entity;
    }
    return Promise.resolve();
  }

}
```

Observación

A medida que los datos persisten en la memoria, se vuelven volátiles. En el resto de este capítulo, se desarrollará otra implementación de la interfaz `IStorage` para almacenar datos en un archivo.

5.3 Repository

Ahora que existen la entidad de trabajo y la clase que permite almacenar los datos en la memoria, podrá continuar con la configuración del patrón *Repository*. Para generar las id de las entidades, utilizará el módulo `crypto` de Node.js.

- En la carpeta data, cree el archivo repository.ts.

- En el archivo repository.ts, importe las interfaces `IEntity`, `IStorage`, la clase `MemoryStorage` y la función `randomUUID` del módulo `crypto`:

```
Import type { IEntity, IStorage } from "./types";
import { MemoryStorage } from "./memoryStorage";
import { randomUUID } from "crypto";
```

- Cree la clase `Repository` y expórtela. Esta acepta un parámetro genérico `TEntity` con la restricción de implementar la interfaz `IEntity`:

```
export class Repository<TEntity extends IEntity> {

}
```

- Agregue una propiedad privada de solo lectura `#storage` de tipo `IStorage` e inicialícela con una instancia de la clase `MemoryStorage`.

```
readonly #storage: IStorage<TEntity> = new MemoryStorage();
```

- Agregue un método asíncrono `retrieveAll` que recupere todas las entidades persistentes de la propiedad `#storage`.

```
async retrieveAll() {
 return this.#storage.getEntities();
}
```

- Agregue un método asíncrono `create` que acepte como parámetro una entidad que no tenga propiedad `id` (este valor lo genera el repositorio).

```
async create(entityWithoutId: Omit<TEntity, "id">) {

}
```

- Genere el identificador de la entidad utilizando la función `randomUUID`. Luego, guarde esta entidad usando la instancia de la clase `MemoryStorage` contenida en la propiedad `#storage`.

```
const entity = {
  ...entityWithoutId,
  id: randomUUID()
};
 await this.#storage.save(entity as TEntity);
```

- Antes de continuar, verifique que el archivo repository.ts contenga el siguiente código:

```
import type { IEntity, IStorage } from "./types";
import { MemoryStorage } from "./memoryStorage";
import { randomUUID } from "crypto";

export class Repository<TEntity extends IEntity> {
  readonly #storage: IStorage<TEntity> = new MemoryStorage();

  async retrieveAll() {
    return this.#storage.getEntities();
  }

  async create(entityWithoutId: Omit<TEntity, "id">) {
    const entity = {
      ...entityWithoutId,
       id: randomUUID()
    };
    await this.#storage.save(entity as TEntity);
  }
}
```

Ahora es cuestión de modificar el controlador de manera que utilice el repositorio para acceder y conservar los datos.

- Abra el archivo EmployeeController.ts e importe la clase `Repository` y el tipo `Employee`.

```
import { Repository } from "../core/data/repository";
import type { Employee } from "../entities/employee";
```

- Modifique la clase `EmployeeController` agregando una propiedad privada `#repository` de tipo `Repository<Employee>` y cree una instancia.

```
readonly #repository: Repository<Employee> = new Repository();
```

- Modifique el contenido del método `getAll` utilizando el método `retrieveAll` de la propiedad privada `#repository` para devolver datos persistentes.

```
@Get
async getAll() {
  return this.#repository.retrieveAll();
}
```

- Modifique el contenido del método `post` utilizando el método `create` de la propiedad privada `#repository` para conservar los datos.

```
@Post
@Model(CreateEmployeeModel)
async post(model: CreateEmployeeModel): Promise<void> {
  return this.#repository.create(model);
}
```

- Antes de continuar, verifique que el archivo EmployeeController.ts contenga el siguiente código:

```
import { Controller } from "../core/mvc/controller";
import { Get, Post } from "../core/mvc/action";
import { Model } from "../core/mvc/model";
import type { Employee } from "../entities/employee";
import {
  CreateEmployeeModel
} from "../models/createEmployeeModel";
import { Repository } from "../core/data/repository";

@Controller
export class EmployeeController {
  readonly #repository: Repository<Employee> = new Repository();

  constructor() {
    this.#repository = new Repository();
  }

  @Get
  async getAll() {
    return this.#repository.RetrieveAll();
  }

  @Post
  @Model(CreateEmployeeModel)
  async post(model: CreateEmployeeModel): Promise<void> {
    return this.#repository.create(model);
  }
}
```

- En la terminal integrada de Visual Studio Code, ejecute el script `build` con NPM:

```
npm run build
```

- Para iniciar el servidor, en la terminal integrada de Visual Studio Code, ejecute el script `start` con NPM:

```
npm start
```

- Abra el navegador de su elección e introduzca la URL `localhost:3000/documentation`. El explorador de API debería abrirse. Pruebe cómo funciona la acción `post` utilizando los datos que se ofrecen por defecto u otros de su elección.

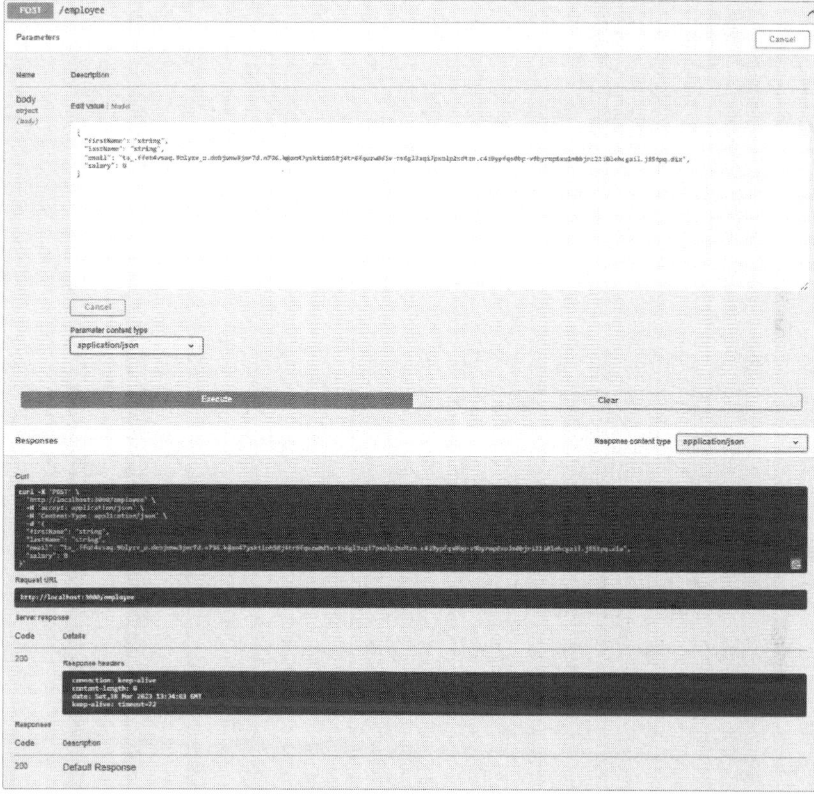

▶ Luego, use la acción `getAll` para recuperar los datos que ha agregado a la memoria.

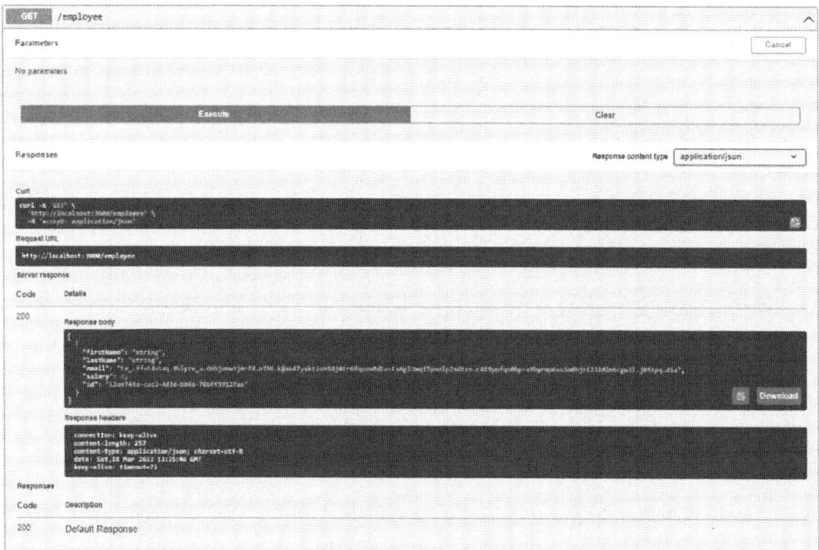

6. Inversión de dependencias

En la sección anterior, la propia clase `Repository` crea una instancia de la clase `MemoryStorage`, para poder usarla como una abstracción en el resto de la clase (definida por la interfaz `IStorage`). Esta implementación no respeta el principio *SOLID* de inversión de dependencias (consulte el capítulo Programación orientada a objetos).

En esta sección se trata de configurar la inyección de dependencias para respetar este principio y, por lo tanto, desacoplar `Repository` del almacenamiento de datos. Además, definirá una implementación de la interfaz `IStorage` para conservar datos en un archivo. Luego, esta implementación se puede cambiar en el nivel de un contenedor de dependencias para inyectarla en el repositorio.

■Observación

Al igual que con los frameworks MVC u ORM, existen bibliotecas en TypeScript que permiten administrar dependencias (por ejemplo, InversifyJS). El objetivo de esta sección es poner en práctica algunos de los conceptos vistos en capítulos anteriores del libro, pero no reemplazar dichas bibliotecas.

6.1 El contenedor de dependencias

- En el directorio core, cree un directorio llamado ioc.

■Observación

El acrónimo IoC significa Inversion of Control (inversión de control en español). Es un patrón que permite implementar la inversión de dependencias a través de un tercero dedicado a la gestión de dependencias (más comúnmente llamado contenedor de dependencias).

- En el directorio ioc, cree un archivo llamado dependencyContainer.ts.
- En el archivo dependencyContainer.ts, agregue una clase `DependencyContainer` y expórtela.

```
export class DependencyContainer {

}
```

- Defina una propiedad privada estática `#instance` en la clase `DependencyContainer`. Esta propiedad almacenará la única instancia de la clase:

```
static #instance: DependencyContainer;
```

- A continuación, agregue un constructor privado.

```
private constructor() {

}
```

- Finalmente, agregue un método estático `getInstance` que cree la instancia en la clase, si no está definida en la propiedad `#instance`, y luego la devuelva.

```
static getInstance(): DependencyContainer {
  if (!this.#instance) {
    this.#instance = new DependencyContainer();
  }

  return this.#instance;
}
```

- Con el patrón singleton ahora implementado para la clase `DependencyContainer`, agregue una propiedad privada `#dependencies` de tipo `Map` que almacenará los constructores de dependencia. Estos tendrán un valor configurable a través del contenedor cuando se agregue la dependencia:

```
#dependencies: Map<string, new (...args: unknown[]) => unknown>;
```

- Inicialice la propiedad `dependencies` con un arreglo vacío:

```
this.#dependencies = new Map();
```

- Agregue un método `register` que permita agregar una dependencia al contenedor de dependencias.

```
register<TDependency>(
  dependencyKey: string,
  ctor: new (...args: any[]) => TDependency
) {
  this.#dependencies.set(dependencyKey, ctor)
}
```

- Luego, agregue un método `get` que permita recuperar la instancia de una dependencia mediante una llave. Este método recorrerá la lista de dependencias para a continuación crear una instancia de la clase correspondiente a la llave que se pasa como parámetro:

```
get<T>(dependencyKey: string): T {
  const ctor = this.#dependencies.get(dependencyKey);

  if(!ctor) {
    throw new Error(`Unknown dependency: ${
      dependencyKey.toString()
```

```
    }`);
  }

  return new ctor() as T;
}
```

▶ Antes de continuar, verifique que el archivo dependencyContainer.ts contenga el siguiente código:

```
export class DependencyContainer {
  static #instance: DependencyContainer;

  #dependencies: Map<
    string,
    new (...args: unknown[]) => unknown
  >;

  private constructor() {
    this.#dependencies = new Map();
  }

  static getInstance(): DependencyContainer {
    if(!this.#instance) {
        this.#instance = new DependencyContainer();
    }

    return this.#instance;
  }

  register<TDependency>(
    dependencyKey: string,
    ctor: new (...args: any[]) => TDependency
  ) {
    this.#dependencies.set(dependencyKey, ctor)
  }

  get<T>(dependencyKey: string): T {
    const ctor = this.#dependencies.get(dependencyKey);

    if(!ctor) {
      throw new Error(`Unknown dependency: ${
        dependencyKey.toString()
      }`);
    }
```

```
      return new ctor() as T;
    }
  }
```

6.2 El decorador Inject

La implementación del contenedor de dependencias ahora le permite recuperar instancias de dependencias para la aplicación. Para poder inyectar dependencias, ahora agregará un decorador de propiedades. Para inyectar una dependencia en una propiedad, aplicará una convención simple: usar el nombre de la propiedad como llave.

Observación

La inversión de dependencias no se puede realizar a través del constructor de nuestro proyecto porque la versión 2022 de la especificación ECMAScript (utilizada al escribir este capítulo a través de la versión 5.0 de TypeScript) no definió un decorador para los parámetros.

- En el directorio ioc, cree un archivo llamado inject.ts.
- En el archivo inject.ts, importe la clase `DependencyContainer`.

```
import { DependencyContainer } from "./dependencyContainer";
```

- Agregue un decorador de propiedades llamado `Inject` y expórtelo. En este decorador, devuelva una función inicializadora que utilice el contenedor de dependencias para enviar una instancia que coincida con el nombre de la propiedad. Para que el decorador funcione correctamente en propiedades públicas y privadas, elimine el carácter «#» del nombre de la propiedad.

```
export const Inject = <TClass, TValue>(
  target: undefined,
  {
    name,
    private: isPrivate
  }: ClassFieldDecoratorContext<TClass, TValue>
) => {
  return function(this: TClass) {
    const dependencyKey = name.toString();
    return DependencyContainer.getInstance().get<TValue>(
```

```
        isPrivate
          ? dependencyKey.replace("#", "")
          : dependencyKey
      );
    }
  };
```

6.3 Inyección de dependencias

Ahora que el contenedor de dependencias y el decorador `Inject` están listos, los usará para resolver dependencias en la clase `Repository`.

- Abra el archivo `index.ts`, importe las clases `DependencyContainer` y `MemoryStorage`.

```
import { MemoryStorage } from "./core/data/memoryStorage";
import {
  DependencyContainer
} from "./core/ioc/dependencyContainer";
```

- Antes de crear el servidor, use el método `register` de la clase `DependencyContainer` para agregar la clase `MemoryStorage` al contenedor de dependencia usando el valor "`storage`" como llave:

```
DependencyContainer.getInstance().register(
  "storage",
  MemoryStorage
);
```

- Antes de continuar, verifique que el archivo index.ts contenga el siguiente código:

```
import { MemoryStorage } from "./core/data/memoryStorage";
import {
  DependencyContainer
} from "./core/ioc/dependencyContainer";
import { Server } from "./core/server";

(async () => {
  DependencyContainer.getInstance().register(
    "storage",
    MemoryStorage);
  const server = new Server();
```

```
  await server.start();
})();
```

Abra el archivo repository.ts e importe el decorador `Inject`:

```
import { Inject } from "../ioc/inject";
```

A continuación, elimine la creación de instancias de la propiedad `#storage` y utilice el operador «!» al final de su nombre para indicarle al compilador que no verifique si la propiedad está inicializada al crear una instancia de la clase:

```
#storage!: IStorage<TEntity>;
```

Anote la propiedad con el decorador `Inject`:

```
@Inject
```

Antes de continuar, verifique que el archivo repository.ts contenga el siguiente código:

```
import { Inject } from "../ioc/inject";
import type { IEntity, IStorage } from "./types";
import { randomUUID } from "crypto";

export class Repository<TEntity extends IEntity> {
  @Inject
  #storage!: IStorage<TEntity>;

  async retrieveAll() {
    return this.#storage.getEntities();
  }

  async create(entityWithoutId: Omit<TEntity, "id">) {
    const entity = {
      ...entityWithoutId,
      id: randomUUID()
    };
    await this.#storage.save(entity as TEntity);
  }
}
```

En la terminal integrada de Visual Studio Code, ejecute el script `build` con NPM:

```
npm run build
```

- Para iniciar el servidor, en la terminal integrada de Visual Studio Code, ejecute el script `start` con NPM:

```
npm start
```

- Abra el navegador de su elección e introduzca la URL `localhost:3000/documentation`. El explorador de API debería abrirse. Prueba el funcionamiento de las acciones `post` y `getAll` para comprobar que funcionan.

6.4 Almacenamiento de datos en un archivo

Para completar este primer proyecto de Node.js, ahora agregará persistencia de datos a un archivo. A continuación, será necesario reconfigurar el contenedor de dependencias para sustituir el almacenamiento de datos en memoria por otra implementación mediante un archivo.

- En el directorio de datos, cree el archivo fileStorage.ts.
- En el archivo fileStorage.ts, agregue el siguiente código:

```
import { readFile, writeFile, access } from "fs/promises";
import { join } from "path";
import { MemoryStorage } from "./memoryStorage";
import { IEntity } from "./types";

export class FileStorage<
  TEntity extends IEntity
> extends MemoryStorage<TEntity> {
  #loaded?: true;
  #jsonPath: string;

  constructor() {
    super();
    this.#jsonPath = join(__dirname, "db.json");
  }

  async #exists() {
    try {
      await access(this.#jsonPath);
      return Promise.resolve(true);
    } catch {
      return Promise.resolve(false);
    }
```

```
  }

  async #load() {
    if(!this.#loaded) {
      const fileExists = await this.#exists();
      if(!fileExists) {
        await writeFile(
          this.#jsonPath,
          JSON.stringify([]),
          "utf-8"
        );
      }

      const json = await readFile(this.#jsonPath, "utf-8");
      this.entities = JSON.parse(json) as Array<TEntity>;
      this.#loaded = true;
    }
  }

  async getEntities() {
    await this.#load();
    return super.getEntities();
  }

  async save(entity: TEntity): Promise<void> {
    await this.#load();
    super.save(entity);
    await writeFile(
      this.#jsonPath,
      JSON.stringify(this.entities), "utf-8"
    );
  }
}
```

Observación

Esta clase extiende `MemoryStorage` y se encarga de crear el archivo si no existe al cargar o guardar datos. El código utiliza los módulos `fs` y `path` de Node.js para el archivo. La ruta del archivo almacena los datos en el directorio `dist`. Por lo tanto, se eliminará cada vez que se reconstruya la aplicación mediante el script `build` de NPM. Este código se proporciona como ejemplo para ahorrarle tiempo, pero, para una solución más sostenible, sería mejor utilizar una base de datos. Esta solución no se tratará en este capítulo porque su objetivo es centrarse en el lenguaje TypeScript. Sin embargo, ¡nada le impide explorar esta solución usted mismo!

- Ahora abra el archivo index.ts e importe la clase `FileStorage`:

```
import { FileStorage } from "./core/data/fileStorage";
```

- A continuación, reemplace la clase `MemoryStorage` con `FileStorage` cuando llame al método `register`:

```
DependencyContainer.getInstance().register(
  "storage",
  FileStorage
);
```

- En la terminal integrada de Visual Studio Code, ejecute el script `build` con NPM:

```
npm run build
```

- Para iniciar el servidor, en la terminal integrada de Visual Studio Code, ejecute el script `start` con NPM:

```
npm start
```

- Abra el navegador de su elección e introduzca la URL `localhost:3000/documentation`. El explorador de API debería abrirse. Pruebe cómo funciona la acción post y `getAll`. Luego, verifique que el archivo `db.json` esté presente en el directorio `dist/core/date`.

7. Para ir más lejos

¡Felicidades, ha llegado al final de este ejercicio y ha podido implementar muchas de las funciones descritas en este libro!

Para continuar con el proyecto y, especialmente, con la práctica del lenguaje TypeScript, aquí tiene una lista (no exhaustiva) de ideas de mejoras con las que puede experimentar:

- Abstraer e inyectar la clase `Repository`.
- Añadir una descripción de Swagger a la API.
- Administrar esquemas de retorno de acciones para tener la descripción de las respuestas HTTP.
- Persistir los datos en una base de datos.

- Crear una aplicación frontend que utilice la API Rest (por ejemplo, con React, Angular o Vue).
- Agregar el verbo HTTP PUT y manejar la actualización de los datos.
- Gestionar la copia de los datos contenidos en los parámetros de consulta y de ruta en los modelos.
- ...

!

D

E

F

G

I

K

L

M

N

P

Q

R

S

T

U

W

Para poder acceder durante un año
a la versión online de este libro,
envíenos su justificante de compra a

librodigital@ediciones-eni.com

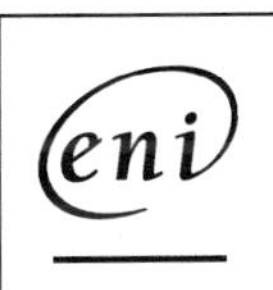